U0590493

水利绿色发展技术丛书

滨海平原

土地利用与河网水质变迁

赵颖辉 傅杰民 林广 沈嘉琪 著

中国水利水电出版社

www.waterpub.com.cn

·北京·

内 容 提 要

本书以杭州湾南岸的慈溪滨海平原为研究区，系统探讨了快速城镇化背景下土地利用/覆被变化（LUCC）与河网水质的耦合关系。研究综合运用多时相遥感影像、水文监测数据及社会经济统计资料，通过 GIS 空间分析、景观格局指数、水质评价模型及多元统计方法，揭示了区域土地利用转型的时空特征、河网水环境质量的演变规律及其驱动机制。主要内容包括：基于遥感解译的土地利用时空变化过程分析；平原河网水文水质的多尺度变化特征及自然-人文驱动力解析；构建"土地利用-水质"响应模型，量化不同景观格局对水体污染的贡献率；提出基于"水-土"协同调控的滨海平原生态治理策略。

本书可供自然地理学、环境科学、国土空间规划等领域的研究人员参考，也可为水利、环保等部门的决策者提供科学依据，同时适合高校相关专业师生作为区域环境演变研究的案例教材。

图书在版编目（CIP）数据

滨海平原土地利用与河网水质变迁 / 赵颖辉等著.
北京 ：中国水利水电出版社，2025. 2. -- ISBN 978-7
-5226-3192-9

Ⅰ. X824

中国国家版本馆CIP数据核字第2025DW8315号

书　　　名	**滨海平原土地利用与河网水质变迁** BINHAI PINGYUAN TUDI LIYONG YU HEWANG SHUIZHI BIANQIAN	
作　　　者	赵颖辉　傅杰民　林　广　沈嘉琪　著	
出版发行	中国水利水电出版社 （北京市海淀区玉渊潭南路1号D座　100038） 网址：www.waterpub.com.cn E-mail：sales@mwr.gov.cn 电话：（010）68545888（营销中心）	
经　　　售	北京科水图书销售有限公司 电话：（010）68545874、63202643 全国各地新华书店和相关出版物销售网点	
排　　　版	中国水利水电出版社微机排版中心	
印　　　刷	天津嘉恒印务有限公司	
规　　　格	170mm×240mm　16开本　11.75印张　230千字	
版　　　次	2025年2月第1版　2025年2月第1次印刷	
定　　　价	**60.00元**	

前　言

　　滨海平原作为陆海交互作用的关键地带，其生态环境演变机制研究对区域可持续发展具有重要意义。本书以杭州湾南岸的慈溪滨海平原为研究对象，系统探讨了快速城镇化进程中土地利用变化与河网水质的耦合关系。

　　研究背景方面，我国滨海平原地区自 20 世纪 50 年代以来经历了大规模的围垦开发，在取得显著经济效益的同时，也面临着严峻的水环境挑战。特别是随着"五水共治"工程的深入推进，如何协调土地开发利用与水环境保护的关系，成为当前亟待解决的科学问题。

　　本书基于多学科交叉的研究方法，重点解决了三个关键科学问题：一是滨海平原土地利用转型的时空分异规律及其驱动机制；二是不同尺度下土地利用变化对河网水质的差异化影响；三是基于"水-土"耦合的区域水环境优化调控策略。通过构建"过程-格局-效应"的系统研究体系，为滨海平原可持续发展提供了科学依据。

　　在研究方法上，本书融合了遥感监测、水文模拟和景观生态学方法，构建了多尺度分析框架。主要创新点包括：提出了滨海平原土地利用变化的梯度分异理论；建立了水质对土地利用多尺度响应的阈值模型；开发了融合遥感与水文模型的污染负荷评估方法。

　　本书研究团队由浙江水利水电学院赵颖辉副教授牵头，联合宁波市奉化区水文水资源信息中心傅杰民、浙江省生态环境监测中心林广、浙江省钱塘江管理局勘测设计有限公司沈嘉琪共同完成。研究过程中得到了河海大学安如教授的悉心指导，在此表示衷心感谢。同时，对提供数据支持和专业建议的各单位同仁致以诚挚的谢意。

由于作者水平有限，书中难免存在不足之处，恳请各位专家、读者批评指正。希望本书能为相关领域的研究者和决策者提供参考，共同推动滨海地区的人水和谐发展。

作者

2025 年 1 月

目　录

第1章

绪　论

1.1　研究背景与意义

1.1.1　研究背景

滨海平原地处陆海交互带，具有独特的地貌特征与生态功能。作为全球人口与经济活动的密集区，其空间开发强度显著高于内陆地区，但同时也面临生态平衡的严峻挑战。

我国滨海平原的开发与滩涂围垦工程建设相辅相成，然而，随着滩涂资源的不断开发，区域景观的斑块数量持续增多、破碎化程度加剧，景观多样性降低、分维数下降，与之伴生的水体富营养化问题也逐渐凸显出来[1]。如何较好地刻画滨海平原开发背景下水体质量本身的自然特点与社会经济特征变化之间的交互作用，已成为保护沿海平原水环境的基础性工作之一。

土地利用是人类生产活动与自然生态环境之间的桥梁，土地利用功能变化能够直接反映人类社会经济活动对陆地生态系统演变的干扰和影响，同时还能够表征地球水圈、土壤圈、生物圈、大气圈之间的能量循环和物质流动[2]。全球土地计划（global land project，GLP）通过测度和模拟土地利用和土地覆盖变化，研究土地利用景观资源可持续利用及其生态效应[3-7]。

近20年来，随着我国城镇化进程的加速推进和经济社会的飞速发展，滨海平原人口密度持续增长，随之引发了水资源短缺、水质破坏等一系列问题。针对土地资源的开发和利用，我国开展了众多科学研究，并出台了许多相关政策。例如，为了管控城镇用地不断扩张和耕地急剧减少的趋势，20世纪90年代，国务院就颁布了相关的土地管理规章，在此基础上，又出台了相应的土地调控政策，将宏观调控与土地政策相结合，促进集约用地的利用效率[8-9]。

《全国国土规划纲要（2016—2030 年）》明确了国土是生态文明建设的空间载体和空间规划的物质基础[10]。因此，深入分析土地利用功能变化与相关水环境、水生态因子之间的响应关系，对土地利用的合理规划具有重要意义。

水是人类生存和发展赖以存在的重要基础资源，水环境同时也受到人类活动的严重干扰。作为地球系统的重要组成部分之一，地表水的水质正在发生显著的变化，并由此引发了一系列社会安全和生态环境问题。土地利用改变对水文循环、水质演变的影响已成为领域内的研究热点。目前，我国土地利用功能变化研究的重点主要集中在经济快速发展的城市和生态脆弱区[11-20]。滨海平原地区经济发展速度快，同时由于地理位置的特殊性，土地开发与滩涂围垦活动联系密切，在该区域开展相关研究，既能够反映土地利用与人类活动驱动和社会经济驱动的关系，又能够反映土地利用与生态环境保护和人文政策驱动之间的关系[21-25]。

1.1.2　研究意义

沿海平原及其相邻接的滩涂湿地生态系统是典型的生态脆弱区，作为地球表面最为活跃的自然区域之一，承载着人类的生存与发展重任，其生态环境面临着巨大压力[26-27]。滩涂围垦在保证沿海（河口）防台御潮、防灾减灾的前提下，培育了新的经济增长点，提升了岸线、码头港口、航道、旅游等资源的开发能力，明显促进了海洋经济带的可持续发展[28-33]。

自 21 世纪初期以来，我国进行了大范围的滩涂土地开发以促进地区经济快速发展，新增加的土地主要用于城市化、工业化及港口建设，沿海滩涂的土地利用方式由以自然状态为主逐渐转变为以人工方式为主，且转变速度在不断加快[34-36]。沿海平原水资源开发利用主要依靠河网、水闸、泵站来调蓄，平原河网调蓄能力有限且可调蓄时间短，汛期大量余水排入海中，径流利用率较低，而枯水期或用水高峰期淡水水源不足，供水保证率低，水资源供需矛盾突出。特别是沿海滩涂在加速港城发展、推进临海工业化进程的同时，也带来了陆源污染物的大量排放，滨海平原的地表水质明显劣于邻近地区，水环境状况不容乐观。

在水文产流过程改变、水系连通被破坏、水资源调蓄及调配工程影响、大量污染物排放与迁移等多重人类活动影响下，滩涂土地利用类型演变的水环境效应显得尤为复杂。沿海滩涂开发改变了原有的湿地景观和土地利用方式，进而影响其所提供的陆域服务功能。土地利用发生剧烈变化时，人地关系也随之改变，如何评估陆域服务功能改变造成的区域水质、水环境影响，对研究滨海平原土地配置和开发路径具有现实的科学意义[37]。

自然环境改变以及不合理人类活动导致的水体污染，是当今世界水环境治理的难题之一[38]。随着我国生态环境保护工作的全面加强，水环境治理和水生态修复已成为水利工作的重要内容。水治理方面重点聚焦在城镇截污纳管、雨污分流，从控源和扩容两方面入手，目标是逐步实现水环境由"净"向"美"提升。特别是我国不断推进"五水共治"工作，水质治理和水生态修复取得了明显的成效，但依然存在许多问题。由于区域发展规划中滨海平原前期往往以农业生产为主，随后逐渐进驻大量工业厂区，工业、农业污染以及生活废水排放导致区域水质依然不乐观，地表水水质难以长期稳定维持在Ⅲ类水标准。

随着环境治理工程的有效开展，工业点源污染在近十年来已经逐步得到有效控制，非点源污染则成为当下滨海平原河流、湖泊、水库等地表水体的主要污染来源[39-40]。与点源污染相比，非点源污染更具有广泛性和随机性，治理和调控则具有滞后性和模糊性，因此治理难度更大，必须统筹考虑区域"水-土"资源协调，从宏观层面对水质污染治理进行规划和设计[41-44]。流域内陆地表面的污染物随径流汇入水体引起水质恶化，径流形成过程又受到降雨、下渗、蒸发、植被及土壤、地表径流和人类活动等综合因素的影响。土地利用作为人类活动的最主要表征之一，与水体中污染物的产生、迁移、转化等水文过程和生物、化学转化过程都紧密相关[45-46]。详细刻画两者之间的关系，厘定土地利用/覆被变化对水体中营养物的影响关系，才能更加长远、有效地控制水质污染。

目前国内外相关研究中，土地利用对水体污染物解释程度的统计指标仍然存在较大的差异[26]。水文过程的复杂性和土地利用本身的异质性导致这两者之间的关系错综复杂，若无法充分表达土地利用组分信息的区域差异和时间变化，则会导致研究结果的不确定性。本书研究滨海平原土地利用与水污染两者之间的关系，侧重于刻画土地利用的数量、结构、空间分布差异、利用与管理强度对不同水体污染物的解释程度，深入探讨两者之间的响应关系。研究成果可以有效地指导土地利用优化以改善水体质量，对解决滨海平原日益严重的水质污染问题，改善人类的健康与生存条件，具有重要意义。

1.2 国内外相关研究进展

1.2.1 土地利用/覆被变化研究

土地利用/覆被变化与气候变化、生态平衡和人类生态活动等诸多核心的全球变化问题紧密相关。最初的土地利用/覆被变化监测研究集中在发达国家，后来逐渐形成了 LUCC（land use cover change）这一研究领域。现代 LUCC

的研究已经广泛采用了遥感技术、GIS 技术和计算机技术等。例如，Alberti 等研究发现，通过卫星遥感技术能够得到更精确和更具潜力的时空信息来描述土地改变和城市土地利用[47]。各种现代科学技术的结合使得土地利用/覆被变化研究的深度与广度都大大增加，进而建立起适应不同研究区的模型，研究的精度不断提高，为土地利用/覆被变化研究提供理论和技术支持。

土地利用/覆被变化主要表现在空间变化特征和数量变化特征这两个方面。在空间变化特征方面，Wang 等利用 Landsat TM/ETM＋影像数据绘制了中国 1990—2010 年城市扩展地图，发现这 20 年间中国城市面积以指数形式增长了两倍以上[48]。冯永玖等利用 TM/ETM＋影像，基于遥感监督分类的方法得到了上海市 1992 年和 2008 年的土地利用图，从定性和定量角度分别分析了黄浦江沿岸土地利用在时间上和空间上的演化格局，认为外环南部和东部区域土地利用/覆被变化强度最大[49]。桑潇等利用 TM 和 OLI 数据分析山西省潞城市土地利用动态变化，认为土地利用结构基本保持不变，但是林地和居民地面积增加，耕地和未利用地面积减少，水面面积保持不变[50]。在数量变化特征方面，Lee 最早论证了遥感技术在土地利用/覆被变化研究中的作用，并进行了试验分析，认为人类活动必然会对地表景观造成改变，这个结论引发了人们对人与自然之间关系的深入思考[51]。Adam 等利用 Landsat－5 TM 数据监测了南非伊丽莎白港 1990—2000 年 11 年间的土地利用/覆被变化情况，采用分类比较方法对裸地、绿色植被、海滩进行监测[52]。

多时相陆地卫星数据为绘制和分析土地覆盖随时间的变化提供了准确、快速、经济的手段，能够为土地管理和政策决策提供帮助。通过 Landsat 数据对美国明尼苏达州 1986—2002 年的土地利用/覆被变化情况分析发现，城市的面积占总面积的比例从 23.7％增加到了 32.8％，农业、森林和湿地覆盖率从 69.6％下降到 60.5％[53]。

许多学者对土地利用时空变化造成的影响和其变化驱动力进行了研究。例如，南卡罗来纳州的林地和农业用地转变为城市和郊区，这种变化过程具有极强的破坏性，是其水生态系统退化的根本原因[54]。中国西北部黑河盆地的研究结果显示，土地利用/覆被变化导致了区域地表径流减少[55]。Zurqani 等发现，土地利用/覆被变化是美国东南部面临的普遍问题，土地利用直接影响到流域的自然环境，而其土地利用/覆被变化的主导因素是森林砍伐和森林重造[56]。

在土地利用动态度变化的研究方法上，有学者将几种不同的动态变化模型应用于研究当中：土地资源生态质量变化相关模型、单一/综合土地利用动态度模型、土地需求量预测模型、土地利用空间变化模型等[57-58]。在土地利用系统的变化研究方面，王曼曼等为了研究生态脆弱区土地利用系统及其空间格局变化，构建了土地利用转移网络和信息熵测度模型，对土地利用系统时空变化动态特征进行了综合分析[59]。王玉明等通过分析熵变化情况，认为城市化时期郊区系统的熵变化与郊区土地利用结构信息熵的变动方向一致，表明郊区的自然地理环境演化是向着有序性降低的方向发展的[60]。李冬梅等对吴江市土地利用系统的均衡度指数和结构信息熵进行研究，分析了其变化的诱因[61]。

海岸滩涂开发是沿海地区拓展生存空间和生产空间的一种重要手段。我国沿海各地的滨海平原也呈现出具有当地特色的土地上开发利用方式，如上海围垦区土地呈现的是综合开发利用的形式，河北曹妃甸是典型的工业产业发展型，江苏如东太阳岛在滩涂围垦成的土地利用天然优势开发港口，浙江上虞围垦区的土地开发利用方式以水产养殖业为主，城镇村及工矿用地形成明显的块状布局。基于历史资料，通过遥感影像解析，对围垦区土地利用类型的数量变化和结构变化进行分析的研究也已经取得了比较多的成果，对围垦区生态保护和补偿的研究也越来越受到重视。但相关研究大多集中于土地资源利用、土壤成分分析及生态保护的角度，而结合水面约束、水环境演变、用水总量限制的滩涂资源服务功能改变方面还需要进行更深入的研究。

1.2.2 滨海平原变迁及水质变化研究现状

中国的滨海湿地分为自然和人工两部分，其中自然滨海湿地包括浅海水域、滨海滩涂、河口水域和三角洲，而人工滨海湿地包括盐田、海岸带水库和养殖水塘。中国拥有逾 18000km 的大陆海岸线和 14000km 的岛屿岸线，其中，淤泥质海岸线全长超过 5000km。随着社会经济的发展和城市化进程的推进，沿海滩涂围垦工程成为我国东部沿海地区缓解人地矛盾的主要方式之一。

沿海滩涂和平原的土地利用方式由以苇草地、灌草地和林草地等自然状态为主，逐渐转变为以养殖水塘、河库沟渠、水田、旱田、农村建设用地、城镇建设用地等人工方式为主，且转变速度在不断加快[62-65]。已有研究表明，沿海土地开发后景观的斑块数量增多，但斑块形状趋于简单和规则，破碎化程度加剧，分维数下降，景观多样性降低[66-67]。张绪良等对莱州湾南岸滨海平原湿地的景观格局进行分析，发现自然湿地逐渐转化为养殖水塘、盐田等人工湿地，景观多样性指数下降、斑块破碎化指数升高，这一结论在长江口、珠江口、天津滨海新区湿地、江苏盐城海岸带和闽东滨海湿地等的研究中也得到体现[68-75]。研究发现人类活动引起的土地利用/覆被变化是其主要原因，而人口增长和经济发展则是土地利用/覆被变化的主要推动力，如江苏盐城海岸带、天津滨海新区湿地、珠江河口区湿地。此外，有研究表明，沿海滩涂湿地的土地利用强度在开发初期急剧上升，一定时间后达到稳定状态[76-83]。

自然滩涂在人工围垦和开发后成为滨海平原的一部分，并逐渐转变为水产品养殖、农业、工业、居住等用地。工业化发展和人口增长是其主要驱动因素，由于人口主要聚集在沿海平原区域，随着沿海城市的迅速发展，海岸带开发较为明显。围垦工程所引起的生态环境变化也受到了国内外专家学者的广泛关注。

研究表明，滨海平原的水环境和水资源安全主要是水体富营养化问题，陆源的氮磷输入主要包括生产生活污水排放、养殖水域养分流失、农业活动等，是导致水体富营养化的主要原因[84-90]。目前已有针对滨海平原开发区生物多样性与生态系统之间的研究[91-95]，但对于多重人类活动影响下，土地利用方式变化与滨海平原地表水质的相关研究方面，缺乏对特定区域范围内地表水体水质与周边的土地利用响应关系分析，难以全面刻画土地利用与水体营养物和水质的关系。如何较好地刻画土地利用功能变化情况下水环境本身的自然特点和社会经济特征变化以及自然-人文两者之间的交互作用是保护滨海平原水资源的基础性工作之一[96-100]。

平原河网水系变化及水文模拟模型方面，相关学者也展开了许多研究。陈炼钢等将水文学方法与"水动力-水质"数值模型相融合，构建了一维与二维嵌套组合的"河网水文-水动力-水质"耦合数学模型 DHQM[101]。赖正清针对平原河网区建立分布式水文模型，进行了流域集水单元划分、圩区水文过程计算、交叉/环状河道演算三个方面的研究，将 SWATpld 模型和 HEC-RAS 模型进行了"水文-水动力"耦合[102]。谭培影研究了平原水质状况变化条件下，河网闸、泵系统的优化调控以及调水方案的优化技术[103]。尚钊仪从环境、水文和生态学相交叉的视角探讨了平原河网地区的水系连通特征，并构建了多尺度评价体系[104]。滨海平原滩涂和围垦区生物多样性与生态系统之间的研究已为许多学者所探讨，其理论与相应的研究成果也比较成熟，但对于人类围垦活动下沿海滩涂转变为平原之后的水质监测资料不足，给特定区域范围内不同景观类型与水质响应关系的探讨造成了困难。

引调水是目前改善平原河网地区水质的重要方法之一，其出发点在于改善河网的水动力条件，从而促进河网水质状况的好转，引配水方式、原水水质以及相应的流量决定了区域水质改善的程度。陈庆江等采用数值模拟和现场试验相结合的方法研究了上海青浦区青松片平原河网人工引排水对水质的改善效果，优化方案的引排流量显著提升，水质显著改善，主干河道水质由Ⅴ类～劣Ⅴ类提升至Ⅳ类[105]。潘泓哲等通过构建太湖流域走马塘东南片平原河网区一维水动力水质数学模型，研究了多目标优化下平原河网不同引调水方案对区域水质改善效果，通过构建环境效益与经济效益结合的多目标函数及评价体系对引水方案进行评估优选[106]。许益新等运用 MIKE11 构建了张家港市中部水系河网水动力水质耦合模型，模拟了沿江水利枢纽和内河节制闸不同的调度方式对城市内河水质的影响[107]。林希晨等针对温岭市金清水系污染来源复杂的问题，采取"流域分区—用户定位—排污计算"的污染负荷计算思路，以氨氮为评价指标建立了水质水量耦合模型，针对重点断面提出了污染控制方案和引水方案[108]。马小雪等研究了里下河地区引江调水工程对区域水体污染物的影响[109]。

1.2.3 土地利用/覆被变化对水质的影响研究现状

鉴于地表水的水体质量对人类生产生活的重要性，土地利用及其景观格局变化与地表水水质之间的关系已成为国内外的热点研究领域。为了解决土地利用与周边社会经济发展和水质保护之间的矛盾，实现水资源的长期合理利用，构建人类聚居区水源保护生态景观安全格局显得十分迫切。

国际上对土地利用及景观格局演变的水环境效应的研究集中于点源、非点源污染对水环境的影响，以及所产生的水环境负效应。主要研究方法包括：景观指数法、景观格局空间分析法和数学模型模拟方法。通过遥感和地理信息技术量化景观组分及格局变化，探索其空间变化规律是一个有效的途径。常采用以物理、化学监测为主的监测指标评价方法或生物学评价方法来评价水体的质量。监测指标评价方法以数学分类方法居多，如指数法、单因子法、灰色理论法、模糊评价法、多元统计分析等水质评价方法。生物学评价常常采用浮游水生物及其生存环境、表层沉积物组分等指标来衡量水生态系统的健康程度。运用判别分析、因子分析、方差分析、冗余分析、典型对应分析、一元或多元回归分析、投影寻踪模型等方法研究景观格局特征演变与水质、水生生物指标之间的相关关系，进行水环境综合评价。

近年来，基于国外的研究成果，国内相关研究案例不断增多，研究对象包括城市核心区、河流、库区、湖泊和水源保护区等。从不同时间和空间尺度研究土地利用及景观格局对河流水质的影响及差异性，均取得了丰富的研究成果，是解决滨海平原水质污染和改善降雨径流水质非常合适的切入角度[110-136]。

遥感技术的广泛应用，为研究流域或地区尺度土地利用和景观格局变化对水质的影响提供了技术支撑，从水环境与土地使用的关联性角度来探讨城市发展的水环境效应，也取得了许多成果[137-139]。但对滨海平原开发地区的土地利用类型与河流及水库水质的相关研究，特别是特定区域范围内小流域和水库的景观与水质的对比研究还比较少，对特定区域滨海平原快速开发背景下地区景观格局演变的水环境效应关注较少。

针对流域水质变化的影响因素和驱动力问题，众多学者应用不同方法进行了研究，其中应用较为广泛的有经验统计模型和数学模拟模型[140]。目前在模型模拟中，SWAT 模型在水环境变化驱动因素的研究中应用较多，如吴小宏等分别采用 SWAT 模型对泾河流域气候变化和土地利用/覆被变化及其对径流的影响进行了分析，研究结果均表明，人类活动是流域径流变化的主要因素[141-142]。李丹基于改进的 SWAT 模型研究发现，苕溪流域土地利用/覆被变化和气候变化对地表径流、壤中流、氮流失等水文水质要素都有显著影响[27]。张洪波等运用 SWAT - MODFLOW 耦合模型对延河流域的径流变化进行了定量分析，结果表明，流域下垫面变化的影响量约占人类活动影响总量的 29.03%～65.79%[143]。总的来说，SWAT 模型能够较为准确地模拟大气、地表和土壤中水的迁移转化过程，但是，模型方法的适用性和对数据精度的要求都比较高，且计算相对复杂。

Sliva 等评估了 100m 缓冲带内土地利用对水质的影响[144]。Shi 等从河段、河岸和流域三个不同尺度研究了土地利用对水质的影响[145]。利用冗余分析方法研究两组变量之间的关系，在评估土地利用对水质的影响方面是有效的。此外，土地利用模式对地下水的水质有显著影响[146]。运用聚类分析方法可以通过土地利用模式和水质指标对区域进行分类，研究人员可以按组调查它们的关系[147]。

土地利用与水质关系的研究受到全球范围内研究人员的重视和关注。欧美研究者倾向于研究农业活动和农业土地开发对流域水质的影响。亚洲研究者更关注人口增长、城市化以及污水直接排放对区域水质的影响。

1.3　本书设计与框架

1.3.1　目标

为了实现滨海平原地区水环境和水生态安全的最终目标，必须依靠"水-土"资源协调统一的科学调控，其首要的科学基础是对土地利用/覆被变化干扰下的区域地表水质变化规律及其机理的认知。

日益严重的水质污染威胁到人类的健康与生存条件，滨海平原土地利用深刻影响水体中的污染物。本书通过研究滨海平原土地利用与不同功能类型水质指标的相关关系，构建地表水质与土地利用的响应模型，揭示土地开发利用方式演变对区域地表水质的影响。本书目标有以下三个方面。

1. 分析滨海平原土地利用类型及地表水体质量演变模式

土地利用特征与水质指标是本书进行土地利用对区域水质影响研究的基础。在遥感技术支持下研究多时空尺度滨海平原土地利用类型演变特征，以及土地利用类型变化造成的不同陆源污染物输出特征，为后续模拟模型提供基础的输入变量。另外，构建滨海平原长时间序列的地表水质特征及水体污染物迁移扩散模型，能够对土地利用与水质演变的耦合效应提供互为输入输出的变量因子。基于站点监测指标和遥感数据，通过长时间序列与多空间尺度的数据融合分析，揭示滨海平原地表水质和土地利用方式演变特征。

2. 提出滨海平原地表水质与土地利用的响应模型

滨海平原地表水质与土地利用之间的关系紧密又复杂。因此，在研究目标一的基础上，构建了滨海平原河流水质与土地利用之间的多输入多输出网络，通过模型训练，提出滨海平原地表水质与土地利用的响应模型。刻画影响水体营养物的关键要素，运用模型分析揭示研究区土地利用动态变化与区域地表水质之间的相关关系。同时，进行人工引水工程和治水政策等因素的敏感性分析，进一步提高模型的准确性。通过量化流域土地利用的特征尺度和等级结构，明确对水体污染物起作用的土地利用组分信息以及污染物从输出到监测断面的衰减和损失，确立"土地利用-水体污染物"的特征尺度、阈值以及不同阈值内的关键影响因素。

3. 区域地表水质演变规律及作用机制

在第二方面的基础上，提出土地利用对水体污染影响的量化模拟计算方法，对滨海平原不同时期、不同经济发展模式下的水体污染进行模拟。分析土地利用/覆被变化和水体水质的空间、时间尺度效应，为典型研究区在区域尺度上如何优化各类土地利用方式的组成和格局，以及非点源污染控制实践提供理论依据。

1.3.2　内容

本书的内容如下。

1. 多时空尺度下滨海平原土地利用类型演变特征

通过遥感影像分析各土地利用类型变化过程及趋势，结合土地利用现状对土地利用多组分信息及时空变异特征进行研究，总结不同外界影响因素下的区域土地利用类型演变规律，基于土地利用类型、强度、产流、地形变化等特征，以及滨海平原土地利用类型的空间邻接特征模型，研究滨海平原土地利用类型演变模式。

2. 基于时间序列分析的地表水质特征及其驱动因子研究

对研究区滨海平原河网逐月水质监测数据进行分析，研究多源输入环境下的滨海平原地表水体典型污染物的时空分布及变化特征。对区域河网进行产汇流计算和水量模拟，作为水质水动力学模型的初始流量输入数据，分析生态调水措施对区域水质的影响，对平原河网水体污染负荷及其驱动力进行分析。

3. 滨海平原地表水质与土地利用的响应模型

建立改进的污染物产生、输移、扩散及河网水动力模型。根据引配水水源分布、水文特性、水质和污染源分布状况、调控工程分布以及地块特征等情况对研究区域进行区块划分。按照土地利用类型及其产污强度、土地利用空间邻接关系在 GIS 中建立污染物输出计算模型，对河道污染负荷进行模拟。在 MIKE11 中进行河网概化，以对流扩散模型为基础，考虑污染物的对流扩散与线性降解作用，建立一维河网水流水质模型。基于现状水质监测数据，选择典型河道断面开展模型参数率定及验证。

4. 土地利用在不同空间、时间尺度上对水质指标的影响

不同土地利用等级结构和空间差异情况下，根据水质监测点周围缓冲区尺度大小，研究对应的水体污染物浓度变化关键驱动因子，对流域土地利用在不同时空尺度上对河道水体污染物的影响情况进行分析，构建滨海平原土地利用格局与河流水质的影响关系。采用定位观测与土地利用类型分析相结合的方法，在典型河流上进行土地利用和水体营养物关系的多尺度结构特征响应分析。

1.3.3 技术路线

本书选取杭州湾南岸慈溪北部滨海平原作为研究区，该区域经济发达，人多地少，土地资源匮乏曾经是制约地区发展的主要因素之一，在此背景下，过去 50 年沿岸掀起了围垦造地的热潮。滨海平原开发培育了新的经济增长点，但随着土地利用类型的变化和经济的飞速发展，近 20 年来淡水资源缺乏和水环境恶化成为制约区域发展的瓶颈。

以滨海平原开发区河流水文循环为基础，基于遥感和地理信息系统对区域土地利用、河网水系连通状况等进行分析，依据社会经济数据、水利工程建设情况及典型水体水质数据，建立区域水量、水质与土地利用之间的模拟模型，研究滨海平原土地利用方式改变与地表水质之间的响应关系，有助于通过调整土地利用结构以提升水质。

滨海平原开发区的水质、淡水资源量受多种因素影响，水环境状况复杂多变。本书涉及遥感、水文、环境、土地规划等领域，是多个学科相互渗透的交叉研究领域。本书拟采用理论建模、模拟仿真以及实际试验区测试相结合的研究方法。通过运用遥感与地理信息系统技术，研究滨海平原土地利用类型变化、土地多样性变化、土地利用景观破碎度变化，分析代表性土地利用类型演变的空间差异及其自然和人类活动驱动机制。基于上述景观格局演变与土地利用/覆被变化研究，结合各级水环境监测站点数据和实地采样收集的数据，研究典型水体周边土地利用组分信息变化的水环境效应。根据典型水体周边景观

格局演变与水质时空分布特征的响应关系，建立改进的河网水动力模型，根据地表产污强度建立污染强度系数来描述污染物由地表向水体中的迁移强度，设置传质系数描述污染物从产生到进入水体之前的沉积和降解情况，进一步依据水力负荷（水力保留时间/水深）来描述污染物在河道中的衰减过程。依托GIS平台进行土地利用空间信息量化，基于 MIKE11 软件进行水动力参数率定和验证。分析滨海平原土地利用对地表水质影响的空间和时间尺度效应。

本书技术路线如图 1.1 所示。

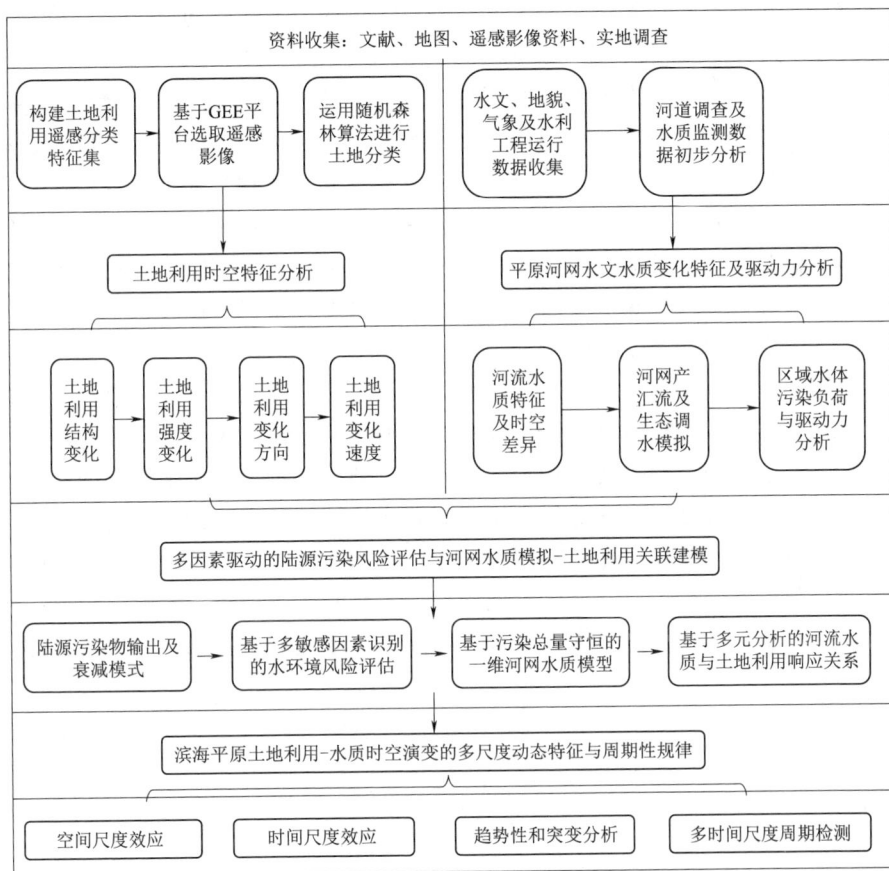

图 1.1　本书技术路线

1.3.4　关键科学问题

本书拟通过滨海平原土地利用及水体水质信息提取，研究土地利用的时空分布特征及演变规律，揭示滨海平原地表水质与土地利用之间的响应关系，并对不同土地利用状况下的水体污染进行模拟。同时，在明确滨海平原水质动态变化的驱动机制基础上，分析水土时空耦合关系及多尺度效应，建立滨海平原地表水质演变模式和作用机制，探讨滨海平原土地利用的优化政策。本书拟解决的关键问题如下：

1. 滨海平原土地利用类型和地表水质演变特征及其规律

为了揭示滨海平原"地表水质-土地利用"之间的耦合关系，首先要明确区域土地利用特征与水质特征。因此，研究不同时空尺度下滨海平原土地利用类型演变及其陆源污染物输出特征，探寻滨海平原长时间序列的地表水质特征及水体污染物迁移扩散规律，是本书首先要解决的关键科学问题。

2. 土地利用对地表水质的作用与影响机制

滨海平原由于其固有的生态脆弱性，水质不仅受海平面变化、海水入侵、降雨等气候变迁因素影响，更因社会经济发展与人类活动造成的土地利用/覆被变化而变化。研究土地利用与自然水文循环、人类活动、人工引水工程和治水政策多耦合场景下的水环境动态演变机理与规律，探讨土地利用对水质的作用与影响机制，构建滨海平原地表水质与土地利用的响应模型，并对该模型的敏感性及准确性进行建模和分析，是本书拟解决的关键科学问题之一。

3. 滨海平原土地利用和水体水质的空间尺度效应

不同的土地利用等级尺度之间，水体污染及水质变化的规律将出现显著差异。因此，滨海平原河流周围的不同尺度缓冲区对于河流水质变化具有重要影响。本书基于流域土地利用结构和空间分布特征，分析流域土地利用的特征尺度，基于多元统计分析方法进行水质空间异质性特征研究，通过量化土地利用多组分信息及时空变化指标，运用陆源产污和水体污染物迁移扩散相结合的响应模型，分析不同阈值缓冲区的土地利用单元对水体污染物的影响。因此，构建滨海平原土地利用和水体水质的量化空间尺度效应，是本书拟解决的关键科学问题之一。

第2章

研究区基本情况及数据来源

2.1　研究区域基本情况

在工业化、城市化、围垦造田等一系列人类活动影响下，滨海平原土地逐渐由水产品养殖、农业用地转变为工业、居住等，工业、农业污染以及生活污水排放造成的水环境问题困扰着滨海平原的发展。所选研究区位于钱塘江南岸，经济发达，土地资源紧张。近15年来，随着土地利用类型的改变和经济的飞速发展，滨海平原的陆域服务功能在剧烈地变化，目前淡水资源缺乏和水环境恶化成为制约区域开发的瓶颈。

1. 地理位置

杭州湾位于浙江省东北部，西接钱塘江，东至东海，是钱塘江入海形成的喇叭状河口湾，也是世界著名的强潮河口海湾。杭州湾北岸属于侵蚀性海岸，南岸属于淤涨型海岸。本研究区位于杭州湾南岸，属于慈溪北部滨海平原，东南与宁波镇海毗邻，西南与宁波余姚接壤，北面呈弧形凸入杭州湾，地理坐标介于北纬 $30°2'\sim30°21'$、东经 $121°2'\sim121°38'$ 之间，总面积 $874km^2$。海岸线西起余姚滩涂交界处，东至慈溪市与镇海区的滩涂交界处，为人工岸线，现状海岸线总长 $72.4km$，一线海塘全长 $72.4km$。

2. 自然环境

研究区属于宁绍平原北部广阔平坦的滨海平原，陆地南缘是呈东西走向的四明山余脉，区域内河沟交错，土壤肥沃。平原地势西高东低，西部呈北高南低地貌，中部和东部则是南高北低，并略向杭州湾倾斜。地面高程（国家85高程基准）西部 $3.5\sim6.0m$，东部 $3.0\sim5.3m$。

杭州湾南岸滨海地区的土壤类型为滨海盐土亚类，组成物质为亚黏土、亚砂土和粉砂。滨海地区土壤的母质均为海积物，自海岸向内陆依次有盐土、潮土、水稻土 3 类，土壤粉砂含量高，颗粒匀细，质地均一，因含可溶性盐类，土壤呈中性～微碱性。研究区内河网纵横贯通，河区独立完整。

3. 气象水文

慈溪北部平原地处亚热带南缘季风气候区，受冷暖气团交替控制和杭州湾海水调节，气候温暖潮湿、雨量充沛、四季分明。慈溪市水文气象站提供数据显示，多年平均气温 17.1℃，月平均气温 7 月最高，多年平均为 28.2℃，1 月最低，多年平均为 3.8℃，常年主导风向为东南风。多年平均水面蒸发量 820mm，多年平均降水量 1361mm，一日最大降水量 196mm，月平均降水量最大值 619mm。降水年际分布不均，年内降水量也分布不均，汛期（4—10 月）降水量占全年总量的 72.3％，其中 6 月、9 月为降水高峰期，6 月梅雨占全年降水量的 14.0％，9 月秋雨占全年降水量的 13.5％，是内涝频发季节。7—8 月常干热少雨，冬季晴冷干燥，降水稀少。由于地形因素，慈溪南部山区降水多，北部平原降水少，整体上东部降水量大于西部，慈溪市的暴雨中心常位于南部山区。

夏秋季节，慈溪易遭受台风和热带风暴袭击，带来狂风暴雨暴潮，是造成区域洪涝灾害的主要原因，台风平均每年 1～2 次。研究区现有国家基本雨量站 3 处，中型水库的库水位测站 5 处（包括四灶浦水库），标准雨量站 9 处，河水位、雨量站 24 处，河道水位测点 15 处，潮位测站 8 处，累计水雨情遥测站点 92 处。

研究区岸线呈弧形凸出杭州湾，由于杭州湾的形状为喇叭状，当外海潮波传入海湾时因受地形影响潮波发生变形，造成慈溪潮位西高东低。根据宁波镇海、慈溪东部海皇山、中部四灶浦和西邻余姚四洞闸的潮位资料统计，其特征值见表 2.1。慈溪市近岸潮流属不正规半日潮流，为往复流性质，涨潮历时 6h，落潮历时 6.4h，主潮涨落潮最大流速 1.7～1.8m/s。

表 2.1　　　　　　　　　　潮 位 特 征 值　　　　　　　　　　单位：m

测站	镇海	海皇山	四灶浦	四洞闸
平均高潮位	1.64	1.93	1.98	2.65
平均低潮位	−0.09	−1.09	−0.03	0.63
平均潮位	0.78	0.42	0.98	1.64

4. 水资源及水环境状况

根据《宁波市水资源综合规划》，慈溪市多年平均河川径流量为 6.06 亿 m^3，地下水资源量为 1.99 亿 m^3，扣除重复计算部分，水资源总量为 6.40 亿 m^3，人均拥有量在 578m^3，仅为全国人均占有量的 1/5，分别只有全省人均占有量的 1/4 和宁波市人均占有量的 1/2，属人均水资源拥有量严重偏少地区。目前丘陵区水资源开发已近极限，平原区缺少大江大河，调蓄能力较差。

　　随着经济的快速发展，工业及城镇生活用水量急剧上升，过去用于灌溉的水库，已成为城镇生活及工业用水的水源，加上经济在发展的同时，废污水未能得到同步治理，直接导致了河流水体污染严重，水体的污染降低了水的使用功能，使水资源的供需矛盾更为突出，可供水量的短缺已成为制约慈溪市工农业持续发展的瓶颈。

　　为了保证社会经济的可持续发展，近几年，慈溪市陆续实施了梁辉水库引水工程、姚江引水应急工程、汤浦水库引水工程和曹娥江至慈溪引水工程，有效缓解了慈溪市水资源的供需矛盾。

　　慈溪市经济发展速度较快。2010年之前河道水质普遍在Ⅴ类或劣Ⅴ类。2014年，全市"市级"河长河道地表水Ⅰ～Ⅲ类水质断面比例为2.3%，Ⅳ类水质断面比例为8.7%，Ⅴ类水质断面比例为8.8%，劣Ⅴ类水质断面比例为80.3%，主要污染物为氨氮、总磷。从季节变化情况看，枯水期水质相对较差，丰水期水质相对较好。

　　浙江省开展"五水共治"以来，围绕"水清、岸绿、景美、流畅"，河道清淤保洁、两岸截污、城乡生态河道建设等工作取得了很大成绩，2020年大部分河道水质达到Ⅲ类标准。各水库的水质普遍较好，是主要的供水水源。

　　5. 社会经济状况

　　慈溪市隶属宁波市，下设龙山、掌起、观海卫、附海、桥头、匡堰、横河、逍林、新浦、胜山、崇寿、长河、周巷13个镇和浒山、古塘、白沙路、宗汉、坎墩5个街道。慈溪市地处杭州湾南岸，地理位置优越，人口密集，城市集中，工业发达，是长三角地区的重要组成部分。改革开放以来，杭州湾地区社会经济迅速发展，尤其是2003年浙江省实施环杭州湾产业带发展规划后，杭州湾地区成为国内发展最快的地区之一，地区经济迅猛发展，城市化进程加快。在中国中小城市综合实力百强县市排名中，慈溪市多次名列第五、六名，领跑浙江省。以2015年为例，人均生产总值为110327元，是全国人均生产总值（50028元）的2.2倍。近年来慈溪市生产总值一直保持平稳较快增长，2021年实现地区生产总值2379.17亿元，同比增长8.4%，在主要经济指标中，第二产业成为拉动慈溪经济增长的重要动力，当年实现增加值1455.33亿元，同比增长11.4%。

2.2　数据及资料来源

2.2.1　土地利用数据

　　覆盖研究区的Landsat卫星时间序列影像数据，运用CUD架构并行运算和快速分析的优点，可以提取研究区土地利用/覆被变化时序分布图。本书选取 2009—2020 年为研究区土地利用/覆被变化的目标年份，在这个时间段内，区域滨海平原港城建设快速发展，临海工业化进程加快。选取每一目标年份最小云量影像合成作为原始影像，从而增加分类的准确性。

Landsat 卫星是由美国国家航空航天局（NASA）发射的用来获取地球表面图像（即卫星影像，本书中的图像均为影像的含义）的一种遥感平台，以观察陆地环境和资源为主，所获得的图像上载有丰富的地面信息，在农业、林业、水文、生态、地质、地理、气象、海洋、环境污染、地图测绘等方面得到了广泛的应用。Landsat 卫星轨道为圆形或近圆形，与地面保持等距离，不同地区图像分辨率基本一致。卫星运行与太阳同步，保证传感器在相同的光照条件下进行探测。Landsat - 5、Landsat - 7 卫星主要运行参数如下：轨道高度 705km、轨道倾角 98.22°、运行周期 98.9 分、重复周期 16d、成像宽度 185km。不同传感器的波段不同，地面分辨率也不同，见表 2.2。

表 2.2　　　　　　　　　部分 Landsat 卫星图像分辨率

卫星编号	波段及传感器编号	地面分辨率/m
5	TM：1、2、3、4、5、7	30
5	TM：6	120
7	ETM+：1、2、3、4、5、7	30
7	ETM+：6	60
7	ETM+：8（全色波段）	15

由于各种地物组成的物质成分、结构以及地物表面温度等均不同，其光谱特性也就不同，在黑白图像上是色调的差异，在彩色图像上是色别的不同，即使是同样的地物在不同光谱段的图像上其色调也会有差别。不同波段影像对不同地物的光谱效应不同。Landsat TM 有 7 个光谱段，见表 2.3。ETM+与 TM 的波段、光谱特性和分辨率基本相似，主要有以下三点变化：增加了分辨率为 15m 的全色波段 PAN（0.52～0.90μm）；波段 6 的分辨率由 120m 提高到 60m；辐射定标误差率小于 5%，比 Landsat - 5 提高 1 倍。

表 2.3　　　　　　　　　专题成像仪（TM）的光谱波段

波段	波长/μm	光谱区域	主 要 应 用
1	0.45～0.52	蓝	海岸制图，土壤植被辨别，森林类型制图
2	0.52～0.60	绿	植物辨别，植物活力评价，水污染研究
3	0.63～0.69	红	区分植物种类与植物覆盖度
4	0.76～0.90	近红外	确定植物类型、活力、生物量，描绘水体，土壤湿度辨别

波段	波长/μm	光谱区域	主 要 应 用
5	1.55～1.75	中红外	调查植物水分含量、土壤湿度、水分状况，区分云和雪
6	10.4～12.5	热红外	植物和地物的热强度测定
7	2.08～2.35	中红外	植物含水量测定，辨别岩石和矿物

以 2005 年 10 月 17 日遥感影像为例，从元数据中可以得到详细的成像信息，具体如下所示：

```
GROUP = L1_METADATA_FILE
  GROUP = METADATA_FILE_INFO
    ORIGIN = "Image courtesy of the U. S. Geological Survey"
    REQUEST_ID = "9990812020001_00987"
    PRODUCT_CREATION_TIME = 2008 - 12 - 04T23:49:42Z
    STATION_ID = "EDC"
    LANDSAT5_XBAND = "1"
    GROUND_STATION = "BJC"
    LPS_PROCESSOR_NUMBER = 0
    DATEHOUR_CONTACT_PERIOD = "0529002"
    SUBINTERVAL_NUMBER = "01"
  END_GROUP = METADATA_FILE_INFO
  GROUP = PRODUCT_METADATA
    PRODUCT_TYPE = "L1T"
    ELEVATION_SOURCE = "GLS2000"
    PROCESSING_SOFTWARE = "LPGS_9.2.0"
    EpHEMERIS_TYPE = "DEFINITIVE"
    SPACECRAFT_ID = "Landsat5"
    SENSOR_ID = "TM"
    SENSOR_MODE = "BUMPER"
    ACQUISITION_DATE = 2005 - 10 - 17
    WRS_PATH = 119
    STARTING_ROW = 39
    ENDING_ROW = 39
    BAND_COMBINATION = "1234567"
    PRODUCT_UL_CORNER_LAT = 31.2639999
    PRODUCT_UL_CORNER_LON = 118.7624380
    PRODUCT_UR_CORNER_LAT = 31.2037686
    PRODUCT_UR_CORNER_LON = 121.3103999
    PRODUCT_LL_CORNER_LAT = 29.3752194
    PRODUCT_LL_CORNER_LON = 118.7289382
```

PRODUCT_LR_CORNER_LAT = 29. 3193537

PRODUCT_LR_CORNER_LON = 121. 2287193

PRODUCT_UL_CORNER_MAPX = 667800. 000

PRODUCT_UL_CORNER_MAPY = 3460200. 000

PRODUCT_UR_CORNER_MAPX = 910800. 000

PRODUCT_UR_CORNER_MAPY = 3460200. 000

PRODUCT_LL_CORNER_MAPX = 667800. 000

PRODUCT_LL_CORNER_MAPY = 3250800. 000

PRODUCT_LR_CORNER_MAPX = 910800. 000

PRODUCT_LR_CORNER_MAPY = 3250800. 000

PRODUCT_SAMPLES_REF = 8101

PRODUCT_LINES_REF = 6981

PRODUCT_SAMPLES_THM = 4051

PRODUCT_LINES_THM = 3491

PRODUCT_SAMPLES_DEM = 8101

PRODUCT_LINES_DEM = 6981

BAND1_FILE_NAME = "L5119039_03920051017_B10. TIF"

BAND2_FILE_NAME = "L5119039_03920051017_B20. TIF"

BAND3_FILE_NAME = "L5119039_03920051017_B30. TIF"

BAND4_FILE_NAME = "L5119039_03920051017_B40. TIF"

BAND5_FILE_NAME = "L5119039_03920051017_B50. TIF"

BAND6_FILE_NAME = "L5119039_03920051017_B60. TIF"

BAND7_FILE_NAME = "L5119039_03920051017_B70. TIF"

DEM_FILE_NAME = "L5119039_03920051017_DEM. TIF"

METADATA_L1_FILE_NAME = "L5119039_03920051017_MTL. txt"

CPF_FILE_NAME = "L5CPF20051001_20051231_04"

END_GROUP = PRODUCT_METADATA

GROUP = MIN_MAX_RADIANCE

LMAX_BAND1 = 193. 000

LMIN_BAND1 = -1. 520

LMAX_BAND2 = 365. 000

LMIN_BAND2 = -2. 840

LMAX_BAND3 = 264. 000

LMIN_BAND3 = -1. 170

LMAX_BAND4 = 221. 000

LMIN_BAND4 = -1. 510

LMAX_BAND5 = 30. 200

LMIN_BAND5 = -0. 370

LMIN_BAND6 = 1. 238

LMAX_BAND6 = 15. 303

LMAX_BAND7 = 16. 500

```
    LMIN_BAND7 = -0.150
END_GROUP = MIN_MAX_RADIANCE
GROUP = MIN_MAX_PIXEL_VALUE
    QCALMAX_BAND1 = 255.0
    QCALMIN_BAND1 = 1.0
    QCALMAX_BAND2 = 255.0
    QCALMIN_BAND2 = 1.0
    QCALMAX_BAND3 = 255.0
    QCALMIN_BAND3 = 1.0
    QCALMAX_BAND4 = 255.0
    QCALMIN_BAND4 = 1.0
    QCALMAX_BAND5 = 255.0
    QCALMIN_BAND5 = 1.0
    QCALMIN_BAND6 = 1.0
    QCALMAX_BAND6 = 255.0
    QCALMAX_BAND7 = 255.0
    QCALMIN_BAND7 = 1.0
END_GROUP = MIN_MAX_PIXEL_VALUE
GROUP = PRODUCT_PARAMETERS
    CORRECTION_METHOD_GAIN_BAND1 = "CPF"
    CORRECTION_METHOD_GAIN_BAND2 = "CPF"
    CORRECTION_METHOD_GAIN_BAND3 = "CPF"
    CORRECTION_METHOD_GAIN_BAND4 = "CPF"
    CORRECTION_METHOD_GAIN_BAND5 = "CPF"
    CORRECTION_METHOD_GAIN_BAND6 = "IC"
    CORRECTION_METHOD_GAIN_BAND7 = "CPF"
    CORRECTION_METHOD_BIAS = "IC"
    SUN_AZIMUTH = 148.9988760
    SUN_ELEVATION = 45.3738907
    OUTPUT_FORMAT = "GEOTIFF"
END_GROUP = PRODUCT_PARAMETERS
GROUP = CORRECTIONS_APPLIED
    STRIPING_BAND1 = "NONE"
    STRIPING_BAND2 = "NONE"
    STRIPING_BAND3 = "NONE"
    STRIPING_BAND4 = "NONE"
    STRIPING_BAND5 = "NONE"
    STRIPING_BAND6 = "NONE"
    STRIPING_BAND7 = "NONE"
    BANDING = "N"
    COHERENT_NOISE = "N"
```

```
    MEMORY_EFFECT = "Y"
    SCAN_CORRELATED_SHIFT = "Y"
    INOPERABLE_DETECTORS = "N"
    DROPPED_LINES = "N"
  END_GROUP = CORRECTIONS_APPLIED
  GROUP = PROJECTION_PARAMETERS
    REFERENCE_DATUM = "WGS84"
    REFERENCE_ELLIPSOID = "WGS84"
    GRID_CELL_SIZE_THM = 60.000
    GRID_CELL_SIZE_REF = 30.000
    ORIENTATION = "NUP"
    RESAMPLING_OPTION = "CC"
    MAP_PROJECTION = "UTM"
  END_GROUP = PROJECTION_PARAMETERS
  GROUP = UTM_PARAMETERS
    ZONE_NUMBER = 50
  END_GROUP = UTM_PARAMETERS
END_GROUP = L1_METADATA_FILE
    END
```

　　原始图像面积较大，可根据需要选取试验区域进行计算。计算区域内包括水体、耕地、居民地及建筑用地，分类详细，便于进行精度分析。

　　Landsat 卫星系列数据覆盖范围广，具有较完备的时间序列，对于进行长时间土地利用信息提取具有明显的优势。本书选取 2009—2020 年范围内覆盖研究区域云量最小的 Landsat‑7 ETM＋影像和 Landsat‑8 OLI 影像进行信息提取，根据原始 Landsat 场景的集合应用标准的 TOA 校准，使用 Simple Land Cloud Score 算法为每个像素分配云得分（cloud score），在每个点上选择最低的云得分范围，然后从接收的像素计算每个波段的百分位值。使用 Landsat Path Limit 算法，仅在超过 max Depth 输入场景可用的区域中选择云层最少（least‑cloudy）的场景。

　　选取 2000 年 10 月 11 日的 ETM＋数据，1991 年 7 月 23 日和 2005 年 10 月 17 日两个时相的 TM 数据作为遥感影像校正、增强和解译的参考。2009 年、2010 年和 2012 年的数据由 Landsat‑7 卫星提供，2013—2020 年的数据由 Landsat‑8 卫星提供，一景影像覆盖范围宽 185km。本书选用 Landsat‑7 卫星 5、4、3 波段和 Landsat‑8 卫星 6、5、4 波段进行彩色合成，各地物类型在影像中极易区分，有利于土地利用/覆盖信息的提取。

　　研究区属于沿海平原，地势平坦，不考虑地形高程特征的影响。辅助数据中包括区域数字地图，河网调查图，城市规划数据和 12 年的统计年鉴。道路、河流及城市规划信息与现场调研数据分析相结合，主要用于分类结果的修正和精度验证。

2.2.2 河网数据

1. 河网概况

慈溪虽隶属姚江水系，但真正排入姚江的面积不足 23%，大部分皆自成体系排入杭州湾，故又称北排河区，它是全市河流的主体。由于慈溪地势西高东低，境内自东向西建有东河、中河、西河、西北河等四大河区，其中中河的石堰河网地区受制于姚江总调控外，其余河区均自行调控运作，北排入杭州湾，又称北排河区。各河区水位特征值见表 2.4。研究区所在的慈溪北部平原河区划分如图 2.1 所示。

表 2.4		各河区水位特征值		单位：m
河区	历史最高水位	警戒水位	正常水位	枯水位
西北河区	4.24	3.10	2.25～2.80	1.90
西河区（包括北部和南部）	4.24	2.80	2.25～2.45	1.20
中河区	3.36	2.10	1.75～1.95	0.90
东河区	3.13	1.90	1.45～1.65	0.60

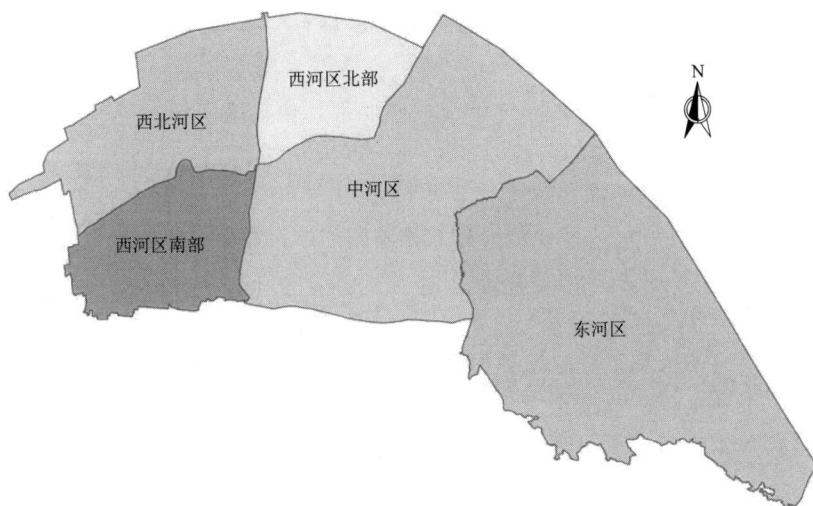

图 2.1　河区划分

平原河网骨干河道基本形成了"三横十一纵"：三塘横江、八塘横江及十塘横江（十一塘横江）横向汇流河道简称为"三横"，镇龙浦、淡水泓、松浦、高背浦、徐家浦、半掘浦、水云浦、四灶浦（新城河）、陆中湾（漾山路江）、三八江（垫桥路江）、建塘江（周家路江）等十一条纵向排涝河道，简称为"十一纵"，另外还有因引水、局部排涝等需要规划建设的竺山江、潮塘横江、东横河三条横向河道，共 17 条骨干河道。各河区特征如下。

（1）东河区。东河区位于慈溪市境东部，包括附海镇以及龙山、掌起、观海卫三镇的北部，陆域面积 318km²。沿海建有伏龙海涂水库和郑徐水库，北部沿海建有排涝闸 5 座，以镇龙浦、淡水泓、淞浦、高背浦、徐家浦为骨干北排河道，横向有十塘横江、八塘横江和三塘横江贯通汇流。

（2）中河区。中河区位于市境中部，包括逍林、新浦、胜山、桥头、坎墩、浒山、古塘、白沙路等镇（街道）以及杭州湾新区部分地域。东与东河区，西与西河区接壤，陆域面积 258km²。沿海地区建有海涂水库 3 座，北部沿海建有出海排涝闸 3 座，以半掘浦、水云浦、四灶浦为北排主要河道，横向有十塘横江、八塘横江、三塘横江贯通汇流，中心城区主要通过三灶江沟通上游东横河和下游潮塘横江向四灶浦排水。石堰河网区是中河区在横河境内的河网区，受控于姚江水系，面积 21.6km²（不包括丘陵面积）。

（3）西河区。西河区南部包括周巷、长河、宗汉等镇（街道）和崇寿及杭州湾新区部分地域，陆域面积 151.93km²，境内有大小河流总长 634.4km，水域面积 18.34km²。沿海建有海涂水库 2 座，水域面积 1.45km²，正常库容 260 万 m³，河库总蓄水量为 3668 万 m³。西河区北部沿海建有出海排涝闸 1 座，以陆中湾为北排主要河道，横向有三塘横江、八塘横江、十塘横江贯通汇流。

（4）西北河区。西北河区位于市境西北部，包括庵东镇及周巷、长河等镇四塘以北地区，陆域面积 103.18km²，境内有大小河流总长 398.03km，水域面积 6.24km²。沿海建海涂水库 3 座，水域面积 3.71km²，正常库容 1092 万 m³，河库总蓄水量为 1690 万 m³，沿海建有排涝闸 2 座，横向主要通过八塘横江贯通汇流，由建塘江、三八江河道北排。

2. 水利工程

对各河区的水利工程状况进行调研，发现研究区曾兴建了一大批蓄、引、提、排等水利工程，包括水库、河道、堤防、排涝泵闸等，具体如下。

（1）水库工程。慈溪滨海平原中型水库有郑徐水库和四灶浦水库，基本情况见表 2.5。

表 2.5　　　　　　　　　中型水库基本情况

水库	郑徐水库	四灶浦水库
河流	郑家浦	水云浦
集雨面积/km²	5.83	5.10

续表

水库		郑徐水库	四灶浦水库
坝顶高程/m		5.50	8.93
坝型		均质土坝	均质土坝
水库特征	设计洪水位/m	4.83	7.93
	相应库容/亿 m³	0.4438	0.3051
	校核洪水位/m	4.95	7.93
	相应库容/亿 m³	0.4508	0.3051
	梅汛限制水位/m	4.50	6.13
	相应库容/亿 m³	0.4246	0.1700
	台汛限制水位/m	4.50	5.63
	相应库容/亿 m³	0.4246	0.1700

（2）堤防。为了抵御杭州湾潮汐，慈溪市沿海一线都建有堤防。目前，全市一线海塘总长 72.4km，基本达到 50 年一遇标准。

（3）水闸工程。按其所处位置及作用可分为向北排涝闸和内河节制闸。向北排涝闸：第一线共有排涝闸 11 座，70 孔，总净宽 298m，基本情况见表2.6。还有备塘闸 50 余座、内河节制闸 80 多座，主要用于各河区抗旱排涝；船闸 10 余座，主要用作通航和河区分界。

表 2.6　　　　　　　　排 涝 闸 基 本 情 况

河区	排涝闸	闸门净宽/m	闸底高程/m	备注
东河区	镇龙浦十塘闸	20	−0.87	4m×5 孔
	淡水泓十塘闸	28	−1.37	4m×7 孔
	松浦十塘闸	28	−1.37	4m×7 孔
	高背浦十塘闸	28	−1.37	4m×7 孔
	徐家浦十塘闸	28	−0.87	4m×7 孔
	小计	132		
中河区	半掘浦十一塘闸	28	−0.87	4m×7 孔
	水云浦十一塘闸	32	−0.87	4m×8 孔
	四灶浦十一塘闸	32	−0.87	4m×8 孔
	小计	92		
西河区、西北河区	陆中湾十一塘闸	35	−0.37	7m×5 孔
	三八江十塘闸	24	−0.37	4m×6 孔
	建塘江闸	15	0.13	5m×3 孔
	小计	74		
总计		298		

2.2.3 水环境监测点与监测指标

研究区分为东河区、中河区、西河区和西北河区四个河区，现有长期进行地表水环境质量监测的市控级以上断面共计 14 个（每两个月监测一次），其监测数据能够反映研究区地表水环境质量特征。监测点位置如图 2.2 所示。

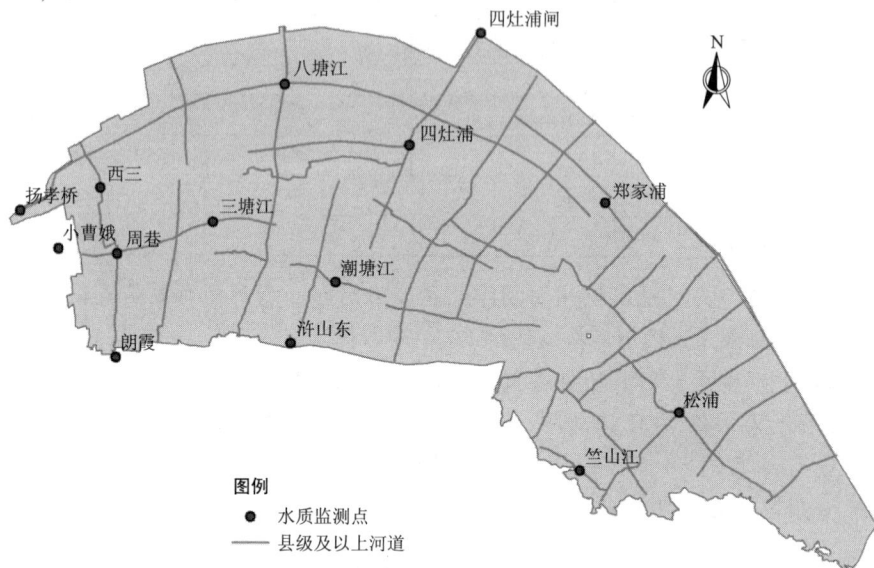

图 2.2 监测点位置

按照《地表水环境质量标准》（GB 3838—2002），我国依据地表水水域环境功能和保护目标，按功能高低依次划分为Ⅰ类、Ⅱ类、Ⅲ类、Ⅳ类、Ⅴ类 5 类。对应地表水上述五类水域功能，将地表水环境质量标准基本项目标准值分为 5 类，不同功能类别分别执行相应类别的标准值。水域功能类别高的标准值严于水域功能类别低的标准值。

研究区监测断面中，松浦、竺山江、郑家浦、扬孝桥、小曹娥、西三、朗霞水域功能类别为Ⅲ类，主要适用于集中式生活饮用水地表水源地二级保护区、鱼虾类越冬场、洄游通道、水产养殖区等渔业水域及游泳区。浒山东、潮塘江、八塘江、三塘江、周巷、四灶浦、四灶浦闸水域功能类别为Ⅳ类，主要适用于一般工业用水区及人体非直接接触的娱乐用水区。监测断面基本信息见表 2.7。

从 2010 年 1 月至 2020 年 12 月，每逢单月对监测断面的水质进行连续监测（其中松浦、潮塘江、小曹娥、西三、朗霞 5 个测站监测至 2018 年 12 月）。监测指标包括《地表水环境质量标准》（GB 3838—2002）基本项目 24 项。水质监测实验要求水样采集后自然沉降 30min，取上层非沉降部分进行分析。

表 2.7 监 测 断 面 基 本 信 息

河区	河流	监测断面	经度 E	纬度 N	监测时间段及频率	监测次数
东河区	姚北河网	松浦	121.48972	30.13194	2010 年 1 月至 2017 年 1 月两个月一次，其中 2016 年 3 月缺测	42
东河区	竺山江	竺山江	121.42472	30.10056	2017 年 1 月至 2020 年 12 月两个月一次	24
中河区	蛟门浦	郑家浦	121.44272	30.24835	2010 年 1 月至 2020 年 12 月两个月一次，其中 2017 年 12 月加测一次	67
中河区	浒山江	浒山东	121.23667	30.17194	2010 年 1 月至 2011 年 12 月两个月一次，2012 年 1 月至 2020 年 12 月一个月一次	120
中河区	姚北河网	潮塘江	121.26583	30.20528	2010 年 1 月至 2017 年 1 月两个月一次，其中 2016 年 3 月缺测	42
西北河区	七塘横江	扬孝桥	121.05833	30.24639	2017 年 1 月至 2020 年 12 月两个月一次	24
西北河区	陆中湾	八塘江	121.23444	30.31528	2010 年 1 月至 2018 年 12 月两个月一次，2019 年 1 月至 2020 年 12 月一个月一次，其中 2010 年 9 月，2019 年 10 月，2020 年 4 月缺测 3 次，2017 年 12 月，2018 年 6 月、8 月、10 月、12 月共加测 5 次	80
西北河区	姚江河网	小曹娥	121.08361	30.22500	2010 年 1 月至 2017 年 1 月两个月一次，其中 2016 年 3 月缺测	42
西北河区	姚北河网	西三	121.11167	30.25861	2010 年 1 月至 2017 年 1 月两个月一次，其中 2010 年 9 月和 2016 年 3 月缺测	41
西河区南部	姚江河网	朗霞	121.12083	30.16472	2010 年 1 月至 2017 年 1 月两个月一次，其中 2016 年 3 月缺测	42
西河区南部	三塘横江	三塘江	121.18639	30.23944	2010 年 1 月至 2020 年 12 月两个月一次，其中 2017 年 4 月、6 月、8 月、10 月、12 月共加测 5 次	71
西河区南部	周家路江	周巷	121.12222	30.22222	2010 年 1 月至 2020 年 12 月两个月一次，其中 2017 年 4 月、6 月、8 月、10 月、12 月共加测 5 次	71
西河区北部	四灶浦江	四灶浦	121.31505	30.28084	2017 年 1 月至 2020 年 12 月两个月一次	24
西河区北部	四灶浦江	四灶浦闸	121.36232	30.34269	2010 年 1 月至 2011 年 12 月两个月一次，2012 年 1 月至 2020 年 12 月一个月一次，其中 2010 年 9 月、2012 年 11 月、2012 年 12 月共缺测 3 次	117

注 监测频率"两个月一次"，为每年的 1 月、3 月、5 月、7 月、9 月、11 月。

　　为反映地表水质的季节差异，根据降水量的大小，将整个监测期划分为丰水期和枯水期。4—10 月为丰水期，其中 6 月梅雨、9 月秋雨为降水高峰期，7—8 月常干热少雨。11 月至次年 3 月为枯水期，晴冷干燥，降水稀少。

　　水质数据无法做到每天监测，采样数据相对贫乏，数据间的关系也不直观，区域间浓度分布、不同污染物间浓度分布、浓度分布与距离、不同季节间的浓度分布这些关系都不能直接得到，需要对河流水体质量特征进行分析。

　　综上，对滨海平原的土地资源、水资源状况进行动态变迁监测发现，随着土地利用类型的变化和经济的飞速发展，淡水资源缺乏和水质恶化制约了当地经济的发展。同时，调查发现滨海平原的建设开发过程存在许多问题，主要包括：①土地开发及围垦工程规划论证时间短，对建成后的围区开发及土地利用规划不够详细；②滨海平原开发区建成后，为了早日投产，先进驻重工业厂区，在前期造成较大污染，区域水环境质量整体较差；③区域海拔较低且地势平坦，地表径流大都通过水闸和泵站控制，水文循环受人类活动干扰严重，水体自净能力差。

　　作为典型的滨海平原及围涂地带，研究区既无过境大江大河，也无充沛水源储备条件，水资源先天条件不足。虽然研究区雨量充足，但因人口众多，降水时空分布不均，地表水拦蓄能力弱，历来是典型的资源型、结构型、水质型缺水地区，水资源供需矛盾比较突出。

　　内陆水域约占总面积的 1/10。有较长河道 73 条，长 770km，河床坡降平缓，平均水深 1.2～1.4m。南北向河道大都北流入海，正常水位蓄水量 3776 万 m³。研究区河道纵横呈网状分布，具有浓郁的水乡特点。但是缺少稳定入流水源，河道内蓄水主要靠降雨补充，同时受纳周边工厂和居民区排放的污水，部分河道受纳污水处理厂排放的二级废水。河网水体流动性差、自净能力弱，河道生态流量少、岸线硬质化，水环境承载能力超限、水生态系统非常脆弱。各河段以有机污染为主，主要污染因子为溶解氧、高锰酸盐指数、氨氮、总磷等。

第3章

区域土地利用时空变化特征研究

　　土地利用反映了人类活动和自然因素变化协同作用的结果，极大地影响着生态环境、气候变化以及经济发展和粮食安全，目前已成为全球变化的主要因素之一[148,150]。研究慈溪北部平原地区土地利用的动态变化情况可以有效反映该区域土地资源的特点，针对其经济发展与水质保护之间存在的矛盾，分析区域内土地利用动态演变的特征，为后续土地利用规划及调整提供科学依据，也有助于当地环保、经济等相关政策的制定和实施。

　　土地利用的时空动态变化分析离不开大范围、周期性的监测手段。GIS 和 RS 技术可以提供动态、快速、宏观的地理信息数据，早已成为获取土地覆盖信息最为有效的手段[151]。随着科学研究的不断深入，对时空连续的高精度土地利用数据需求日益迫切[152]。为了提高地物分类的时空分辨率，本书采用了多时相遥感数据融合分类提取技术，选取具有较高光谱和空间分辨率的陆地卫星 Landsat－5 和 Landsat－8 多时相遥感影像数据，获取研究区 2009—2020 年的土地利用动态演变信息，分析 12 年间土地利用演变的特征及影响因素。同时，收集到试验区域 2000 年 10 月 11 日的 ETM＋数据，1991 年 7 月 23 日和 2005 年 10 月 17 日两个时相的 TM 数据作为参考数据，从而进一步探讨其与经济发展、城市化、产业结构之间的相关关系，揭示土地利用与水质的影响及内在联系。

3.1　遥感影像校正和增强

3.1.1　遥感影像校正和恢复

　　图像校正和图像恢复的目的，是为了校正在获得图像数据的过程中所出现的图像的畸变或图像质量的降低。显然，这些过程的特性在很大程度上随获取数字图像的扫描仪、传感器平台以及总视场的变化而变化。任何遥感系统获得的原始图像数据均是三维景物的二维投影显示，存在不同程度、不同性质的几何形态畸变和辐射量的失真等现象。这些畸变和失真均会导致图像质量下降，严重影响其应用效果，必须进行消除处理。地面站经系统处理提供给用户的遥感卫星图像常规产品，仍存在不少非系统性误差，如随地形起伏、星历数据不准确等因素导致的影像几何畸变；由于大气状况、地形部位等因素造成的影像辐射失真等。这些畸变与失真都是随时或随地而异的随机性偏差，大小和分布都难以事先预测，不能在地面站进行的常规处理中予以消除。本书将重点放在图像的几何校正、辐射校正以及大气校正上。

遥感影像信息融合的结构及流程如图 3.1 所示。

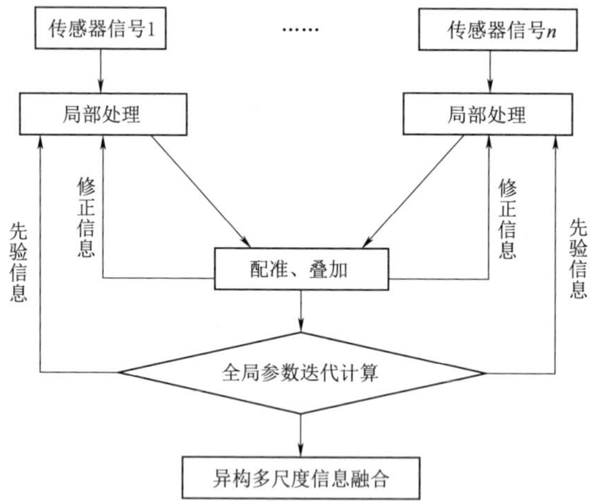

图 3.1 　遥感影像信息融合的结构及流程

1. 几何校正

由于原始图像的几何畸变较大，所以没有进行几何校正处理的图像不能直接以地图方式来使用。这些畸变来源于传感器平台的纬度、高度、速度的变化，以及诸如全景畸变、地球曲率、大气反射、地形的高低等多种因素的影响。几何校正的目的是弥补由这些因素导致的畸变，以使校正后的图像具有最大的几何精度。

几何校正过程通常分为两步。首先，考虑那些系统的畸变或可预测的畸变；其次，再考虑那些本质上是随机的或不可预测的畸变。

系统畸变容易通过建立数学上的畸变公式来校正。例如，卫星上的传感器在成像时，地球自西向东的自转就是一个很强的系统畸变源，这使得扫描镜每一次扫描都稍偏向前一次扫描的西南地区，这种畸变称为倾斜畸变。减少倾斜畸变的过程实际上就是弥补每一次扫描线向西的偏移量，TM 多光谱扫描数据所呈现出来的倾斜平行四边形的外观，就是对地球自转进行校正后的结果。

随机畸变和其他未知的系统畸变是通过分析地面控制点（GCP）来校正的。地面控制点是已知地面位置的地物点，这些地物点的位置可以在卫星图像上精确定位。构成良好控制点的地物点应该是道路或者清晰的海岸线交点。在校正过程中，根据地面控制点在图像上的坐标（列、行）和地面经纬度坐标来确定地面控制点的位置；然后，再根据这些值按最小二乘法进行回归分析，从而确定两个坐标转换方程的系数，而该方程可用于联系几何校正（地图）坐标和畸变图像的坐标。一旦确定了方程的系数，那么畸变图像的任何位置的实际坐标也就可以确定和评估。用数学符号来描述这种关系可以表示为

$$x = f_1(X, Y)$$
$$y = f_2(X, Y) \tag{3.1}$$

式中　x、y——畸变图像的坐标（行、列）；

　　　(X, Y)——校正地图的坐标；

　　　f_1、f_2——转换函数。

也就是先定义一张没有畸变的空地图单元作为输出矩阵，然后在每一个单元格中用畸变图像中的对应像元来填充，校正后的输出单元格（实线）优于有畸变的像元矩阵（虚线），如图 3.2 所示。产生转换函数以后，对原始图像的像元进行重新采样，然后填充到输出矩阵中。这个过程按照下面的步骤执行：

（1）输出矩阵中每个像元的坐标被转换成原始输入（畸变图像）矩阵中相应的坐标。

（2）输出矩阵中的一个单元格将不直接覆盖输入矩阵中的一个像元，最终指派给输出矩阵的某个单元的亮度值是通过初始输入矩阵中环绕转换单元的像元值来确定的。

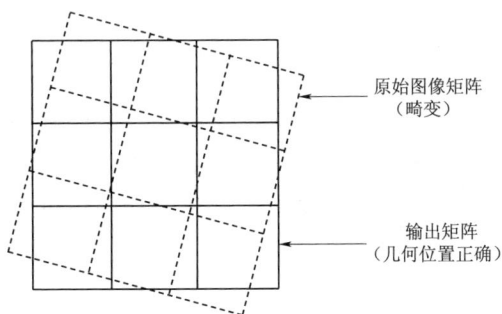

原始图像矩阵
（畸变）

输出矩阵
（几何位置正确）

图 3.2　畸变图像矩阵校正示意图

在试验区域中选取分布较为均匀的 16 个点，用 GPS 仪器准确测量其地理坐标，以此为基础对 TM、ETM＋影像进行校正。计算采用多项式变换

（polynomial），多项式的次方数（order）取 3，选取 16 个控制点，如图 3.3
所示，运用 ERDAS 软件的几何校正模块采集控制点并进行转换计算。

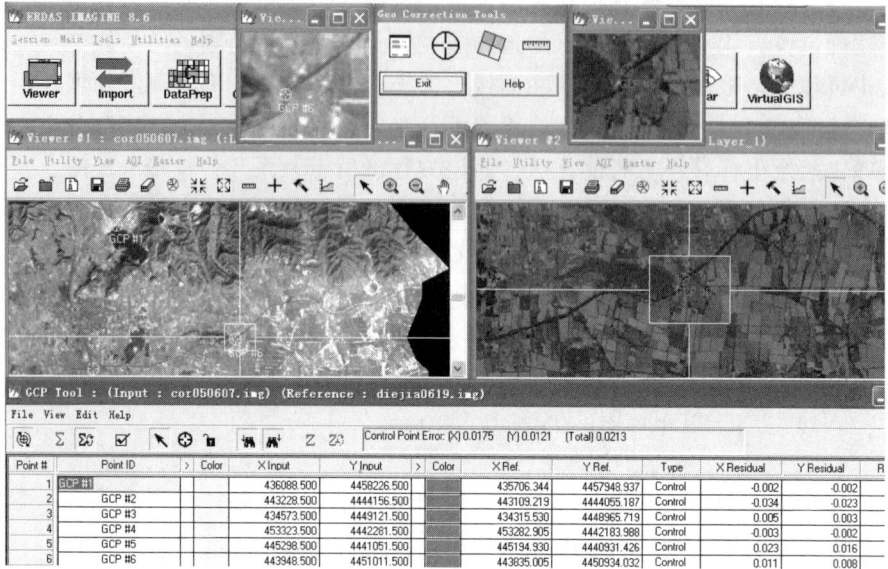

图 3.3 采集控制点并计算转换模型

给输出像元指定合适的 CN 值有多种图像重采样方案：最近邻法（nearest
neighbor）、双线性内插法（bilinear interpolation）、三次卷积法（cubic con-
volution）等。第一种方法计算简便，而且避免了采样时像元灰度值的改变，
可以保证随后的光谱模式识别分析的准确性。在 ERDAS 软件中，打开 image
resample 对话框，定义参数，进行影像重采样；完成后保存几何校正模式，
通过窗口地理连接（geo link/unlink）功能及查询光标（inquire cursor）功能
进行检验，校正后发现原图像几何偏差较小。

2. 辐射校正

与图像的几何校正一样，不同传感器获取的影像的辐射校正所采用的方法
有很大差异。在其他条件相同的状况下，由某个系统测得的辐射率受到许多因
素的影响，这些因素包括地面照明条件、大气条件、传感器拍摄的几何特征、
传感器的响应特性等。要对哪些影响因子进行校正，直接取决于某个特定的
应用。

应用遥感影像研究地面反射率的变化，进而推求土壤类型及土地利用/覆
被的过程中用到了不同类型干土的反射光谱曲线。这些曲线的绘制对精度要求
较高。首先，将野外采集的土样在实验室烘干；然后，运用分光光度计、光谱
仪、摄谱仪等，在特定条件下（模拟太阳直射）测得土壤在不同波长时的反射

率值，从而绘制出精确的土壤光谱反射率曲线。

基于以上考虑，本书的研究需要进行太阳高度角校正（sun elevation correction）、日地距离校正（earth - sun distance correction）和大气校正（atmospheric correction）。

太阳高度角校正考虑了太阳在地球上的相对位置随季节而变化，通过这个过程，不同太阳高度角照射条件下的图像数据的像元亮度值，被标准化到假设太阳在天顶时的像元亮度值。这种校正通常是用传感器中每一个像元的灰度值除以特定时间和地点的太阳高度角的正弦值。也可以根据太阳距天顶的夹角来校正，这个夹角就是太阳高度角的补角。在这种情况下，每一个像元灰度值除以太阳距天顶夹角的余弦值，产生同样的校正结果。这两种校正都忽略了地形和大气对辐射的影响。

日地距离校正用于标准化地球和太阳间的距离随季节的变化。日地距离通常用天文单位来表示（一个天文单位就是地球和太阳之间的平均距离，约等于 $149.6 \times 10^6 \, \text{km}$）。太阳辐射随日地距离的平方而减小。

以 2005 年 10 月 17 日遥感影像为例，辅助数据中有如下信息：

SUN_AZIMUTH = 148.9988760
SUN_ELEVATION = 45.3738907

天顶角和日地距离对于地球表面辐射的影响可以表示为

$$E = \frac{E_0 \cos\theta_0}{d^2} \tag{3.2}$$

式中　E——标准化的太阳辐射；

　　　E_0——平均日地距离时的太阳辐射；

　　　θ_0——太阳距天顶的夹角；

　　　d——日地距离，使用天文单位。

其中，日地天文单位距离

$$d = 1 - 0.01674\cos[0.9856(JD-4)\pi/180] \tag{3.3}$$

式中　JD——遥感成像的儒略日（Julian Day）。

若令遥感成像日期中的年、月、日分别由 I、J、K 表示，则儒略日计算如下

$$JD = K - 32075 + 1461[I + 4800 + (J-14)/12]/4 + 367 -$$
$$3[I + 4900 + (J-14)/12]/100/4 \tag{3.4}$$

将计算得到的天文儒略日代入式（3.3）得到日地天文单位距离，也可以通过查表得到，例如，2005 年 10 月 17 日是一年中的第 290 天，日地距离为 0.99662。此时太阳天顶角为：$\theta_0 = 90 - 45.3738907 = 44.6261093(°)$。

代入式（3.2）得到 $E = 0.71654E$。

对需要进行校正的遥感影像，选择校正的空间范围、光谱子集（图层）后，按上述方法定义波谱数学函数进行光谱计算，生成的新图像即完成了太阳天顶角和日地距离校正。查询像元在校正前后的反射率变化情况，对校正精度进行检验。2005 年 10 月 17 日第一波段遥感影像在校正前后的变化情况如图 3.4 所示，左侧三个窗口为原始图像，右侧三个窗口为校正后的图像，中间的 cursor location/value 对话框显示了校正前后两图像中指定像元对应的地理位置、像元编号以及各自的反射率值。用同样的方法对其他波段以及其他时段的图像进行校正。

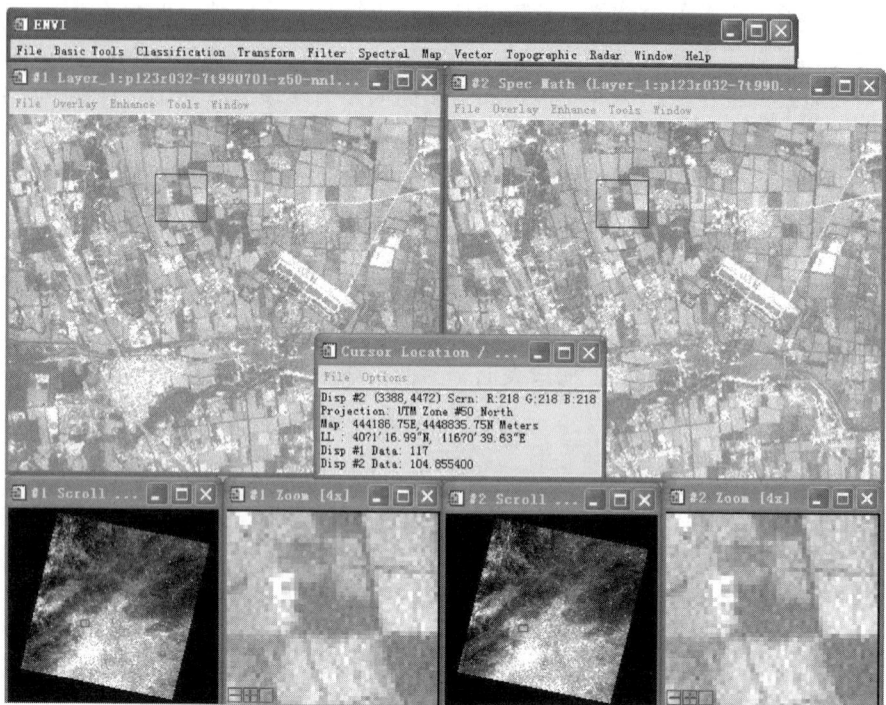

图 3.4 2005 年 10 月 17 日第一波段遥感影像在校正前后的变化情况
（左侧为校正前，右侧为校正后）

另外，地形、坡度也能够带来辐射误差，需要知道各坡面的倾角才能够进行辐射校正，这就需要有研究区域的 DEM 数据，由于研究区地势平坦，本书不对地形坡度引起的误差做校正，用比值处理法来减小误差影响。

3. 大气校正

遥感影像辐射值受到大气层多方面的影响。就被动传感器而言，一方面，大气层的吸收和散射，使来自地物目标的辐射能量在到达传感器之前因衰减而降低；另一方面，大气反射和散射形成的路径辐射和地物目标辐射一起进入遥感探测器，导致遥感辐射量失真，质量和对比度下降，犹如蒙上一层薄雾。因此，大气校正是定量遥感的基础与关键。

尽管大气辐射传输原理是相同的，但由于传感器本身性能和参数的不同，不同传感器获得的遥感数据在大气校正的具体方法上有所差别，就 Lansant‑5 和 Landsat‑7（六波段除外）的数据而言，目前国内外学者在大气校正时应用较多的是黑体消除法。传统的黑体消除方法认为，近红外辐射不存在散射影响，该波段上洁净深水的反射比实际是 0。因此，这样一个区域上观测到的任何信号都代表着大气散射和路径辐射，它的灰度值可以近似于大气层辐射值，以此来推算其他波段的大气层辐射值和有关的大气性质参数。这种黑体去除法常常会矫枉过正，不适于黑体不存在的影像。

实际上，大气的散射作用对遥感影像影响最大，所以通常处理的大气校正是指大气散射校正，即消除大气散射对辐射失真的影响。一般可通过三种途径进行大气散射校正，即辐射传递方程式计算法、野外波谱测度回归分析法及多波段影像的对比分析法。第一种方法要求取得成像时当地大气中的气溶胶密度和水蒸气浓度数据，目前还很困难，所以此方法至今未能实用化。第二种方法需要测量特定地区、特定条件和一定时间段内目标地物的波谱特性数据，该方法代价很大且不能适应遥感的动态性，一般很少采用。由于大气对电磁波的散射作用主要表现在短波上（在可见光遥感影像中以蓝绿波段为最甚），对长波影响小，因而，对大气散射进行校正处理用得最多而且也最简单的方法是多波段间的对比分析法。

下面介绍用回归分析法进行多波段间的大气散射校正方法。

利用多波段间对比分析法进行大气散射校正的基础是：可见第 1、第 2、第 3 波段受大气散射的影响较大，而中红外和近红外的第 4、第 5 和第 7 波段几乎不会受到大气散射的影响，能够较为正确地反映地物波谱的实际情况，因而可以使用同步获得的第 4、第 5 和第 7 波段影像作为无散射影响的标准图像，对其他三个波段进行校正。

仍以 2005 年 10 月 17 日的遥感影像为例，依据第 4、第 5 和第 7 波段校正其他四个波段的方法是：首先，在要进行大气散射校正的第 1、第 2、第 3 波段的图像中，找出最黑的影像目标，例如高山的阴影部分或者深水等，同时把对应的第 4、第 5 和第 7 波段影像上的同一目标找出来。然后，分别读取各个波段影像的目标数据，进行点绘作图分析。

下面以第 3 和第 4 波段为例进行说明。以第 4 波段的数据为 x 轴，以第 3 波段的数据作为 y 轴，将两波段影像上所选目标的数据进行点绘，点绘的结果出现了许多的离散点，这些在二维坐标平面上点绘的离散点基本呈线性结构形式，这些离散点的 (x,y) 坐标值分别表示第 4 和第 3 波段目标物对应像元的灰度值，如图 3.5 所示。现对这些离散点进行回归分析，设这些离散点的回归直线为

$$y = ax + b \tag{3.5}$$

式中　　x、y——第 4 和第 3 波段的灰度值；

　　　　a、b——回归直线的斜率和截距。

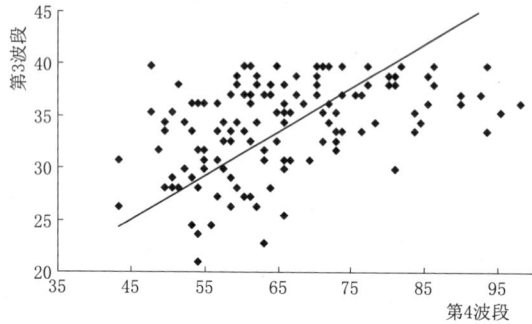

图 3.5　第 4 和第 3 波段对应的灰度离散点

利用所获得的数据，根据最小二乘法作直线拟合可以得到斜率和截距，分别为

$$a = \left[\sum_{i=1}^{n} (x_i - \overline{x})(y_i - \overline{y}) \right] / \sum_{i=1}^{n} (x - \overline{x})^2 = 0.4216$$

$$b = \left[\sum_{i=1}^{n} (y_i - ax_i) \right] / n = 15.13$$

其中，回归直线的截距 15.13 就是要进行校正的数值，因为最黑的影像若没有大气散射的影响，其灰度值应该为 0。进行校正时，只需将第 3 波段各像元的灰度值减去 15.13 即可。

用 IDL 语言定义波谱数学函数，通过光谱计算对大气散射进行校正。

用同样的方法可以求出其他波段的大气散射校正值。

4. 遥感影像剪切

图像的分幅裁剪分为规则分幅裁剪和不规则分幅裁剪。不规则分幅裁剪必须事先生成一个完整的闭合多边形区域，本书依据地形地貌特征制定出 AOI 多边形进行分幅裁剪，裁剪过程分三步完成：

（1）建立控制点，将代表地区的边界描绘成指定坐标系下（WGS 84）的矢量图。

（2）将（1）生成的边界图转化为 shap 文件。

（3）将 shap 文件生成 AOI 或 ROI 文件，执行多边形裁剪。

3.1.2　遥感影像增强

图像增强是增加图像中各特征间在外观上的反差性能，来提高图像的目视解译性能。因为，当地物的辐射差异或光谱差异很小时，人的眼睛就很难辨认出这些差别，而这些差异可能表征了这些地物特征。计算机增强就是增强辐射或光谱特征的细微差异，使之可视化，以更好地进行图像的解译。

1. 图像空间增强

聚焦分析（focal analysis）使用类似卷积滤波的方法对图像数值进行多种分析，其基本算法是在所选择的窗口范围内，根据所定义的函数，应用窗口范围内的像元数值计算窗口中心像元的值，从而达到图像增强的目的。以 2000 年 10 月 11 日第 1 波段影像为例进行聚焦分析，聚焦窗口（focal definition）选取菱形，聚焦函数（function definition）选取中值（media），分析如图 3.6 所示。

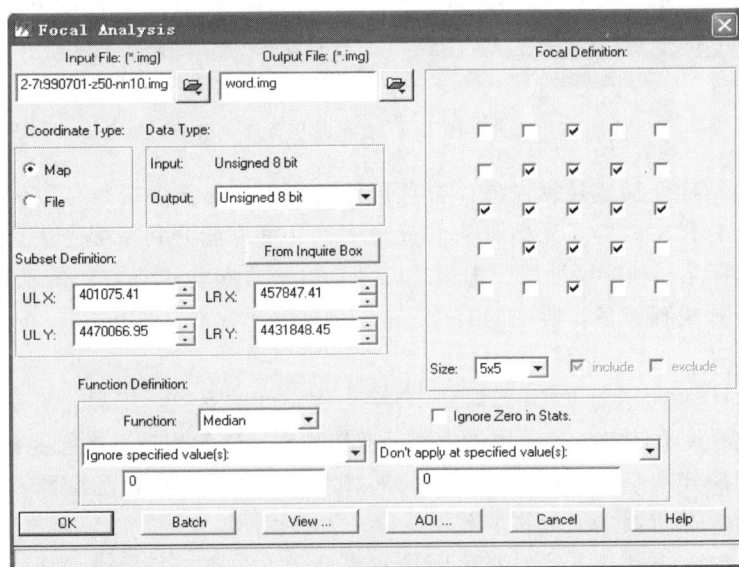

图 3.6　2000 年 10 月 11 日第 1 波段影像聚焦分析设置

经过聚焦分析后，像元平均值和中值明显增加，反射信息更为丰富，图像清晰度提高，但是标准差略有减小，图像光谱值变得集中，光谱信息减少。遥感影像聚焦分析前后的效果如图 3.7 所示。

分辨率融合（resolution merge）是对不同空间分辨率遥感影像的融合处理，使处理后的遥感影像既具有较好的空间分辨率，又具有多光谱特征，从而达到图像增强的目的。Landsat 全色影像具有较高的空间分辨率，而多光谱影

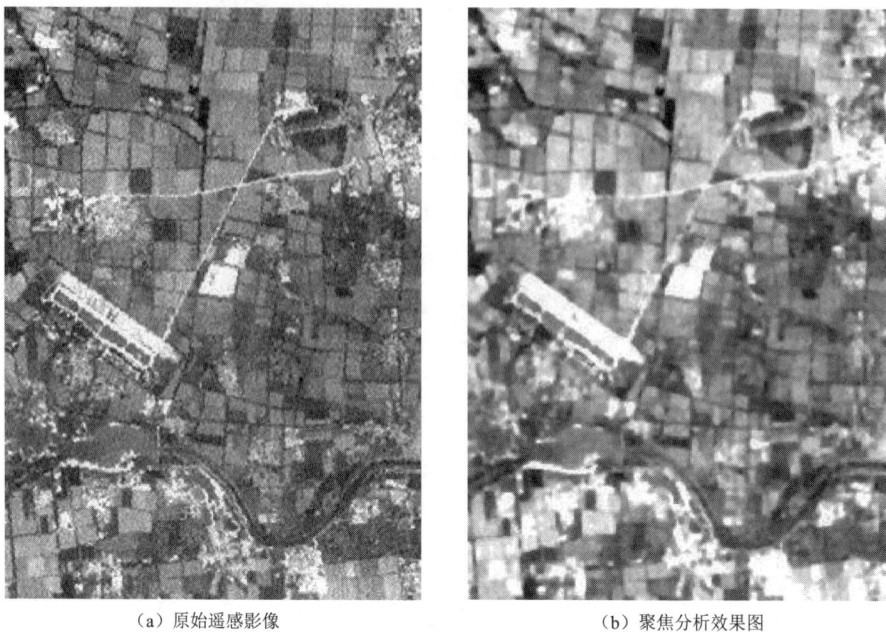

（a）原始遥感影像　　　　　　　　　　　（b）聚焦分析效果图

图 3.7　2000 年 10 月 11 日遥感影像聚焦分析效果

像可以更精确地描述目标光谱。全色影像与多光谱影像融合既可以利用全色影像的高分辨率改善多光谱影像的分辨率，又可以充分利用多光谱影像中特有的对目标某些独特特征的精细描述，使融合影像包含更丰富的信息。ENVI中的融合算法有很多，典型的有 HSV、Brovey、Gram – Schmidt、PC、CN、SFIM 等。

（1）HSV 可进行 RGB 图像到 HSV 色度空间的变换，用高分辨率的图像代替颜色亮度值波段，自动用最近邻、双线性或三次卷积技术将色度和饱和度重采样到高分辨率像元尺寸，然后再将图像变换回 RGB 色度空间。输出的RGB 图像的像元将与高分辨率数据的像元大小相同。

（2）Brovey 锐化方法对彩色图像和高分辨率数据进行数学合成，从而使图像锐化。彩色图像中的每一个波段都乘以高分辨率数据与彩色波段总和的比值，将 3 个彩色波段重采样到高分辨率像元尺寸。输出的 RGB 图像的像元将与高分辨率数据的像元大小相同。

（3）用 Gram – Schmidt 可以对具有高分辨率的高光谱数据进行锐化。①从低分辨率的波谱波段中复制出一个全色波段；②对该全色波段和波谱波段进行Gram – Schmidt 变换，其中全色波段视作第一个波段；③用 Gram – Schmidt变换后的第一个波段替换高空间分辨率的全色波段；④应用 Gram – Schmidt反变换构成 pan 锐化后的波谱波段。

（4）用 PC 可以对具有高空间分辨率的光谱图像进行锐化。①先对多光谱数据进行主成分变换。②用高分辨率波段替换第一主成分波段，在此之前，高分辨率波段已被缩放匹配到第一主成分波段，从而避免波谱信息失真。③进行主成分反变换。函数自动地用最近邻、双线性或三次卷积技术将高光谱数据重采样到高分辨率像元尺寸。

（5）CN 波谱锐化的彩色标准化算法也被称为能量分离变换（energy subdivision transform），其使用来自锐化图像的高空间分辨率（和低波谱分辨率）波段对输入图像的低空间分辨率（但是高波谱分辨率）波段进行增强。该功能仅对包含在锐化图像波段的波谱范围内的输入波段进行锐化，其他输入波段被直接输出，不发生变换。锐化图像波段的波谱范围由波段中心波长和 FWHM（full width – half maximum）值限定，这两个参数都可以在锐化图像的 ENVI 头文件中获得。

（6）SFIM（基于亮度调节的平滑滤波）融合是通过平滑滤波将高分辨率影像匹配到低分辨率影像，与小波变换相似，但其算法过程和计算时间比小波变换要显著简化。

本书以 HSV（hue，saturation，and value：色调，饱和度，亮度值）融合算法为例对 2000 年 10 月 11 日遥感影像进行分辨率融合，彩色合成选用第 5、第 4 和第 3 波段融合，全色第 8 波段作为高分辨率输入影像，融合效果如图 3.8 所示。

2. 图像辐射增强

图像辐射增强（radiometric enhancement）处理是对单个像元的灰度值进行变换以达到图像增强的目的。查找表拉伸是对遥感影像的对比度进行拉伸，通过修改图像查找表使输出图像值发生变化。反差拉伸的目的就是，将输入图像中通常显示为很窄的亮度范围扩大为一个很宽的亮度范围，以加强输出图像中地物特征的对比度。

图 3.9（a）为 2000 年 10 月 11 日第 3 波段遥感影像的亮度直方图，从中可以看出显示亮度并没有充满 0～255 这整个范围，只是覆盖 38～255 这个区间。如果我们将这些图像直接用于显示，则仅用整个亮度范围的一部分就可以了，显示效果如图 3.9（b）所示，直方图中 0～37 这段区间将空置，图像中色调信息的显示压缩在一个范围，会降低图像分析者根据辐射差异进行解译的能力。

如果将该幅影像内的图像亮度范围（38～255）扩大到与显示值范围（0～255）一致的话，就能获得更为清晰的显示效果。在图 3.9（c）中，图像亮度值的范围被均匀地扩大到 0～255 范围内。这种扩大就是线性拉伸，可以使相似的图像数据值以足够大的色调差异显示出来，色调明亮的部分将显得更加明

（a）多光谱图像　　　　　　　　　　　　　　　（b）全色图像

（c）融合后图像　　　　　　　　　　　　　　（d）局部放大效果图

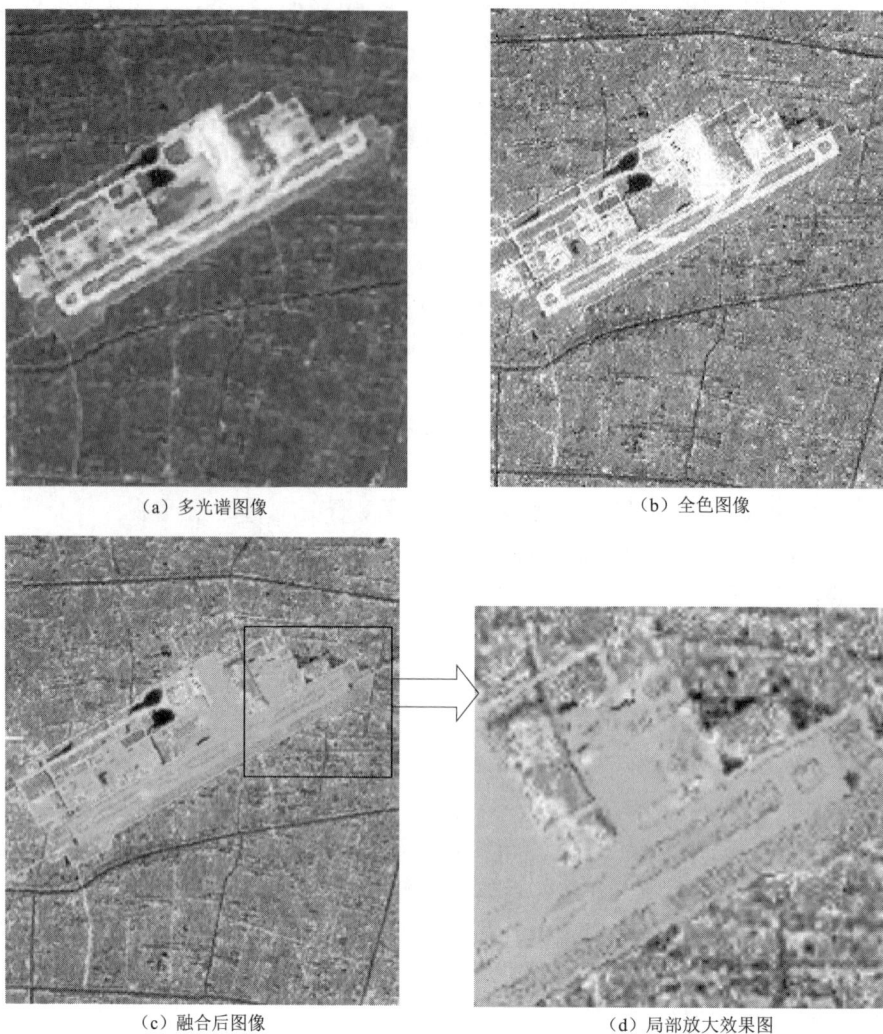

图 3.8　2000 年 10 月 11 日遥感影像分辨率融合效果

亮，而阴暗的部分则显得更加阴暗。

　　线性拉伸有一个缺点，就是没有考虑图像亮度值出现的频率。例如图 3.9（a）中，输出装置的动态范围有大约一半被图像亮度值在 150～255 范围内的少量像元所占据，而图像亮度范围在 38～150 区间的大量图像数据被限制在输出亮度范围的另一半。直方图均衡化（histogram equalization）可以根据图像亮度值的出现频率来分配它们的亮度显示范围，是对图像进行非线性拉伸。该方法重新分配图像像元值，使一定灰度范围内像元的数量大致相等，这样原来直方图中间的峰顶部分对比度得到增强，而两侧的谷底部分对比度降低，输出图像的直方图是一个较平的分段直方图，会产生粗略分类的视觉效果，如图 3.9（d）所示。

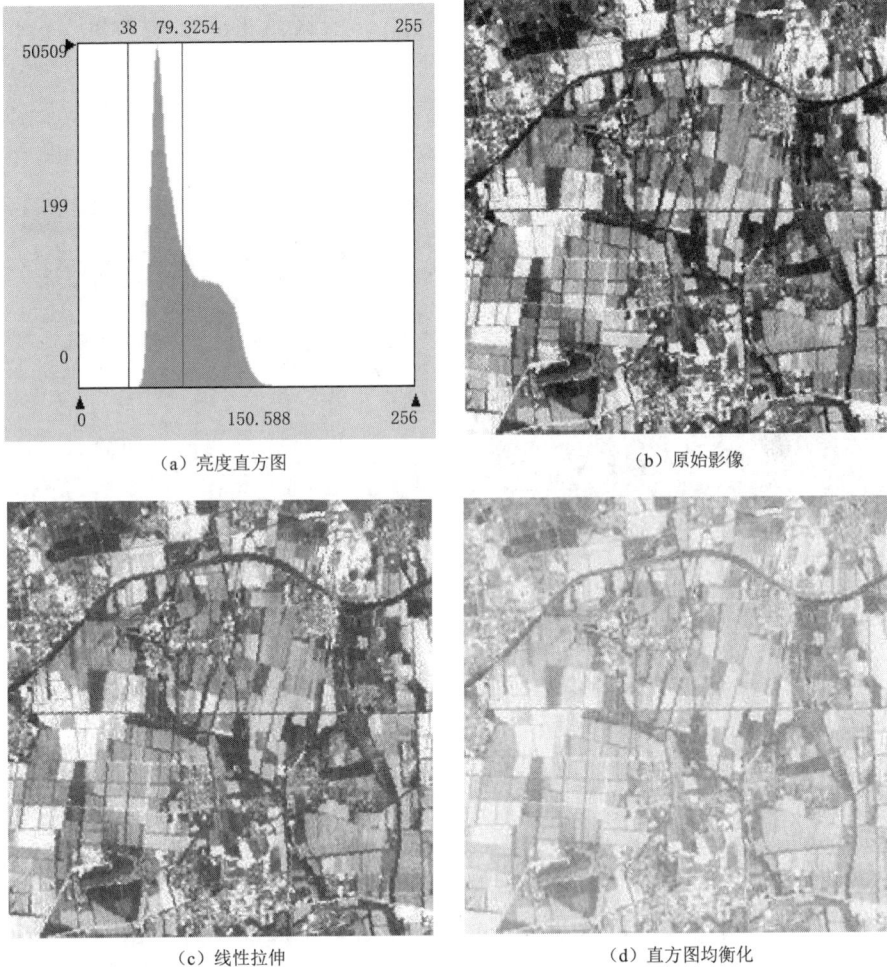

（a）亮度直方图

（b）原始影像

（c）线性拉伸

（d）直方图均衡化

图 3.9　2000 年 10 月 11 日第三波段遥感影像反差拉伸效果

3. 图像光谱增强

图像光谱增强（spectral enhancement）处理是基于多波段数据对每个像元的灰度值进行变换，达到图像增强的目的。

缨帽变换是针对植物图像特征，将原始图像数据结构轴进行旋转，优化图像数据显示效果，对各波段进行加权组合，增强湿度（wetncss）、绿度（greenness）、亮度（brightness）特征。再分别选择加权公式计算，变换合成影像后，湿度值能较好地反映出冠层和土壤的湿度以及湿地水体的变化差异，绿度值能较好地反映出地表植被的覆盖度与长势差别，亮度值能较好地反映出河滩、沙地及裸地信息。合成后的影像可作为计算机分类的一大信息源。

图 3.10 举例说明了通过 TM 数据进行缨帽变换的应用，成像日期为 1991 年 7 月 23 日。从图 3.10（a）中可以看出，试验区西北部为建筑物；中部有一片水域及一条东西走向的河流；其他区域主要为农田，由于作物种类及长势不同，颜色深浅不一。图 3.10（b）为增强后的湿度信息，分类图中每一个成分的较大值是用淡色调来显示的。

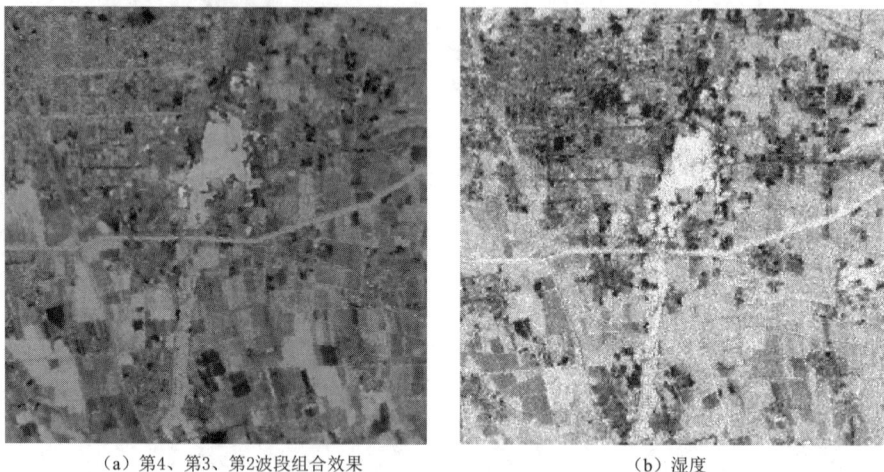

(a) 第4、第3、第2波段组合效果　　　　　　　　(b) 湿度

图 3.10　1991 年 7 月 23 日小范围 TM 影像缨帽变换效果

主成分变换与典型成分变换是两种用来减少多光谱数据冗余量的技术。这些变换可以用于可视化解译之前的增强处理，也可以作为自动分类之前的预处理。如果在自动分类之前进行了主成分变换，则这种变换一般会增大分类过程的计算效率，因为主成分与典型成分可以降低原始数据集的维数。主成分与典型成分处理的目的是，将包含在原始 n 个波段内的所有信息压缩到比 n 个波段要少的几个"新波段"所谓的主成分（components）上，然后再用这些主成分代替原始的图像数据。主成分变换是建立在统计特征基础上的多维正交线性变换，将具有相关性的多波段数据压缩到完全独立的较少的几个波段上。

图 3.11（a）是 1991 年 7 月 23 日图像经过主成分变换后的效果图，对建筑物、农田、道路、水体等已具有较为准确的分类。去相关拉伸（decorrelation stretch）是对图像的主成分进行对比度拉伸处理，得到色彩饱和度有所增强的图像。图 3.11（b）表明饱和度在去相关拉伸中得到了放大，图像更容易解译。

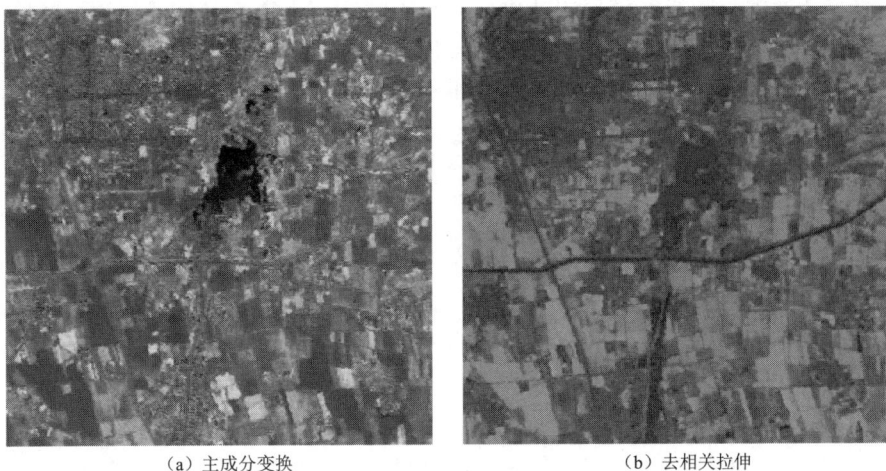

（a）主成分变换　　　　　　　　　　（b）去相关拉伸

图 3.11　1991 年 7 月 23 日小范围 TM 影像主成分变换和去相关拉伸效果

3.2　遥感影像解译

遥感技术在土地资源研究中的应用非常广泛，包括土地资源调查、评价与规划，土地资源保护监测等方面。本书需要了解试验区的土地利用/覆被状况，以确定地物、地貌类型，据此对研究区域进行划分和模型选择。

3.2.1　遥感影像解译的原理和方法

遥感影像是按照一定的几何原理缩小了的地面的电磁辐射影像图，反映着地面客观的自然面貌，为我们提供了可以俯视和能够测量的地理区域。因此，通过对遥感影像的分析解译就可达到对地物进行认识和研究的目的。

遥感的理论基础是建立在不同目标物的电磁波特征及其时空分布规律上的。图像解译是指从图像获取信息的基本过程，即根据具体需求，借助各种技术手段和方法对遥感影像进行综合分析、比较、推理和判断，识别出所需要的地物。解译的过程就是成像的逆过程，即通过图像中的物理特征（灰度或色调）和几何特征（形状大小）判断出地物原型。

具体来说，解译就是从图像特征来判断电磁波的性质和空间分布，进而确定地物的属性，也就是从图像特征识别地物。遥感信息的解译方法有多种，根据解译信息的特征，可分为定性解译和定量解译；根据解译的技术和方法，可分为目视解译和自动化解译；根据解译内容，可分为一般解译和专题解译等。

遥感影像的解译标志是指那些能够用来区分目标物的影像特征，又可分为直接解译标志和间接解译标志两类。凡根据地物或现象本身反映的信息特性可以解译目标物的影像特征，即能够直接反映物体或现象的那些影像特征，称为直接解译标志，例如色调、形状、大小、阴影、结构和图形等。通过与之有联系的其他地物在影像上反映出来的影像特征，亦即与地物属性有内在联系、通过相关分析能推断出其性质的影像特征，间接推断某一事物或现象的存在和属性，这些地物和特征就称为间接解译标志。建立间接解译标志的实质是进行地理相关分析，例如位置和相关布局等。间接标志的建立将大大地开拓遥感影像所能发挥的作用。

在遥感影像上，不同的土地利用常构成一定的几何图形，不同的地物之间在空间上具有一定的联系。例如，水田大都有方格状或四边形的畦埂图形，位于平原地区的都集中连片，并有灌溉渠系与之配套；菜地畦垄清晰可辨，形成分割较小、色调多样的细栅状图案；山区旱地平整程度不同，常有侵蚀沟系相伴随。在黑白全色相片上，耕地的色调为：土壤湿润的呈暗色，干燥的呈亮色，经耕翻过的会呈现暗色条纹，作物发育茂盛期呈暗色绒毛状条垄，而黄熟季节又呈淡灰色绒毛状条垄。

林地以粗粒状有立体效应的像对图形为特征。针叶林影像呈致密粒状，阔叶林树冠近似蓬松球状，密集时呈圆点；在全色相片上阔叶树色调比针叶树浅，在彩色红外影像上呈紫色、橙红色；经济林中的果园、茶园等，具有行列整齐的粒状影像特征。

城镇为包含主干街道的居民点，并有主要道路与周围地区相连接，由不同大小矩形方块图形组成；立体像对构成有层次的三维图像。工厂区、商业区、学校区布局结构有差异。乡村居民地呈不规则的块状图形，有道路与附近居民地相互沟通。

公路呈弧形或较直的淡色曲线，曲率规则，路基有填方和挖方，以保持路面的一定坡度。土路呈弯曲细线，顺地形起伏而延伸。

湖泊、池塘大都位于洼地中心，在全色像片上呈暗色，在彩色红外影像上呈深蓝色。水库上游有河流注入，下游有横列线状的堤坝拦住，通过溢洪道泄水。河流因受地质地貌条件的控制，水系往往形成羽毛状、树枝状、扇状、平行状等结构形态。

在卫星影像分析中，上述结构标志的稳定特性对于宏观环境的识别具有很重要的作用，这些特征都有鲜明的可对比性。此外，物候季相标志也对土地覆盖、利用分类具有很重要的参考价值。

因季节不同，在一块耕地中所种作物从出土、拔节、成熟直至收割，处于动态变化中，影像所反映的灰阶或色调也因时间而异。这是因为耕地的影像颜色和结构随作物的物候发育期、品种、作物生态、杂草情况、表土颜色、灌溉情况等的不同而异。因此，选择地面有显著变化，特别是叶面覆盖有显著差异季节的遥感影像进行分析，对于识别耕地情况和作物分布最为有利。例如，试验地区可灌溉耕地上，作物在生长期叶色浓绿，叶面覆盖地面达到80％以上，干物质的积累也已进入到最高状态，全色像片图像上显示出暗灰色，彩色红外图像可显示鲜红色；作物成熟以后，叶色渐由黄绿转黄，全色相片显示出灰色条垄，彩色红外相片将显示橙红色条垄；作物收割后耕地只留下残茬，显露出土壤的影像，全色相片呈淡灰，彩色红外相片显示蓝绿。

由于受到传感器精度，光照度等内在和外在的多种因素影响，遥感影像数据不可避免存在反差较低，地物边界轮廓不清等现象，给直接判读和量测，尤其是水面线变化分析带来了一定的困难。因此，本书采用下列方法进行影像增强：通过一定的变换把影像转换成更适合人眼观察判断或机器视觉分析处理，有选择地强调影像中某些信息而抑制其余信息，以增强影像的效用。

（1）非线性变换函数的构造。根据影像偏暗、偏亮或灰度集中在某一区域三类情况，设计不同的非线性变换。设这种非线性变换的函数为 $T(u)$，原图像像素灰度为 $f(x,y)$，变换后的像素灰度为 $g(x,y)$。首先，对 $f(x,y)$ 作归一化处理得到 $n(x,y)$，即

$$n(x,y)=\frac{f(x,y)-L_{\min}}{L_{\max}-L_{\min}} \tag{3.6}$$

$L_{\max}$，$L_{\min}$ 分别为原图像灰度的最大值和最小值，显然 $n(x,y)$ 的取值范围在（0，1）之间。对于非线性变换函数 $T(u)$ 作规定，$T(u)$ 和 u 取值范围也在（0，1）之间。再考虑对原图像不超过 $L_{\max}$，$L_{\min}$ 的范围拉伸的对比度

$$g(x,y)=L_{\min}+(L_{\max}-L_{\min})T[n(x,y)] \tag{3.7}$$

（2）编码。求解从输入图像至输出图像的灰度对应关系，可转化成求解 $T(u)$ 的 5 个参数问题，由于解空间较大，利用遗传算法在这样的大空间进行搜索将可以明显加快其搜索速度。由于 $T(u)$ 是由 $T_1(u)$、$T_2(u)$ 的组合构成，这有可能使得表现型空间的某一变换曲线对应基因型空间的多条基因。

（3）适度函数。考虑到图像的整体与局部，大的结构和小的细节平衡，遗传算法中个体的适应度函数要考虑图像的信息熵 E、能量 F_{ac}、紧致度 C、信噪改变量 IN_c。设适应度函数如下

$$fitness=EIN_c(F_{ac}+2.5C) \tag{3.8}$$

其中

$$E=-\sum_{i=0}^{L-1}p_i\log_2 p_i$$

式中　p_i——第 i 级灰度出现的概率，当 $p_i=0$ 时，定义 $p_i\log_2 p_i=0$。

IN_c 表示影像增强后，某一灰度级的像素个数超过给定阈值的数量。

因此，影像的灰度层次损失越少，保留的灰度层次越多，且阈值的设定还可以防止影像过度增强，便于水面线变化分析。

（4）选择策略和遗传算子。采用最优个体保存法。设种群规模为 N，交叉算子产生比例为 r，每代选择 $N+\mathrm{int}[r(N-2)]$ 个父体。复制保存的最优个体数为 2，其余父个体采用期望值选择法中的无回放余数随机选择方式选择所需数量，$2\mathrm{int}[r(N-2)]$ 个用于交叉，$N-2-\mathrm{int}[r(N-2)]$ 个用于变异。针对十进制实数编码，采用一种局部寻优的交叉算子，以使子个体总是向着更优的方向搜索。由于大多数变异算子是随机的，这里引入的变异算子正比于个体与父代最优个体的差异，有

$$x^{'}=x+\lambda(x_{\max}-x)\tag{3.9}$$

式中　x——原个体；

$\quad\quad x_{\max}$——父代中适应度最大的个体；

$\quad\quad \lambda$——$[0,1]$ 间的随机数。

本书使用聚类算法进行土地利用/覆被分类。通过样本采集、特征抽取、支持向量机训练得到最终的土地利用/覆被分类器。

3.2.2　土地利用信息解译

利用遥感技术进行土地利用/覆被调查，首先利用计算机自动识别分类（监督分类和非监督分类）对遥感影像进行处理，根据遥感影像的像元灰度值的高低差异和空间变化，输出地物目标的识别分类结果。

2005 年 10 月 17 日的遥感影像分类效果如图 3.12 所示，图 3.12（a）为非监督分类，可以发现并不能将试验区内的水体、耕地和建筑用地明细区分。图 3.12（b）为局部地区监督分类效果，将土地资源利用分为：城市用地、居民地、农田（由于种植作物和灌溉状况不同，分为两种）、林地、贫瘠地、水体、湿地。计算机分类的总体效果较好，但也存在一定误差，因此需要与实地调查数据相结合，对分类结果进行进一步的目视解译（第 4、第 5、第 3 波段组合），分区、分层、分次进行影像分析判断，最后整合成完整的图像解译成果。

目视解译前要进行准备工作，收集调查区域的地形图和有关土地自然属性的资料——土壤、地貌、地质、气象、农、林、牧等资料，及有关社会经济资料，如人口、各种用地的统计数据等。然后以土地利用类型、地貌条件和地面覆盖情况为依据确定土地利用/覆被的分类与制图系统。

将研究区域遥感影像处理转绘成土地利用/覆被调查图并进行面积量算，对土地利用/覆被状况进行评价和结构分析。通过对影像解译要素（地形、河网模式和结构、侵蚀作用、影像色调和植被等）的分析，识别出不同的地面条

（a）非监督分类

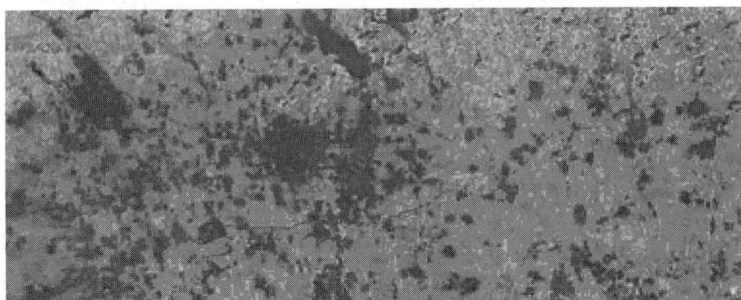

城镇	农业用地1	贫瘠地	水体
乡村	农业用地2	森林地	湿地

（b）监督分类

图 3.12　2005 年 10 月 17 日遥感影像土地利用/覆被分类图

件，并确定它们之间的界线，根据土地利用/覆被分类先划分出城市或围垦的土地、农业用地、森林地、水体、湿地和贫瘠地，选择感兴趣的区域。

城市或围垦土地由高度使用的几个区域组成，大部分面积上有地物覆盖，包括城镇，乡村，沿公路的建筑带，交通、动力和通信设施，工厂和工商业所在地区以及某些孤立于城区的公共设施。当分类标准不只与一种类型相符合时，则优先考虑此类型。例如，具有许多树木的住宅区，其分类标准与林地类型符合，但是还应归入城市或围垦土地利用类型。

农业用地包括以下用途：作物用地及牧草地、果园、小树林、葡萄园、苗圃以及观赏植物园艺区和饲养业务区。在农业活动由于土壤潮湿而受限制的地方，农业用地与湿地的界线很难确定。将湿地排水作为农用时，这些地就成了农业用地；而当排水系统陷于瘫痪，并且恢复湿地植物时，这块地又回到了湿地类型。

林地指具有 10％或更大的树冠覆盖度的地区，这些地区有生产木材或其他木材制品的树木，并且对区内气候或水系产生影响。

水体包括河流、人工运河、湖泊、水库等。

湿地指在大多数年份里，潜水位接近或超过地面的地区，如河流两岸的蓄水区。湿地经排水作为它用，应归入其他土地利用/覆被类型，例如生长水稻的沼泽，应归入农业用地。

荒地指维持生物生存能力有限的土地，一般植被覆盖不到土地面积的 1/3，主要包括干盐滩、沙滩、裸岩、露天矿、采石场和砂砾坑。湿润而无植被的荒地包含在湿地类中，由于收获季节或耕作习惯而暂时没有植被覆盖的农业用地仍为农业用地。

土地利用/覆被类型会随着时间的推移产生变化，一块土地应该划分为哪一类型，要根据实时遥感影像和调查的具体情况而定。如图 3.13 所示，研究区内的钱塘江南岸杭甬高速沿线，1991 年 7 月 23 日遥感影像显示土地利用类型主要由河流、浅滩、水塘、耕地、林地及村庄组成。与 2005 年 10 月 17 日遥感影像相比较，随着经济的发展和人口的增长，建筑用地大幅增长；此外，上游南岸兴建的顺坝、丁坝，约束河床的同时促进了泥沙淤积，浅滩面积有所扩大；下游南北岸均大面积围垦造地，河流南岸湿地浅滩已消失，北岸则形成了新的浅滩。

基于以上分析，进行准确的土地利用/覆被分类难度较大，可以采用数据复合与 GIS 综合来提高分类精度。数字图像处理的很多应用通过复合覆盖同一地区的多种数据而得到加强，这些数据的形式可以是多种多样的。在 GIS 中，可以将同一传感器接收的多种分辨率数据进行联合，也可以将土地利用/覆被分类图与 GIS 图层进行复合。

多时相数据复合可以将同一区域多个时间获得的数据结合在一起，生成有助于可视化解译的影像。例如，将获得的三幅遥感影像进行两两复合，利用作物在 7 月和 10 月不同的生长状况，可以帮助进行农田识别。在土地利用/覆被自动分类中，可以将来自所有时期的波段数据配准到用于分类的主要数据集上。例如，TM 图像或 ETM＋图像某一时期的 6 个反射波段（热红外波段除外）与另一时期的 6 个反射波段结合，生成一个有 12 个波段的数据集，然后使用这 12 个波段的数据集进行分类。分类前也可以先进行主成分分析，对主成分进行单独计算，再合并主成分，降低联合数据集的维数。

GIS 中的地形信息、土壤类型、人口普查统计、行政分区等数据都可以用于辅助图像分类。辅助数据用于分类前进行图像的地理分层，将一幅图像分成一系列相对均一的地理区域（地理层），分层的依据可以是高地与平原、城市

图 3.13　1991 年与 2005 年土地利用类型比较

与乡村，也可以是不同土壤类型，然后再分别对这些层进行分类。例如，TM/ETM＋遥感影像自动分类在辨别道路方面精度较低，在训练过程中就不再考虑道路这一类别，可以直接将道路的数字线图用于合成分类图中。

3.2.3　植被覆盖度计算

植被覆盖度（单位面积内植被的垂直投影面积所占百分比）是衡量地表植被覆盖的一个最重要的指标，也是反映土壤含水量的重要参数。目前，计算植被覆盖度的方法主要是传统的地面测量和遥感定量估算。传统的地面测量法中最简单常用的方法就是目估法，其缺点是主观性太强。更加客观的测量方法有样方法、样带法、样点法等，以及借助于采样仪器的测量方法，如空间定量计、移动光量计等。这些方法虽然提高了测量的精度，但是野外操作不方便，而且成本较高，难以在大范围内快速提取植被覆盖度。

遥感技术，特别是定量遥感的发展为大面积区域植被覆盖度的检测提供了技术支持。目前，利用遥感技术定量研究植被覆盖度的模型大致可以分为：经验模型法、植被指数转化法。经验模型法主要是通过建立实测的植被覆盖度与植被指数的经验关系式来研究大面积植被覆盖度。由于经验模型依赖特定区域的实测数据，虽然在一定范围内具有一定的精度，但是推广应用方面受到诸多条件限制。植被指数转化法的主要思想就是通过对各像元中植被类型及分布特征进行分析，建立植被指数与植被覆盖度的转化关系来直接估算植被覆盖度。

基于上述分析，本书首先选用经验值法，对第 7、第 4、第 3 波段进行组合，先根据各波段上反应地物光谱亮度的频率分布特征，采用整体拉伸和分段线性拉伸处理，以增强每个波段上的有用信息；之后，采用假彩色合成技术，对第 7、第 4、第 3 波段分别赋予红、绿、蓝三种色彩，进行假彩色合成。合成后的图像色彩鲜明，层次丰富，具有良好的视觉效果，更易于进行目标解译。TM 图像上红色调的饱和度可直接反映出植被覆盖度的大小。参照相关研究成果，将本区的植被覆盖度划分为 4 个等级，其划分情况见表 3.1。

表 3.1　　　　　　　　　　植 被 遥 感 解 译 特 征

等级	名　称	植被覆盖度/%	影 像 特 征
1	高覆被区	＞70	均匀的鲜红色，无明显纹理
2	中覆被区	40～70	浅红色，纹理清晰，水系发育
3	低覆被区	15～40	不均匀粉红色，冲沟发育
4	裸地	＜15	灰白色，色调亮而均匀

在经验值法确定植被覆盖度的基础上，利用混合像元分解模型的原理将植被指数转化为植被覆盖度。根据不同地物在像元中所占面积比率来确定植被覆盖度，有较强的物理意义。一个像元的归一化植被指数（normalized difference vegetation index，NDVI）值可以表达为绿色植被部分所贡献的信息和无植被覆盖（裸土）部分所贡献的信息这两部分，其植被覆盖度可表示为

$$F_c = (\mathrm{NDVI} - \mathrm{NDVI_{soil}}) / (\mathrm{NDVI_{veg}} - \mathrm{NDVI_{soil}}) \tag{3.10}$$

式中　　　　　　　　F_c——植被覆盖度；

　　　　　　　　NDVI——归一化植被指数；

NDVI$_{soil}$、NDVI$_{veg}$——裸土及无植被覆盖区域的 NDVI 值、纯植被像元的 NDVI 值。

其中，土壤与纯植被像元的归一化植被指数削弱了大气、土壤背景与植被类型等的影响，将大气、土壤背景与植被类型等对遥感信息的影响降至最低，只留下植被覆盖度的信息。NDVI$_{veg}$ 与 NDVI$_{soil}$ 参数的确定，则根据土地利用图和土壤图，取图像中给定置信度的置信区间内的最大值与最小值。

TM 及 ETM＋遥感数据适用于在区域、景观尺度上测量植被覆盖度，分别计算本书选取的三个时相遥感数据的 NDVI 值，计算公式如下

$$\mathrm{NDVI} = (\mathrm{NIR} - \mathrm{R}) / (\mathrm{NIR} + \mathrm{R}) \tag{3.11}$$

其中，在 TM 影像中第 4 波段（$0.76 \sim 0.9 \mu m$）对应于近红外波段 NIR，第 3 波段（$0.63 \sim 0.69 \mu m$）对应于红波段 R。

计算结果表明，试验区属于地势较低的平原，由于人为活动较为频繁，对植被的干扰程度大，植被覆盖度低并且相邻区域和不同时期的变化都比较大。不同时期植被覆盖有明显差别的主要是耕地，例如，7 月部分农田的作物刚种下不久，或刚长出地面，耕地植被覆盖度较低。

3.2.4　水体提取

为了能更有针对性地对研究区水体进行遥感监测，应该去除水体以外的地物，减少对水体的影响，同时进一步减少数据的处理量，提高工作效率。所以，首先要解决的关键技术就是如何准确地提取水体。针对 ETM＋影像提取水体的方法国内外学者进行了大量的研究，这些方法主要都是通过分析 ETM＋影像6 个波段上水体的光谱特征，利用水体在 ETM＋影像 6 个波段上具有与其他地物不同的光谱特征，选取单个波段或多个波段组合来提取 ETM＋影像中的水体信息。目前常用的有单波段阈值法、谱间关系法、水体指数法等。

1. 单波段阈值法

单波段阈值法是提取水体最简单易行的方法，是利用水体在中红外和近红外波段大部分能量被吸收，容易与其他地物区分的特点，选取单一的红外波段，通过反复试验，确定一个灰度值作为阈值，将 ETM＋影像分为水体和其他地物两个部分即可。该法最为关键的是水体区别于其他地物的阈值的确定，阈值过大，提取的水体会包含较多的地物信息，阈值过小，将会漏提水体信息。因而其缺点是不能很好地将水体和山区阴影进行区分，同时较窄的河流会被漏提。针对 ETM＋数据的单波段阈值法选取水体主要选取的是水陆界线明显的第 4 或第 5 波段，本文选用 ETM＋的第 5 波段，经过不断的试验对比确定阈值为 25。

2. 谱间关系法

通过分析 ETM＋影像的 6 个波段水体的波谱特性，发现水体具有独特的谱间关系，即 ETM＋影像中水体信息具有第 2 波段加第 3 波段大于第 4 波段加第 5 波段的特征，于是得出水体的谱间关系模型为：(B2＋B3)＞(B4＋B5)。谱间关系法对阴影的去除有了较大的改进，但是很容易将居民地误认为是水体。

3. 水体指数法

水体指数法是选取与水体识别密切相关的多个波段，通过分析水体与遥感光谱值之间的映射关系，构建水体指数的数学模型，然后利用阈值法对数学模型的结果直接提取水体信息。目前常用的指数包括归一化水体指数（normalized difference water index，NDWI）和改进的归一化水体指数（modified normalized difference water index，MNDWI）。

归一化差异水体指数通过对 ETM＋影像的绿光波段和近红外波段进行比值运算，达到加强水体信息，抑制其他地物信息的目的。从而，经过 NDWI 处理过后的影像中的水体光谱与其他地物光谱之间的差异得到了增强，有利于水体的提取。NDWI 指数计算公式如下

$$NDWI=(Green-NIR)/(Green+NIR) \qquad (3.12)$$

式中　Green——ETM＋的绿光波段；

　　　NIR——ETM＋的近红外波段。

NDWI 指数只考虑了植被信息，没有考虑到影像中建筑物和土壤信息的影响。在建筑物信息较多的 ETM＋影像中，利用 NDWI 指数法提取的水体信息结果不是十分理想，其中包含有大量建筑用地信息。通过对 ETM＋影像的波段特征进行分析，发现建筑物的光谱值在中红外波段会突然变大，于是，用中红外波段 MIR 替换了原来 NDWI 的近红外波段 NIR，则计算得出的水体指数里的建筑物指数值会明显地减小，从而能更加准确地提取水体指数影像中的水体信息。改进的归一化差异水体指数计算公式为

$$MNDWI=(Green-MIR)/(Green+MIR) \qquad (3.13)$$

式中　MIR——ETM＋的中红外波段。

4. 归一化植被指数法

归一化植被指数（NDVI）是用来反映植被营养信息的一个重要参数，在遥感影像中，NDVI 表示的是近红外波段的反射值与红光波段的反射值之差与两者之和的比值。

对于 ETM＋影像而言，由于水和云在可见光波段的反射率要高于近红外波段的作用，则计算的 NDVI 指数值为负值，而其他地物由于可见光波段的反射率低于或接近于近红外波段的反射率，则得到 NDVI 指数值都大于或等于 0，并且随植被覆盖度的增大而增大。因此，可以利用 NDVI 指数值的这一特性对影像中的水体信息进行提取。但由于在可见光红波段裸地和水体的反射率大体相似，可能会将影像中的一些裸地信息误认为是水体信息并被提取。本书在计算 DNVI 指数后，通过实验对比确定水体提取阈值为－0.235874。

5. 水体提取结果对比分析

分别采取不同的方法模型提取了研究区的水体范围，通过提取的结果显示，这些水体提取模型都能够在一定程度上凸显水体，但是提取的结果还是存在差异。为了能快速、精确地提取水体，通过将每种方法模型提取的水体结果进行比较分析，选择出一种最有效的提取水体的方法。

检验水体提取结果的精度，目前有两种方法：①通过计算每种方法提取出来的围垦区水体面积，然后将计算出来的水体面积和同时期统计的基准水体面积做比较，从而分析每种方法的误差和精度；②将提取的水体结果参照同时

期的高分辨率影像，通过在影像中随机抽取一定样本数，采用目视判读的方法检验五种方法提取水体的误判率。由于研究区水面分散且总面积较大，而且水流错综复杂，很难对基准水体面积进行计算，所以本文采取第二种检验方法，分别在五种方法提取的水体上抽取相同地方的 70000 个样点用来检验提取精度。

通过对水体提取结果以及不同方法提取水体信息的精度进行分析，可以看出：在利用 ETM+ 影像提取水体的效果方面，五种不同的方法都能较好地提取主体水域，但是不同的方法提取的水体信息存在一定的差别。其中，单波段阈值提取法提取的水体信息最少，提取的水体丢失了很多细小的河流和水库；谱间关系法提取的水体信息最多，但是将一些阴影和建筑物归为了湖区水体范畴。

NDVI 植被指数法除了较好地提取了水体外，也很好地提取细小的河流和水库，同时消除了建筑物和阴影对水体的干扰。但是这种方法存在和谱间关系法一样的缺点，即将一些湖区水体边缘的浅滩也归并到了水体范围，影响了整个水体的提取效果。

NDWI 指数法和 MNDWI 指数法都较好地提取了水体范围，并有效去除了提取结果中的阴影、建筑物和浅滩信息。两者相比，MNDWI 指数法更优于 NDWI 指数法，提取的水体信息更为丰富，提取了更多的细小河流和小湖泊。除此之外，MNDWI 指数法提取的水体精度较高，达到了 94.85%。

综合考虑各个方面，MNDWI 指数法是提取水体的最优、最有效方法。不仅提取了绝大部分的水体，而且具有最高的精度。因此，本书选用 MNDWI 指数法提取的水体作为地表水质监测的水体范围。

3.3 土地利用/覆被分类

根据研究区的实际土地利用情况，将土地利用类型分为：水体、建筑用地、林地和耕地四类。土地利用/覆被分类方案见表3.2。

表 3.2 土地利用/覆被分类方案

编号	类型	特 征 描 述
1	水体	指天然陆地水域和水利设施用地
2	建筑用地	指城乡居民点以及工矿、交通等用地
3	林地	指郁闭度大于15%的天然林和人工林，包括用材林、经济林和防护林等成片林地
4	耕地	指在一般年景能正常耕种农作物的农田，包括草地

这四类一级地物的可区分性较强，在遥感影像上具有明显的特征。选取研究区内各目标年份云量最小的影像作为建立样本数据集的数据源，经过辐射校正后，对影像进行裁剪和拼接，然后进行波段合成。

选择 2009—2020 年构建的样本数据集作为研究时段内的分类数据。其中，2011 年、2013 年和 2018 年没有获取到满足条件的数据，2009 年、2010 年、2012 年数据为 Landsat－7 影像，其余年份数据为 Landsat－8 影像，选择当年第一期云量为 0 的影像进行样本选取。

以 2020 年 Landsat－8 影像数据为例。首先进行目视解译，选取研究区四种不同土地利用类型的样本数据。根据研究区地物分布情况和现场调研结果，对选取的样本点进行检查和校正，建立 2020 年样本数据集，并以此作为建立其他年份样本数据集的标准数据参照系，依据研究区地物变化特征和先验知识对其他年份的样本数据进行的检验和判别。其中，水体分类样本数量为 50 个，建筑用地、林地和耕地的分类样本数量各 100 个。最后将每一期样本数据的 80% 用作分类器的训练样本进行分类，剩余 20% 用作精度评价。

3.3.1　构建分类特征集

提取地表的光谱特征和纹理特征作为分类器的输入参数。在遥感影像中，光谱特征表现为目标地物的光谱分布及灰度或者波段间的亮度比值。为了减少数据计算量从而提高计算速度，需要充分利用影像的光谱特征。考虑影像的波段特点和应用范围，以及地物在可见光波段的识别特征，选取 Landsat－7 ETM＋影像的 1、2、3、4、5、7 波段，Landsat－8 OLI 影像的 2、3、4、5、6、7 波段作为多光谱分类特征数据。

水体和植被是土地覆盖中最主要的两种组成，房屋、道路及其他建筑物构成的不透水面则是人类影响环境最直接的体现。为了突出水体、植被和人造地表信息，需要提取光谱指数，本书中引入改进后的归一化差异水体指数、NDVI、归一化建筑物指数（normalized difference built－up index，NDBI）来判别水体、植被和不透水地表。以 Landsat－8 OLI 传感器数据为例，三指数表达式如下：

$$\text{MNDWI} = \frac{B3 - B6}{B3 + B6} \tag{3.14}$$

$$\text{NDVI} = \frac{B5 - B4}{B5 + B4} \tag{3.15}$$

$$\text{NDBI} = \frac{B6 - B5}{B6 + B5} \tag{3.16}$$

由于水体的光谱特性显著，在红外波段具有较强吸收作用，在可见光波段吸收较弱，而且其空间几何和纹理特征易于识别，因此在诸多地类中，水体的判读相对简单。在光谱分类的基础上，参考历年《慈溪市水域调查报告》研究成果，对水体分类成果进行修订，提高了水体信息提取的精度，保障分类结果的准确性。

水体得到高精度的识别之后，需要对建筑用地进行判读和分离。通过 NDVI 和 NDBI 两个指标来区分植被和建筑物。NDVI 用来描述植物生长状态及覆盖度，取值范围是 $[-1, 1]$，值越大表明地类属于植被的可能性越大。NDBI 常被用来解读建筑物，取值范围同样是 $[-1, 1]$，值越大表明地块为建筑物的可能性越大。耕地、园地、林地光谱特征区别则不明显。

纹理特征作为图像上的一个区域特性，会随着尺度的变化而变化，纹理特征的提取与区域大小密切相关。灰度共生矩阵（grey - level co - occurence matrix，GLCM）反映影像中特定区域相邻像元或一定间距两个像元的灰度变化情况，可以用来研究灰度的空间相关特性，进而统计纹理特征。通过计算灰度共生矩阵可以得到大量纹理特征，辅助遥感影像分类。本书采用基于灰度共生矩阵的纹理统计方法来进行计算，采用熵（entropy）、对比度（contrast）、角二阶矩（angular second moment）和相关性（correlation）这四个统计量来提取影像的纹理特征。分类特征集见表 3.3。

表 3.3   分 类 特 征 集

光谱特征	Landsat - 7 多光谱影像波段	B1、B2、B3、B4、B5、B7
	Landsat - 8 多光谱影像波段	B2、B3、B4、B5、B6、B7
	光谱指数	MNDWI、NDVI、NDBI
纹理特征	GLCM 灰度共生矩阵	熵、对比度、角二阶矩、相关性

随机森林算法（random forests）是机器学习的一种，是一个包含多个决策树的分类器。随机森林分类器通过构建大量彼此不相关的随机决策树，并使决策树通过一种预测模式进行引导和聚合，从而实现对数据集进行分类的目的。与最大似然法、单一决策树和单层神经网络算法相比较，随机森林算法处理高维度数据的精度更高[159]。与单一决策树相比，随机森林分类器更具鲁棒性，相较于其他的高级分类器，如支持向量机（support vector mission，SVM），随机森林算法更容易应用[160-161]。

随机森林算法通过搜索给定特征集的随机子空间建立决策树，通过最小化决策树之间的相关性来设置最优分裂节点[162]。随机森林分类器可以定量设置每个变量对分类输出的贡献率，从而可以评估每个变量的重要性。同时，随机森林算法通过 OOB（out - of - bag）技术进行内部精度评定，这种技术将大约 1/3 的数据作为独立的分类精度评定数据集，来对分类器的可靠性和精度进行交叉验证。基于随机森林算法的优越性能，目前国内外已经逐步开始进行基于随机森林算法的土地利用信息制图和分类[163-164]。

随机森林分类器主要参数包括分类树的数量、每一个分类树的变量个数、最小样本叶片、决策树的输入变量、OOB 模式、用于构造决策树的随机种子变量。随机森林算法使用随机样本数据，独立生成多个决策树，每个决策树分裂的最佳节点取决于随机选择的预测变量子集，决策树的数量依赖于预测变量的数量[165]，当决策树的数量增加时，分类的总体精度增加。最优参数值通过所选取的训练样本来选择。随机森林算法运行后，通过混淆矩阵得到总体精度、生产者精度和用户精度来验证分类效果。算法 1 中列出了该算法的伪码。

算法 1　Random Forests Based Land Use Classification

Input：landDataSet ：Land use dataset and image set

　　　totalDecisionTree ：number of total decision tree

　　　minSplitThreshold　：the minimum split threshold

　　　F：　Land use feature dimension

Output：LUCM ：land use classification model

　　1：trainSet,testSet ＝ RandomSplit(landDataSet,randomState＝10)

　　2：for i in (1,2,…,totalDecisionTree)：

　　3：　　D_i＝Bootstrap(trainSet)// generating training data set D_i of each decision tree based on re‐sampling

　　4：　　rootNode$_i$＝MakeNode(D_i)//generating the root node of the ith decision tree root node

　　5：　　nodeQueue＝Insert(rootNode$_i$)// adding the root node into the node queue

　　6：　　while(not Empty(nodeQueue))；//traverse the nodes to guarantee the enough growth of the decision tree。

　　7：　　node＝Pop(nodeQueue)

　　8：　　if (node. dataSize≥minSplitThreshold)：// check if the current node need split or not

　　9：　　　K＝FeatureChosen(F)// Generating split feature subsets from F dimension land use features

　　10：　　bestSplitValue＝MinSplitVariance(K)// filtering the best split value

　　11：　　SplitDataSample(node,bestSplitValue)// partitioning the node data samples

　　12：　　leftNode＝MakeNode(node. dataSample＜bestSplitValue)

　　13：　　rightNode＝MakeNode(node. dataSample≥bestSplitValue)

　　14：　　nodeQueue. Insert(leftNode,rightNode)// add the child‐nodes into the queue

　　15：　　else if

　　16：　　node→leafNode // nodes stop splitting and generating the leaf node

　　17：　　　leafNode. Value＝Mean(node. dataSample)

　　18：　　end if

　　19：　end while

　　20：　LUCM. append(rootNode$_i$)// Add the newly generated decision into the forests

　　21：end for

　　22：return LUCM// Output the constructed classification model

---

地物分类除了要求较高的总体分类精度以外，也要求其最小漏分误差和错分误差都在一个比较合适的范围内。较多的地物类型样本数量和样本纯度有利于获得较高的分类精度。监督分类的准确性很大程度依赖于输入的训练样本，为了能够准确区分不同条件和环境下的地物，需要大量样本作为初始数据集来对分类器进行训练。

为了得到较大的样本容量以保证分类精度，本书引入了一个迭代样本选择程序对机器学习算法进行训练。首先，使用现有的训练样本来构建随机森林分类器，使用随机森林算法对所选取的影像集进行分类。然后，参考研究区电子地图以及谷歌地图中 5m 高分辨率影像对分类结果进行目视评估和比较，对于较难解译的位置，进一步扩大训练数据集，直到分类变得稳定。最初分类计数从 40 个样本开始，逐步增加样本量，在每次迭代之后，将分类结果与亚米级的高分辨率影像进行比较，参照相关研究成果确定目标分类精度为 85%。如果对分类结果不满意，增加训练样本，直到获得满意的分类结果。

对部分土地类型分类精度较高，如盐沼湿地、内陆盐沼、裸潮滩和河口与近海水域分类等，但其他类别间（耕地、建筑用地、森林、草地、内陆水体和未利用地）还存在不同程度的分类错误。本书使用更新与回溯算法来修正分类中的错误。首先对错分对象进行归类，为了把错误分类对象重分类，对于森林、草地和未利用地，采取手工编辑的方法修正错误，而对于不透水面、农田和内陆水体，采用半自动的方法（基于决策树方法）进行更新与回溯。对于后一种情况，首先，叠加分析用于确定"正确的分类对象"和"不确定的分类对象"。对于某一对象，"正确的分类对象"指的是参考地图和初始分类地图具有相同属性的对象，"不确定的分类对象"指的是参考地图与初始分类地图具有不同的类型属性。经过反复试验，确定更新和回溯的规则集，如图 3.14 所示，初始分类用灰色框表示，把初始错分类的土地利用类型更新或回溯到新类用白色框表示。

3.3.2 基于 CUDA 的遥感影像分类

本书利用 CUDA 并行计算架构，对研究区遥感影像数据进行快速处理和反演。根据影像处理的具体计算任务需求，确定程序中的并行部分后，通过 CUDA 对该部分计算进行改写，并把这部分计算工作交给图形处理器。运行在图形处理器上的 CUDA 并行计算函数（kernel 函数）和主机端的串行处理共同完成计算。

基于 CUDA 技术可以实现图形卡内数百个芯片内处理器的通信和合作，调度成百上千个线程运行，协作解决复杂的计算问题。采用 CUDA 技术对图像处理过程并行化，可以极大地提升处理速度，是解决遥感影像数据处理的理

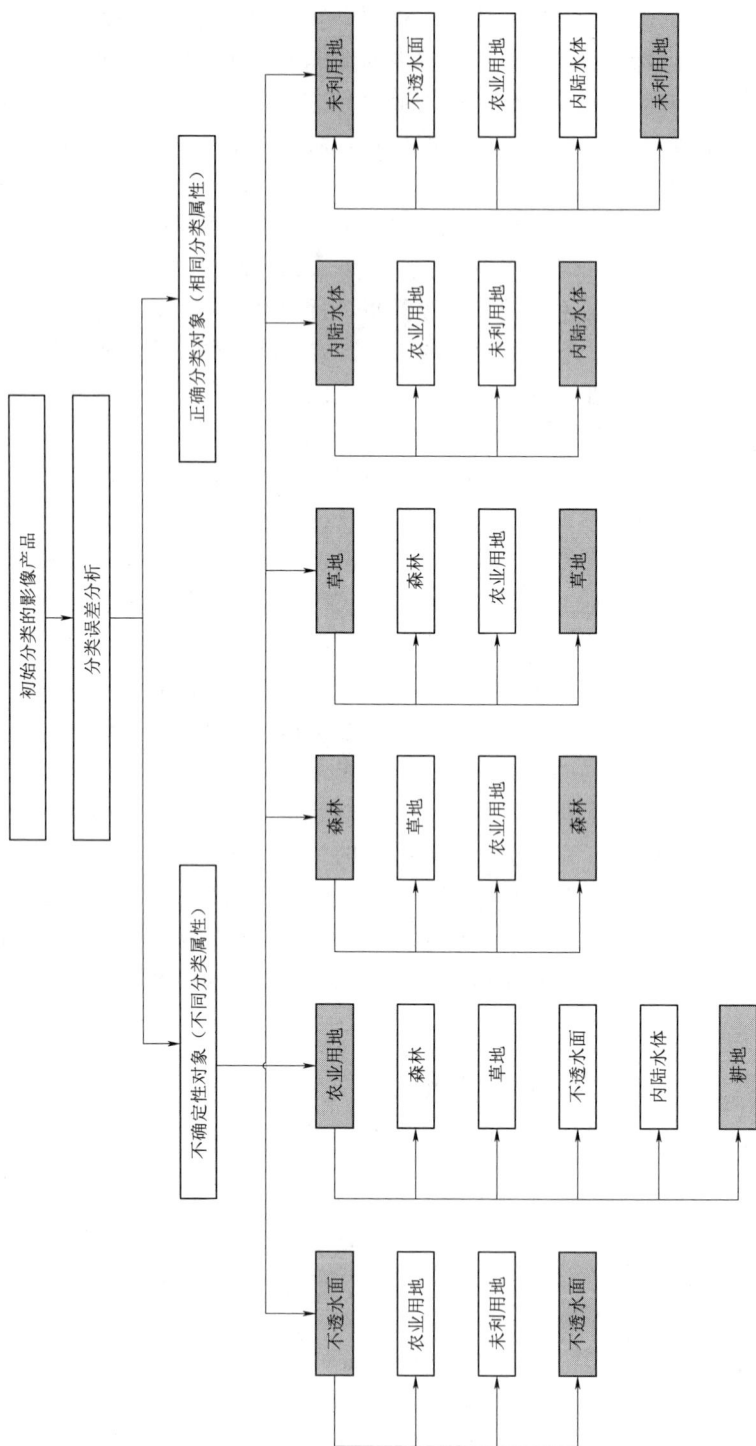

图 3.14 更新与回溯的类层次结构

想方案之一。利用CUDA强大的并行计算能力，可大大提高遥感影像处理效率。如利用CUDA进行图像的快速去噪，性能提升相当明显。

例如，分析水域面积变化时，CUDA编程主要包括：

（1）CUDA初始化。初始化CUDA设备（GPU），获取相应的设备信息。

（2）图像解析。首先将读入的灰度值数据拷贝到显存。

（3）图像处理。如直方图均衡化、去噪、校正和变换。对于FFT变换，在CUDA中提供了专门的CUFFT库函数来完成FFT计算，这些都是经过高度性能优化的函数，用户只需要先创建FFT的变换配置Plan，然后直接调用FFT接口函数即可，用大量线程可以极大地加速计算速度。

在CUDA编程模型中，CPU作为主机（Host），GPU作为协处理器（co-processor）或者设备（device）。在一个典型的CUDA架构系统中，可以存在一个主机和若干个设备。CPU、GPU各自拥有相互独立的存储器地址空间：主机端的内存和设备端的显存。在这个模型中，CPU与GPU协同工作，CPU负责进行逻辑性强的事务处理和串行计算，GPU则专注于执行高度线程化的并行处理任务。CUDA对内存的操作与一般的C语言程序基本相同，但是增加了一种新的pinned memory；操作显存则需要调用CUDA API中的存储器管理函数，这些管理操作包括开辟、释放和初始化显存空间，以及在主机端和设备端进行数据传输等。

CUDPP是一个对应CUDA的数据并行算法基础库，提供了一个包含经过优化的同类最佳方法库，用于执行基本单元操作，例如并行前缀加法（扫描）、数字并行排序、并行减法和其他方法，允许有效地实现稀疏矩阵向量乘法和其他操作。CUDPP中的算法包括了parallel prefix-sum（scan）、parallel sort、parallel reduction等。

与以往的GPU相比，支持CUDA的GPU在架构上有了显著的改进：一是采用了统一处理架构，可以更加有效地利用过去分布在定点渲染器和像素渲染器的计算资源；二是引入了片内共享存储器，支持随机写入和线程间通信。这两项改进使CUDA架构更加适用于GPU通用计算。在软件架构上，CUDA主要在驱动程序和函数库方面进行了扩展，其软件栈包括硬件驱动程序、运行时库和应用程序接口API，以及一个为NVIDIA GPU编写的C编译器NVCC。图3.15给出了CUDA的软件架构示意图。混合代码经过NVCC编译后，并行代码和串行代码会被分离，最后交由

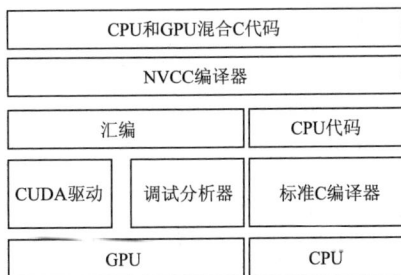

CPU和GPU混合C代码		
NVCC编译器		
汇编		CPU代码
CUDA驱动	调试分析器	标准C编译器
GPU		CPU

图3.15　CUDA软件架构示意图

GPU 和 CPU 执行。

NVCC 是一种可简化 CUDA 代码编译过程的编译器驱动程序：它提供了简单、熟悉的命令行选项，通过调用实现不同编译阶段的工具集合来执行。其基本工作流程在于将设备代码与主机代码分离开来，并将设备代码编译为二进制形式或 cubin 对象。所生成的主机代码将作为需要使用其他工具编译的 C 代码输出，或通过在最后一个编译阶段中调用主机编译器直接作为对象代码输出。

在实际应用中，针对具体并行计算任务，通过 CUDA 进行改写后将这部分计算工作交给 GPU。运行在 GPU 上的 CUDA 并行计算函数称为 kernel（内核函数）。一个 kernel 函数并不是一个完整的程序，而是整个 CUDA 程序中的一个可以被并行执行的步骤。一个完整的 CUDA 程序是由一系列设备端 kernel 函数并行执行和主机端的串行处理共同组成的。这些处理依据顺序一致性，按照程序中相应语句的顺序依次执行。

CUDA 程序用类 C 语言编写，用户不需要关心底层的硬件实现，对基于数据的并行计算采用相同的编程模式。主要步骤如下。

（1）从主存读取数据到显存。由于带宽的限制，显存和主存间的数据通信是制约整体速度提升的最大瓶颈。在 CUDA 程序中，可以用纹理的方式来读取数据，把数据绑定到纹理对象，通过纹理函数来操作数据。

（2）主程序调度内核（kernel）执行计算。这一步主要包含以下三个步骤：①确定 kernel 的执行配置：把输入数据分解，分配给每个线程块，再确定每个线程计算的数据。②从显存读取数据到共享内存：由于共享内存的访问速度很快，必须最大程度地使用共享内存。读取全局内存数据时，采用一些优化策略，可以极大地提高计算速度和显存带宽。比如，线程连续读取一块内存区域，而不是交叉或间隔地读取；在访问共享内存时，要避免出现访问冲突，因为如果多个线程都需要访问同一个内存位置，则各个线程的访问将被串行化，从而大幅降低访问效率。③发起 kernel，进行线程间的并行计算。

（3）把计算结果写回主存。CUDA 硬件模型具有通用的全局内存读写结构，使得 GPU 可以从显存汇聚数据，也可以把数据写回到显存的任意位置，具有灵活方便的特点。片上共享内存使多处理器上的线程可以快速存取数据，避免了线程频繁地访问全局内存。共享内存被同一个多处理器上的线程共享，访问其上的数据只需要 4 个时钟周期，若访问全局内存则需要 400～600 个时钟周期。线程同步机制实现了同一个线程块中多个线程间的通信与合作。

CUDA 模型中，每一个线程拥有自己的私有存储器寄存器和局部存储器，线程在执行时将会访问到处于多个不同存储空间中的数据。每一个线程块拥有一块共享存储器（shared memory）；最后，grid 中所有的线程都可以访问同一块全局存储器（global memory）。除此之外，还有两种可以被所有线程访问的只读存储器：常数存储器（constant memory）和纹理存储器（texture memory），分别为不同的应用进行了优化。全局存储器、常数存储器和纹理存储器中的值在一个内核函数执行完后将被继续保持，可以被同一程序中的其他内核函数调用。

Tiff/GeoTiff 图像是现阶段遥感影像使用较广的一种图像格式。在本书中所使用的影像为从 NASA 官方网站上下载下来的 ETM/TM＋TIFF 格式影像，借助了开源的 C 语言库 LibTIFF 来实现 TIFF 图像的解析。根据图像的几何处理原理，利用 TIFF 图像文件格式存储的图像，对图像进行显示、平移、放大、缩小、旋转、数据提取等。

以 p119r040_7x20000504.ETM‐EarthSat‐Orthorectified 遥感影像数据为例，选取其中的 p119r040_7k20000504_z50_nn61.tif 进行分析。文件大小为16150594 字节，像素个数 16119840 个，即 4260 行×3784 列。每个像素为8bit，即 1 个字节。根据 TIFF 文件头的定义，TIFF 的文件头有 8 个字节，信息如下：

字节位置	16 进制值	10 进制	对应字符	含义
0	4D	77	M	Motorola
1	4D	77	M	Motorola
2	0	0	.	
3	2A	42	*	TIFF 版本号
4	0	0	.	
5	F5	245		
6	F8	248		
7	28	40		

其中：0~1 字节 4D 4D 为 MM，即表示遵循 Motorola 的相关格式规范；2~3 字节 00 2A 即十进制 42，即 TIFF 版本号；4~7 字节 00 F5 F8 28 的十进制为 16119848，即影像的像素个数，也就是 TIFF 文件的第一个 IFD 在文件中的偏移量。该值可以由以下解释：文件头 8 个字节，正文像素 16119840 个字节（正文像素 16119840），共 16119848 个字节，即偏移量。

从文件中第 16119848 个字节开始（从 0 开始）即 IFD 的值，16119848 到16119849 两个字节数值为 16 进制的 11，即 17，即有 17 个 IFD。

图 3.16 给出了该影像数据的组成结构图。

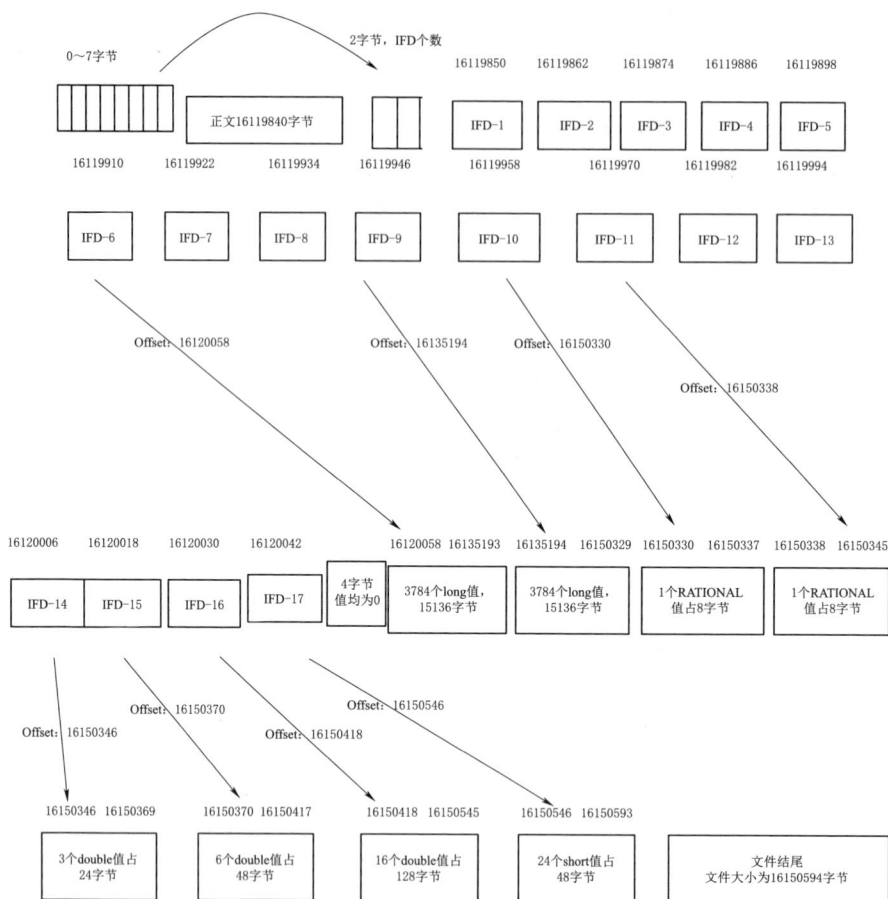

图 3.16   遥感影像数据组成结构

3.3.3   分类结果与精度

本书使用随机森林算法，设置决策树数量为 500 对样本集进行训练，提取研究区 2009—2020 年的土地利用信息，获得其中 9 期比较满意的土地利用数据，分类结果如图 3.17 所示。研究区域 2011 年、2013 年和 2018 年的数据缺失，因此，我们没有在本书中提供相应的结果。

将每期遥感影像分类成果与样本点进行混淆矩阵的精度分析，计算学习精度，进而验证随机森林算法的分类效果。基于混淆矩阵来计算分类结果的总体精度（overall accuracy，OA）和 Kappa 系数来评价分类结果的可靠性，分类结果精度见表 3.4，平均总体分类精度为 89％，Kappa 系数为 88％，分类精度较高。

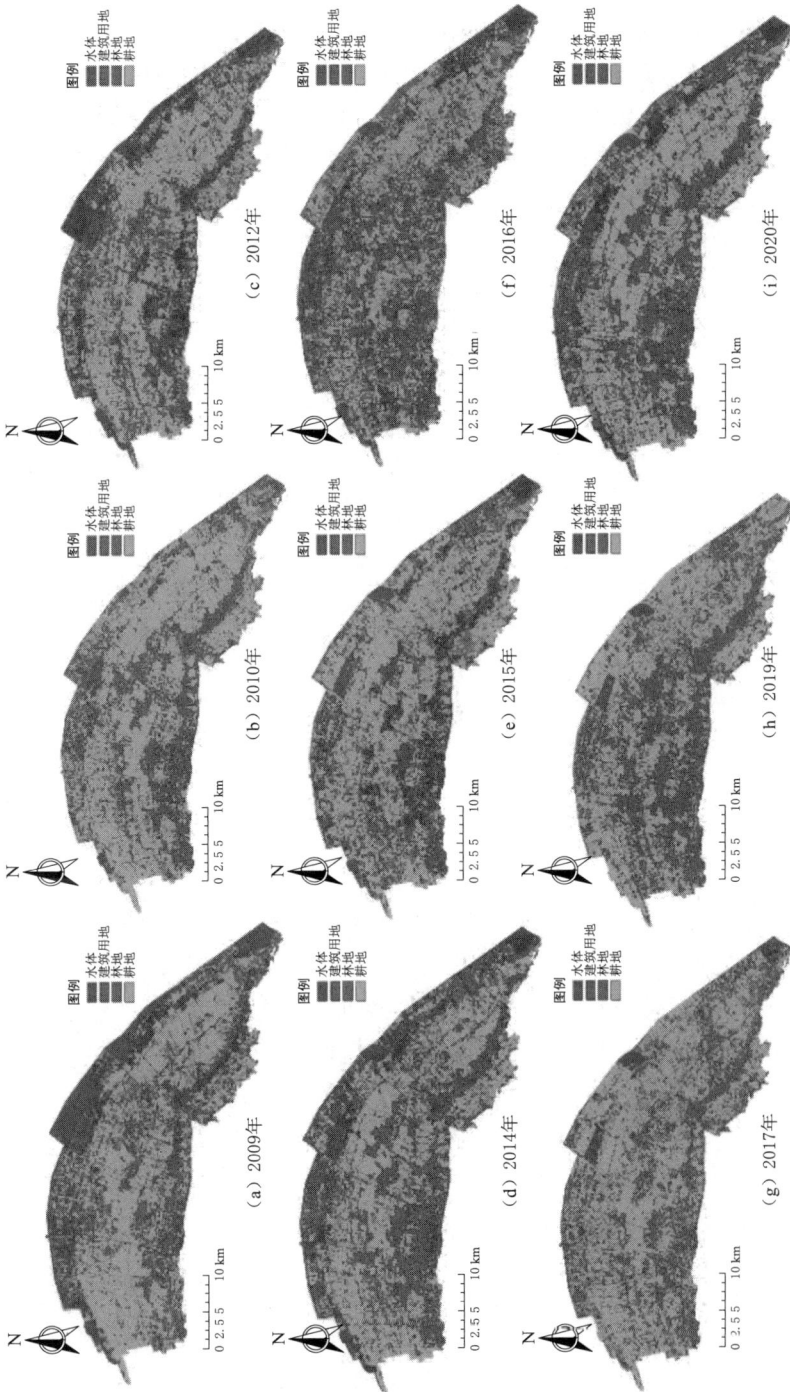

图 3.17 土地利用分类结果

总体分类精度和 Kappa 系数的最大值出现在 2014 年，最小值出现在 2010 年和 2015 年，这与遥感影像的成像质量有关。总体分类精度 OA 和 Kappa 系数的标准差分别均为 1.77％ 和 1.22％，表明不同时期的分类结果精确度相对比较稳定。从各类地物的分类精度来看，水体、耕地和林地精度较高，建筑用地分类精度较低，主要是因为研究区北部新围垦的土地被水淹没时显示为水体，裸露时地表反射率较高，易误分为建筑用地。此外，部分村镇居民点比较分散，在遥感影像上形成混合像元，易与耕地或林地混淆产生漏分或错分。

表 3.4　　　　　　　土地利用/覆被分类结果精度　　　　　　　　　　％

类别	2009 年	2010 年	2012 年	2014 年	2015 年	2016 年	2017 年	2019 年	2020 年
水体	96	96	94	96	91	95	92	92	94
建筑用地	86	86	84	87	83	85	83	84	85
林地	89	91	87	90	85	88	87	86	87
耕地	91	90	88	92	85	89	88	87	90
OA	91	91	88	91	86	89	88	87	89
Kappa	87	86	84	88	85	86	84	83	88

3.4　土地利用时空特征分析

3.4.1　土地利用结构变化

通过对 Landsat ETM＋/OLI 数据的解译，获得了 2009—2020 年间共 9 期的土地利用数据。土地利用/覆被变化最直观的表现在于不同土地利用类型面积的变化，通过分析各类型面积的变化情况可以从总体上了解该区域土地利用的趋势。对研究区各种土地利用类型面积的统计结果见表 3.5。可以看出，研究区的土地利用结构在 2009—2020 年发生了较大的变化。主要表现在：建筑用地快速增长；水体和林地面积在波动中减少；耕地总量保持稳定。

表 3.5　　　　　　　　2009—2020 年间土地利用结构

年份	水体		建筑用地		林地		耕地	
	面积/km²	比例/％	面积/km²	比例/％	面积/km²	比例/％	面积/km²	比例/％
2009	128.6	14.7	214.4	24.5	110.0	12.6	420.9	48.2
2010	73.8	8.4	246.0	28.2	52.5	6.0	501.7	57.4
2012	116.8	13.4	279.8	32.0	75.6	8.7	401.8	46.0
2014	82.7	9.5	315.5	36.1	90.6	10.4	385.1	44.1

年份	水体		建筑用地		林地		耕地	
	面积/km²	比例/%	面积/km²	比例/%	面积/km²	比例/%	面积/km²	比例/%
2015	97.2	11.1	256.6	29.4	83.9	9.6	436.3	49.9
2016	130.1	14.9	282.8	32.4	127.5	14.6	333.5	38.2
2017	40.6	4.6	229.5	26.3	116.5	13.3	487.4	55.8
2019	34.4	3.9	326.6	37.4	59.6	6.8	453.4	51.9
2020	107.2	12.3	315.0	36.0	39.9	4.6	411.8	47.1

研究区 2009—2020 年各土地利用类型面积占比，如图 3.18 所示，变化趋势如图 3.19 所示。结果表明，从 2009—2020 年，研究区土地利用结构较稳定。在各种土地利用类型中，耕地占比一直在 50% 左右，是面积最大且分布最广泛的土地利用要素类型。经济建设增长、人口压力增大、城镇扩张以及旅游业的蓬勃发展都导致对建设用地的需求不断增加，建设用地面积不断扩大。水域面积的减少主要是由于沿河经济发展迅速，这水面面积产生了挤压，这对研究区生态环境的保护、行洪排涝以及耕地的灌溉都有负面效应。林地整体上也有所减少。

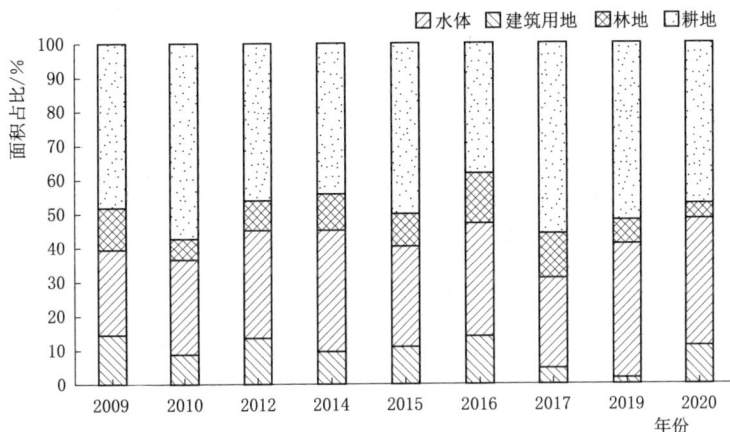

图 3.18　各土地利用类型面积占比

为了更加准确地分析研究区土地利用结构变化，本书采用信息熵值、均衡度和优势度来对土地利用的结构变化情况进行评价。

熵的概念源自热物理学，信息熵是信息论中用于度量信息量的一个概念。一个系统越是有序，信息熵就越低；反之，一个系统越是混乱，信息熵就越高。所以，信息熵也可以说是系统有序化程度的一个度量。变量的不确定性越大，熵也就越大，计算所需的信息量也就越大。用信息熵来测度土地利用类型的有序性以及复杂性，也就是景观的多样性，计算公式如下

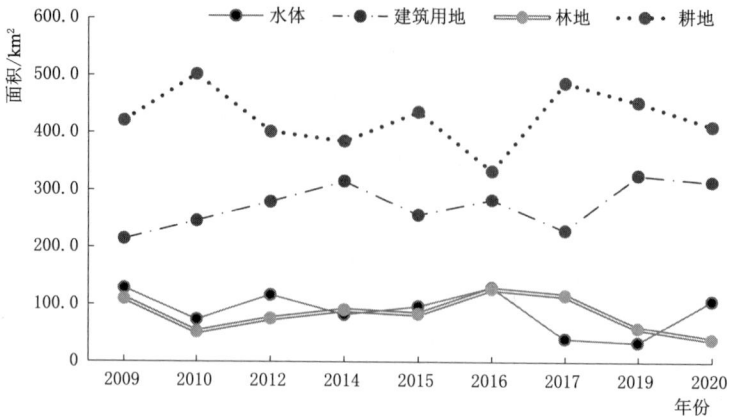

图 3.19　各土地利用类型面积变化

$$H = -\sum_{i=1}^{n} p_i \ln(p_i) \qquad (3.17)$$

式中　H——信息熵值；

　　　i——各种土地利用类型；

　　　n——土地利用类型的数量；

　　　p_i——各种土地利用类型所占的面积百分比。

熵值越小则表明土地利用结构的有序性程度越高，熵值越大表明土地利用结构的有序性程度越低。当研究区仅有单一土地利用类型时，信息熵值最小 $H=0$。当各种用地类型所占比例相等时，H 达到最大值时，表示为 $H_{max} = \ln(n)$。信息熵值也反映了土地利用类型的多样性。

基于信息熵，建立均衡度的概念来衡量土地利用结构的均质性和平衡态，均衡度的表达如下

$$J = H/H_{max} = -\sum_{i=1}^{n} p_i \ln(p_i)/\ln(n) \qquad (3.18)$$

式中　J——均衡度，$J \in [0,1]$，J 值越大，表明土地利用结构的均衡性越强，复杂程度越高，当 $J=1$ 时，土地利用达到了最高均衡状态，各土地利用类型斑块分布的均匀程度达到最大。

与之对应的有优势度 I。与均衡度的含义恰好相反，优势度反映土地利用的集中度，也就是该地区由一种或几种占优势的地类支配该区域地类的程度，表达式如下

$$I = 1 - J \qquad (3.19)$$

土地利用信息熵、均衡度和优势度的计算结果见表 3.6，变化情况如图 3.20 所示。研究区土地利用信息熵平均值达到 1.15，主要是受到自然、社会、

政策、人文等复杂因素影响。均衡度的多年平均值为 0.83，表明土地利用类型复杂，没有明显的优势地类，各类型的均衡性较强。

表 3.6　　　　　　　土地利用信息熵、均衡度、优势度

类别	2009 年	2010 年	2012 年	2014 年	2015 年	2016 年	2017 年	2019 年	2020 年
信息熵	1.24	1.05	1.20	1.19	1.18	1.30	1.09	1.02	1.12
均衡度	0.89	0.76	0.87	0.86	0.85	0.94	0.78	0.73	0.81
优势度	0.11	0.24	0.13	0.14	0.15	0.06	0.22	0.27	0.19

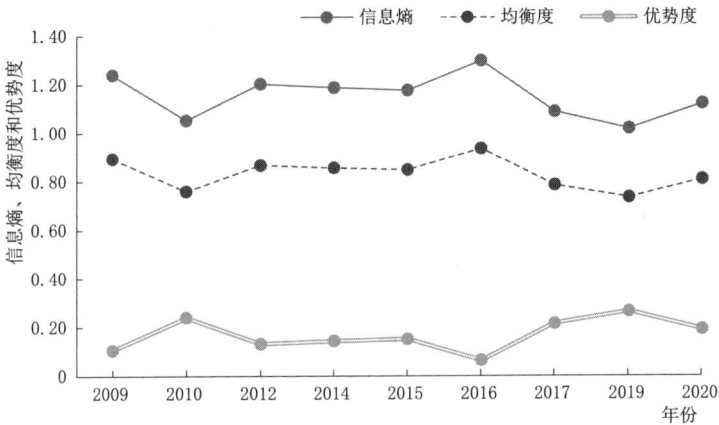

图 3.20　土地利用信息熵、均衡度、优势度变化

人类活动强度对区域土地利用的结构产生巨大影响，区域开发模式、经济发展水平、产业结构以及生态环境建设，都与区域土地资源系统有着密切关联，引起土地利用信息熵的变化。滨海平原土地利用系统稳定性低，复杂程度较高，从信息熵的变化中可以看出，土地利用系统抗干扰能力比较差，区域发展过程中土地利用系统的稳定性较低。同时，土地利用均衡度比较高，并呈现明显的波动趋势，表明土地利用系统结构较为均衡，土地利用转换比较频繁。土地利用优势度呈现较小的上升趋势，表明作为优势资源的土地利用类型其优势度有所增加，而其余地类的优势度在降低。

斑块密度表示单位面积上的斑块数量，计算公式如下

$$PN = \frac{N}{A} \tag{3.20}$$

式中　　N——研究区斑块总个数；

　　　　A——研究区的总面积，km^2。

研究区斑块密度计算结果如图 3.21 所示。斑块密度介于 70～110 个/km^2 之间，总体呈现比较破碎的状况。从 2009—2016 年，研究区斑块密度持续增

加，2016—2019 年间则迅速下降，2020 年又有所增加，结果表明土地利用的破碎程度呈现先增加后下降再增加的趋势。

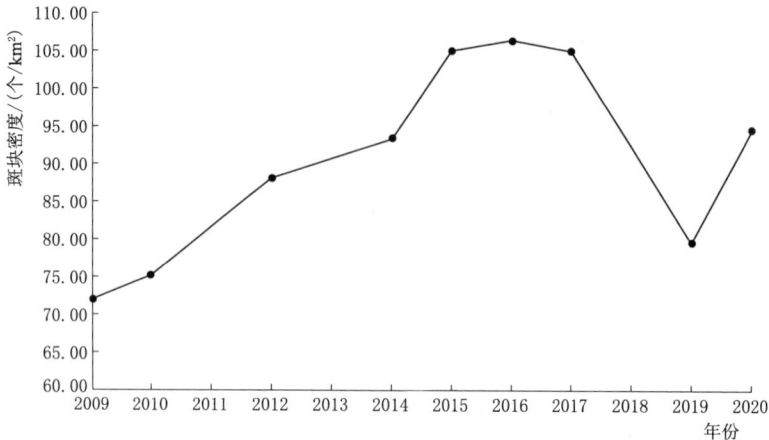

图 3.21　斑块密度变化

为了进一步反映景观空间结构的复杂性以及人类对景观的干扰程度，需要计算不同土地利用类型的破碎度指标，也就是土地利用景观被分割的破碎程度。原始自然景观一般都更接近单一、均质和连续的整体，但是在自然或人为干扰下，用地类型逐渐趋向于复杂、异质和不连续的斑块镶嵌体，土地利用破碎化程度的变化能够直观地反映出土地利用的受干扰程度。土地利用破碎度计算公式如下

$$C_i = \frac{N_i}{A_i} \qquad (3.21)$$

式中　C_i——土地利用类型 i 的破碎度；

　　　N_i——土地利用类型 i 的斑块数；

　　　A_i——土地利用类型 i 的总面积。

研究区各土地利用类型的破碎度计算结果如图 3.22 所示。研究区各土地利用类型被分割的破碎化程度较高，而且年际变化明显。其中，耕地每平方千米斑块数量维持在 50 个左右，在 2016 年达到最大值之后回归，破碎度总体上略有增加。林地破碎程度最高，随时间波动也比较大。水体破碎度从 2009 年开始持续增加，至 2015 年达到每平方千米斑块数量 247 个，之后两年则迅速下降，从 2017—2020 年则又有所增加。建筑用地破碎程度与水体和耕地相反，呈现先降低再增加又降低的趋势，2017 年达到最大值之后又逐渐降低。通过比较发现，水体和耕地的破碎度在 2009 年比较接近，之后都逐渐增大，分别于 2015 年和 2016 年达到最大值之后减小，2017 年之后又开始升高；建筑用地呈现相反趋势，在研究初期破碎度较高，之后处于下降的趋势，2014 年达

到最小值之后有小幅度反弹，到 2016 年破碎程度依然较低，2017 年则上升达到最大值，之后破碎度持续下降。

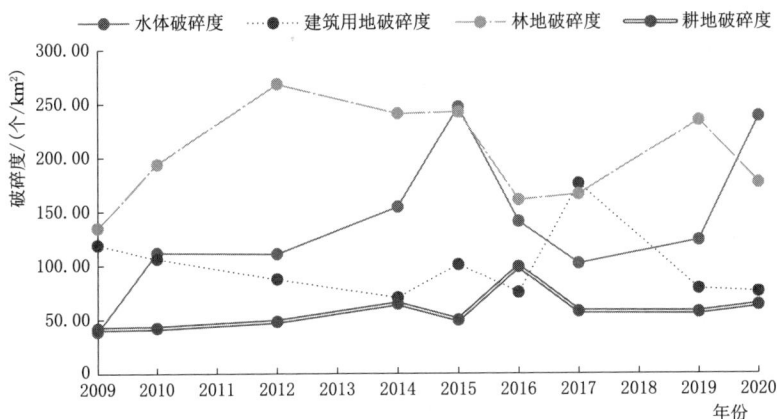

图 3.22　不同土地利用类型破碎度变化

3.4.2　土地利用强度变化

土地作为一种自然综合体，在人类活动的影响下，其原始自然属性不断降低，土地利用类型在一定程度上代表了土地利用强度特征。本书结合相关学者的研究成果和研究区土地利用特点，按照土地在社会影响因素下的保持状态分为三级，选取的分级指数见表 3.7。

表 3.7　　　　　　　　　土地利用强度分级

分类等级	城镇聚落用地级	农业用地级	林、草、水用地级
土地利用类型	建筑用地	耕地	林地、水体
分级指数	4	3	2

土地利用强度包括土地利用的广度和深度两方面，为了反映人类对土地资源的开发利用情况，需要对土地利用强度进行定量表达。土地利用强度变化综合指数用来描述土地利用程度变化量和土地利用程度变化率，其表达式如下

$$L = 100 \sum_{i=1}^{3} A_i C_i \tag{3.22}$$

式中　L——土地利用强度综合指数；

　　　A_i——第 i 级土地利用强度分级指数；

　　　C_i——第 i 级土地分类面积所占百分比。

计算各个目标年份土地利用强度综合指数，结果见表 3.8。土地利用强度综合指数变化情况如图 3.23 所示。

表 3.8　　　　　　　　　　　土地利用强度综合指数

年份	2009	2010	2012	2014	2015	2016	2017	2019	2020
土地利用强度综合指数	297.2	313.7	310.0	316.2	308.6	302.9	308.3	326.6	319.2

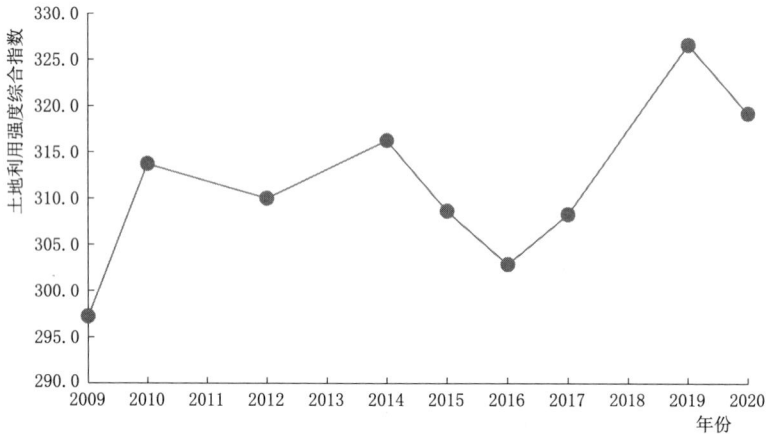

图 3.23　土地利用强度综合指数变化

由表 3.10 和图 3.23 可知，考虑到土地利用强度综合指数变化范围（100～400），研究区在整个研究时段内土地资源开发程度较高，土地利用强度综合指数总体呈现出波动中上升的趋势。其中，2014—2016 年土地利用强度出现负增长现象，主要由于受到耕地占补平衡相关政策性因素的影响，如《浙江省人民政府办公厅关于进一步加强耕地占补平衡管理的通知》（浙政办发〔2014〕25 号）。研究区建筑用地的增长趋势在此期间得到了遏制，而耕地面积基本保持稳定，使得总体土地开发利用强度有所减弱和衰退。

为分析土地利用强度变化对流域土地利用结构和格局的影响，在前文分析的基础上，做出土地利用强度与土地利用结构指数的散点图。如图 3.24 所示，流域土地利用强度对利用格局存在明显的影响，土地利用强度与信息熵值、均衡度呈负相关，与优势度呈正相关。而土地利用强度与斑块密度和破碎度没有明显的相关关系。

在人类活动占优势的区域，土地利用强度能够准确反映土地利用的广度和深度，以及人类活动对土地生态系统的干扰强度。研究区位于慈溪北部平原，在较长的历史时期内，大范围地对滩涂进行围垦开发的痕迹明显，土地利用结构不断变化，开发利用强度逐步提升，信息熵和均衡度都有所降低，用地类型更为集约，个别景观类型逐渐占据优势地位。

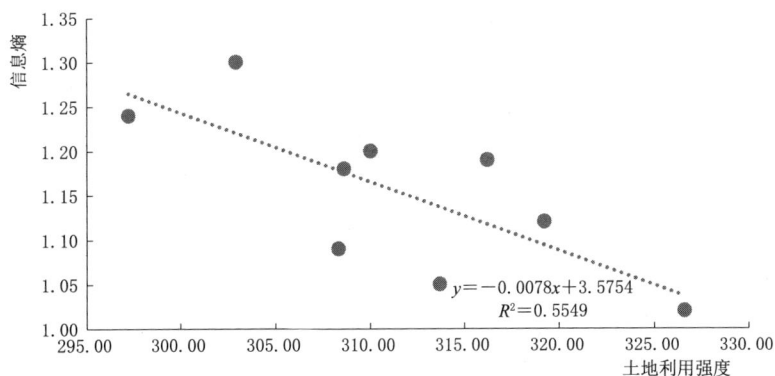

（a）与信息熵的关系

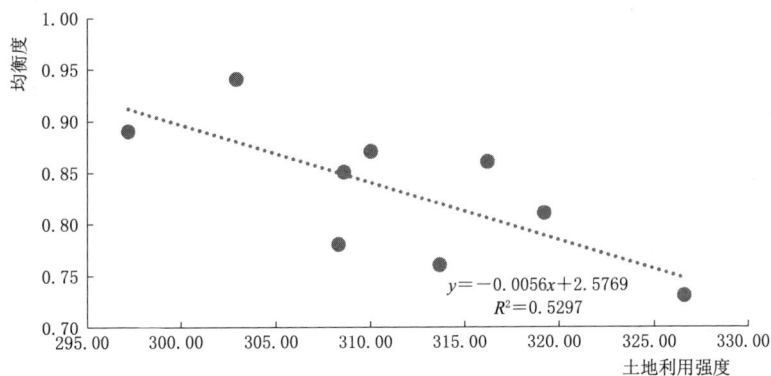

$y=-0.0078x+3.5754$
$R^2=0.5549$

（b）与均衡度的关系

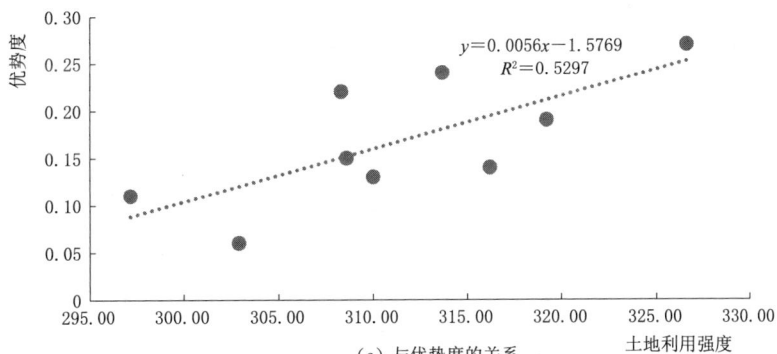

$y=-0.0056x+2.5769$
$R^2=0.5297$

（c）与优势度的关系

$y=0.0056x-1.5769$
$R^2=0.5297$

图 3.24　土地利用强度与利用结构的相关关系

3.4.3　土地利用/覆被变化方向

　　为了监测 2009—2020 年研究区各个地类土地利用/覆被变化情况，本书采用遥感变化监测理论进行土地利用空间变化特征分析。利用两个时相的对地观测数据进行模式识别并提取变化信息，从而定量分析和确定地物变化的特征与过程。变化监测涉及变化的数量与变化的分布情况，针对同一区域不同时期的影像，需要计算变化前后各地物的类型、界限以及变化趋势，进而分析这些动态变化的特点与原因。

本书提取了研究区 2009—2020 年的影像变化信息，进行分类后比较。利用前后时相的遥感影像分类专题图进行叠置分析，从而判断前后时相专题图上每个像元的类别属性，统计其变化信息。该方法直接获取变化的类型、数量和位置，回避了多时相数据因传感器不同或获取季节不同所带来的数据不相匹配的问题，可以避免时相差异和辐射校正对变化监测结果的影响。

研究区 2009—2020 年的土地利用/覆被变化监测结果显示，2020 年耕地、建筑用地、林地、水体面积占比分别为 47.3%、36.3%、4.4% 和 11.9%。土地利用转移矩阵见表 3.9，可以看出，区域内各类土地利用转移非常明显，近 12 年内土地利用类型未发生变化的面积占比为 52.7%，耕地和建筑用地之间相互转换面积较大。变化的土地利用类型主要有：耕地整体减少了 2.8%，建筑用地整体增加了 50.2%，林地减少了 64.1%，水体整体减少了 19.2%。

表 3.9　　　　　　　　2009—2020 年区域土地利用转移矩阵

类型		耕地	建筑用地	林地	水体	2009 年面积合计
耕地	面积/km²	261.6	129.5	8.4	20.3	419.8
	转出率/%	62.30	30.90	2.00	4.80	
	转入率/%	64.10	41.30	21.90	19.70	
建筑用地	面积/km²	62.8	122.9	3.3	19.7	208.7
	转出率/%	30.10	58.90	1.60	9.50	
	转入率/%	15.40	39.20	8.60	19.20	
林地	面积/km²	59.3	23.9	15.7	8	106.9
	转出率/%	55.50	22.30	14.70	7.50	
	转入率/%	14.50	7.60	41.00	7.80	
水体	面积/km²	24.2	37.3	11	54.9	127.3
	转出率/%	19.00	29.30	8.60	43.10	
	转入率/%	5.90	11.90	28.50	53.30	
2020 年面积合计/km²		407.9	313.5	38.4	102.9	862.7

2020 年的耕地面积中，来自建筑用地、林地和水体转入的面积比例分别为 15.4%、14.5% 和 5.9%。而建筑用地面积增加的部分中，来自耕地、林地和水体转入的面积比例分别为 41.3%、7.6% 和 11.9%。林地面积在

12 年间减少了 68.5km²，原有林地面积仅其中 15.7km² 保留了下来，现有林地转入来源中，耕地、建筑用地和水体分别占 21.9％、8.6％和 28.5％。水体与耕地、建筑用地和林地之间互有转换，现有水体转入面积中来自耕地 20.3km²、建筑用地 19.7km² 和林地 8km²，占比分别为 19.7％、19.2％和 7.8％。水体转出为相应土地利用类型的面积分别为耕地 24.2km²、建筑用地 37.3km²、林地 11.0km²，其中，水体转为建筑用地面积占比最大，转出率为 29.3％。

由于经济的快速增长，区域内产业结构不断调整，工业、农业和旅游业大力发展，人口的聚集和流动等原因，四种用地类型之间互有转换，总体上呈现为耕地、林地、水体向建筑用地转移，同时林地向耕地转移的趋势。

城市化的大背景下，大量耕地被城市扩张所占用。同时，为了弥补这些已占耕地的损失，根据"占补平衡"的政策规定，在围垦年限较短的地区新增耕地，可按比例换取城镇建设用地指标。因此该区域土地总量不变，但多种用地类型之间频繁相互转换。

耕地与建筑用地、林地、水体都有相互转换，但总面积在波动中保持基本稳定。由于区域内小型河道、沟塘及渔业养殖塘众多，该类水体面积与耕地、林地及建筑用地之间存在相互转换，在 12 年间水域面积呈下降趋势。与水体相同的现象也发生在林地上，但林地下降趋势更加明显，从 106.9km² 下降到了 38.4km²。总量增加的用地类型仅有建筑用地，面积增加了 104.8km²，增幅达到 50.2％。

3.4.4 土地利用/覆被变化速度

为了比较不同土地利用类型变化的差异性和变化趋势，本书引用土地利用动态度这一指标，以此来定量反映土地利用类型的变化速度。土地利用动态度是指一段时间内，某种类型的土地面积的变化速度，其表达式为

$$K_i = \frac{U_b - U_a}{U_a T} \tag{3.23}$$

式中　K_i——T 时段内，某一土地利用类型的动态度；

　　U_a、U_b——某一土地利用类型在研究初期与末期的面积；

　　　　T——研究时段，当用"年"表示时，即为某土地利用类型的年变化率。

研究区四种土地利用类型的年变化率计算结果见表 3.10。结果表明：从 2009—2020 年，总体用地动态变化幅度不大，各地类基本保持平衡；变化幅度较大的林地动态度为 −5.31％，建筑用地动态度为 3.91％，耕地和水体略有减少。但是逐年计算数据表明：研究区 12 年来土地利用/覆被变化速度很

快，其中，水体、建筑用地、林地、耕地在各年份都有不同幅度的增加或减少；土地利用动态度表明用地类别变化强，稳定性差。

表 3.10　　　　　　　　　　　　土 地 利 用 动 态 度　　　　　　　　　　　　%

研究时段	水体	建筑用地	林地	耕地
2009—2010 年	−21.31	7.38	−26.15	9.59
2010—2012 年	19.40	4.57	14.71	−6.63
2012—2014 年	−9.72	4.26	6.61	−1.39
2014—2015 年	8.74	−9.34	−3.72	6.65
2015—2016 年	16.95	5.11	26.02	−11.78
2016—2017 年	−34.38	−9.43	−4.33	23.07
2017—2019 年	−5.14	14.11	−16.27	−2.32
2019—2020 年	106.01	−1.77	−16.51	−4.59
2009—2020 年	−1.39	3.91	−5.31	−0.18

利用 ArcGIS 的空间分析统计功能求得九期土地利用图形的八次转移矩阵，见表 3.11。

表 3.11　　　　　　　　　　土 地 利 用 转 移 矩 阵

(a) 2009—2010 年

土地利用类型	耕地	建筑用地	林地	水体	2009 年面积总计
耕地	310.71	94.56	9.97	4.71	419.96
建筑用地	75.40	125.00	4.99	3.51	208.89
林地	64.41	11.46	28.86	2.35	107.08
水体	50.51	9.01	5.94	62.05	127.51
2010 年面积总计	501.03	240.03	49.76	72.62	863.44

(b) 2010—2012 年

土地利用类型	耕地	建筑用地	林地	水体	2010 年面积总计
耕地	292.58	123.71	46.70	38.01	501.01
建筑用地	80.23	130.36	5.86	23.56	240.01
林地	24.44	5.02	15.74	4.55	49.75
水体	6.39	16.37	1.38	48.46	72.61
2012 年面积总计	403.65	275.46	69.68	114.58	863.37

(c) 2012—2014 年

土地利用类型	耕地	建筑用地	林地	水体	2012 年面积总计
耕地	240.46	97.24	49.37	16.44	403.52
建筑用地	86.06	160.10	15.92	13.15	275.23
林地	42.20	8.26	14.30	4.83	69.59
水体	13.53	50.08	5.57	45.16	114.33
2014 年面积总计	382.26	315.67	85.15	79.59	862.67

(d) 2014—2015 年

土地利用类型	耕地	建筑用地	林地	水体	2014 年面积总计
耕地	260.08	63.26	43.52	15.37	382.22
建筑用地	98.07	165.59	13.64	38.32	315.62
林地	56.71	13.25	13.51	1.67	85.14
水体	22.87	11.08	8.13	37.48	79.57
2015 年面积总计	437.74	253.17	78.79	92.85	862.55

(e) 2015—2016 年

土地利用类型	耕地	建筑用地	林地	水体	2015 年面积总计
耕地	210.99	104.60	78.70	43.48	437.77
建筑用地	67.06	139.22	9.39	37.51	253.19
林地	31.13	10.76	32.14	4.79	78.81
水体	20.81	28.13	3.11	40.86	92.90
2016 年面积总计	329.99	282.70	123.34	126.64	862.67

(f) 2016—2017 年

土地利用类型	耕地	建筑用地	林地	水体	2016 年面积总计
耕地	222.48	60.66	46.11	0.75	330.00
建筑用地	148.49	127.79	5.18	1.24	282.71
林地	62.07	8.10	53.09	0.10	123.35
水体	54.83	25.08	8.75	38.01	126.66
2017 年面积总计	487.86	221.63	113.14	40.09	862.72

(g) 2017—2019 年

土地利用类型	耕地	建筑用地	林地	水体	2017 年面积总计
耕地	299.18	163.22	23.03	2.42	487.85
建筑用地	69.64	146.86	4.15	0.97	221.62
林地	72.26	11.34	28.72	0.80	113.13
水体	10.58	0.71	0.04	28.76	40.09
2019 年面积总计	451.67	322.13	55.94	32.95	862.69

(h) 2019—2020 年

土地利用类型	耕地	建筑用地	林地	水体	2019 年面积总计
耕地	272.91	106.41	20.95	51.40	451.66
建筑用地	103.83	200.63	1.47	16.20	322.12
林地	30.26	5.18	15.95	4.54	55.94
水体	0.88	1.27	0.02	30.77	32.94
2020 年面积总计	407.88	313.49	38.39	102.91	862.67

依据土地利用转移矩阵，绘制研究区土地利用转入、转出变化线。图 3.25 反映了近 12 年来耕地减少的去向以及扩张的来源。结果表明，耕地平均每年有 38% 的面积转出为其他用地类型，主要是转换为建筑用地，建筑用地平均每年侵占耕地 102km²，占耕地面积的 24%，占耕地总转出面积的 62%。另外，每年有 40km² 的耕地转为林地，有 22km² 转为水体。耕地被侵占的同时也向外扩张，平均每年有 91km² 的建筑用地被恢复为耕地，占耕地面积的 21%。此外，每年也有大量的林地和水体被开垦为耕地，分别占耕地面积的 11% 和 5%。

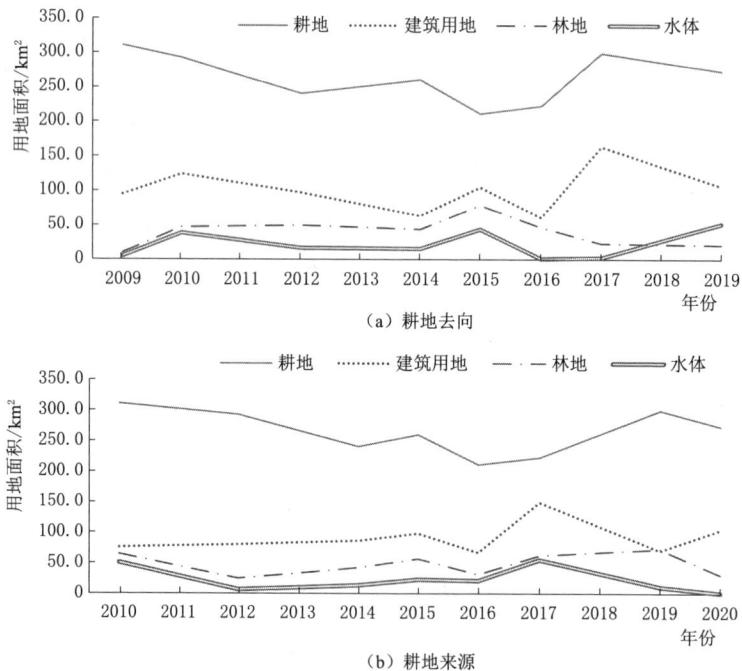

（a）耕地去向

（b）耕地来源

图 3.25 耕地面积变化

图 3.26 反映了近 12 年来建筑用地的去向以及扩张的来源。结果表明，建筑用地转出非常频繁，平均每年有 44％ 的面积转出为其他用地类型，主要是转换为耕地，建筑用地转换为耕地的面积占总转出面积的 79％，这在很大程度上弥补了对耕地的侵占，使耕地面积基本保持了平衡。另外，平均每年有 7.6km² 的建筑用地转为林地，有 17km² 转为水体。建筑用地向外扩张时也会侵占林地和水体，分别占建筑用地面积的 3％ 和 6％。

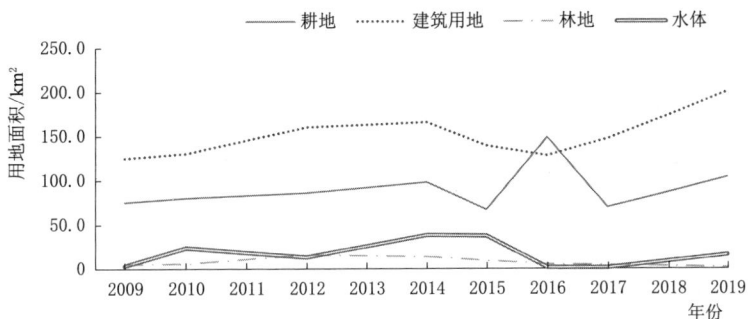

（a）建筑用地去向

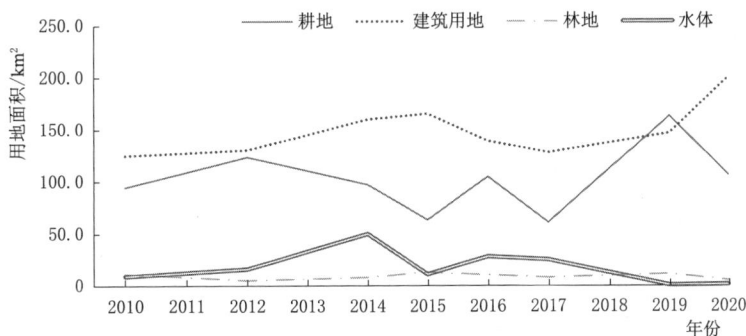

（b）建筑用地来源

图 3.26　建筑用地面积变化

图 3.27 反映了林地的变化情况。林地的转出对象和扩张来源主要都是耕地，平均每年有 56％ 的林地转变为耕地，同时平均每年有 52％ 的林地来源于耕地的转入。从图 4.9 可以看出，林地和耕地的转换高峰时间差不超过两年，在此消彼长中保持动态平衡。

图 3.28 反映了水体面积的变化情况。结果表明，水体平均每年有 52％ 的面积转出为其他用地类型，主要是转换为耕地和建筑用地，耕地和建筑用地平均每年分别侵占水体 22.6km² 和 17.7km²，占水体面积的 47％，占水体总转出面积的 91％。另外，平均每年有 21.6km² 的耕地转为水体，有 16.8km² 的建筑用地转为水体。水体面积的占用和补充基本保持了平衡。

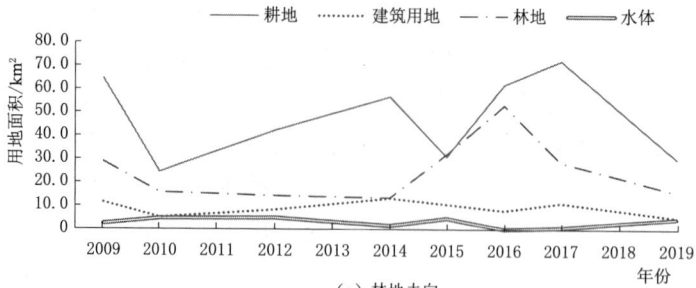

（a）林地去向

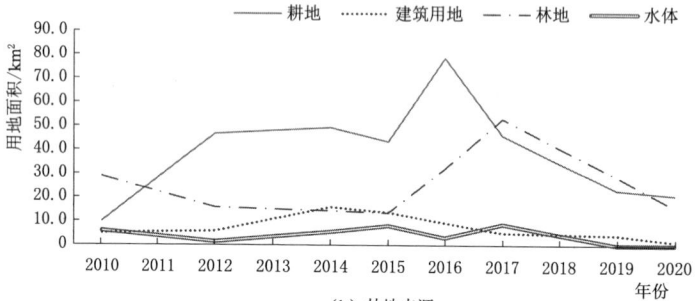

（b）林地来源

图 3.27　林地面积变化

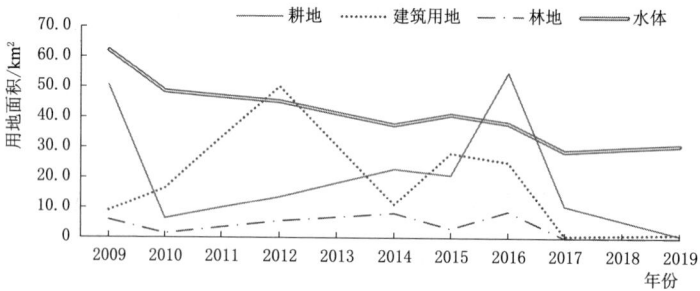

（a）水体去向

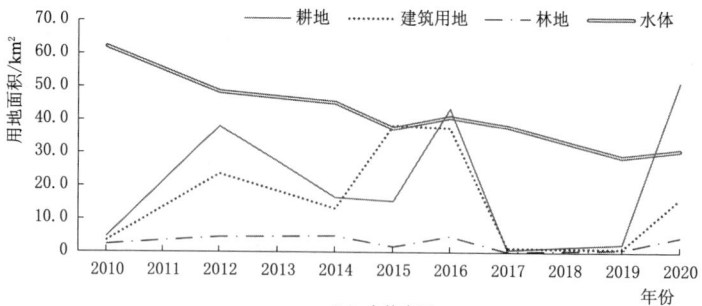

（b）水体来源

图 3.28　水体面积变化

3.4.5　研究区土地利用变化特征

人类活动对土地利用的影响主要体现在农业生产和城市建设活动中。2009年以来，研究区的土地利用发生了剧烈的变化，城镇化建设、耕地占补平衡、经济开发区建设等活动的影响都反映在研究区的土地利用情况上。

（1）2009—2020年，研究区土地利用结构较稳定，在各种土地利用类型中，耕地占比一直在50%左右，是面积最大且分布最广泛的土地利用类型。在整个研究时段内，林地和水体面积总体上是减少的，建筑用地呈现急剧扩张态势。

（2）研究区土地利用系统十分复杂，受到自然环境、社会政策和经济、人文因素等多方面的综合影响，信息熵处于高位波动状态，平均值为1.15。而均衡度的多年平均值高达0.83，土地利用结构的均衡性较强，复杂程度比较高，优势地类对该区域的支配程度较低。区域发展过程中，土地利用系统的稳定性较低，抗干扰能力比较差，同时，土地利用系统结构较为均衡，土地利用转换比较频繁。

（3）研究区景观斑块密度呈现先增加后下降再增加的趋势，土地利用整体比较破碎。其中，耕地破碎度最低，2016年达到最大峰值之后回归，总体破碎度随时间略有增加；林地破碎程度最高，随时间波动也比较大；水体破碎度先增加后下降再增加；建筑用地呈现相反趋势。

（4）研究区滩涂围垦开发痕迹明显，土地资源开发程度较高，土地利用强度在波动中上升。伴随着土地开发利用的强度不断升高，流域土地利用结构随之发生了明显变化，土地利用多样性降低，用地类型更为集约。

（5）区域土地总量不变，但多种用地类型之间频繁相互转换。近12年内土地利用类型未发生变化的面积仅占52.7%，最为明显的建筑用地增加了50.2%，林地减少了64.1%，水体略有减少，耕地基本持平。

（6）2009—2020年，总体用地动态度变化不大，但是逐年计算数据表明，研究区12年来土地利用/覆被变化速度很快。耕地平均每年有38%的面积转化为其他用地类型，其中62%转换为建筑用地。建筑用地平均每年有44%的面积转出为其他用地类型，其中79%转换为耕地。林地和水体的转出对象和扩张来源主要是耕地和建筑用地，各用地类型在此消彼长中保持动态平衡。

第4章

平原河网水文水质变化特征
及驱动力分析

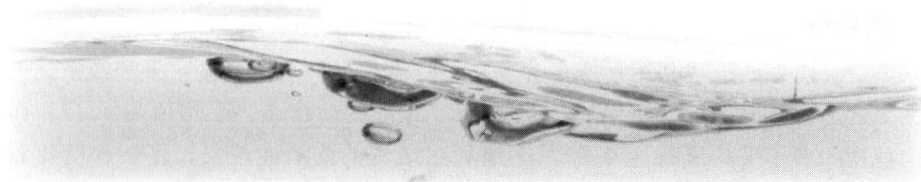

基于水文、水动力学等原理，在综合分析滨海平原河网特点和大量基础资料的基础上，对流域平原河湖、河道汊口连接和各种控制断面数据进行收集，对流域各类供水、用水、耗水、排水、水位变化、出湖河道水量、出湖河道流速、水质指标等进行集成分析。按照监测时间和监测断面的地理位置进行分类，进而分析研究区水质的空间变化特征；基于时间序列方法，研究多源输入环境下的滨海平原地表水体典型污染物的时间分布特性。在滨海平原河网产流、汇流计算的基础上，根据区域水体污染特征及其驱动力，针对不同河段入河污染物来源及特点，研究地表水体污染物迁移扩散机理，并特别针对跨区域生态调水效应进行研究。

4.1 河流水环境质量特征

4.1.1 河流水环境质量基本特征

参照我国《地表水环境质量标准》（GB 3838—2002）中地表水环境质量基本项目标准限值，对各监测断面的水环境质量数据进行分析。

水质监测结果中"水质类别"（Ⅰ类、Ⅱ类、Ⅲ类、Ⅳ类、Ⅴ类）分类结果取决于除水温以外的 23 个监测项目中的最低指标。为了找到该区域水质超标的主要项目，对决定该地区水质类别的影响因素进行统计。具体做法是，每当一个影响因素成为影响水质的最终评级指标时，则该因素在柱状图上的次数加一，如某地总磷达到了Ⅲ类水质的分类，当次测量的水质分类也为Ⅲ类，则总磷在柱状图的次数加一。需要注意的是，每次测量，可能会有多个因素影响水质的评级。例如，某地总磷和溶解氧达到了Ⅲ级水质的分类，当次测量的水质分类也为Ⅲ级，则总磷和溶解氧在柱状图的次数均加一。各河区水质指标对水体质量分类的影响次数见图4.1~图4.5。

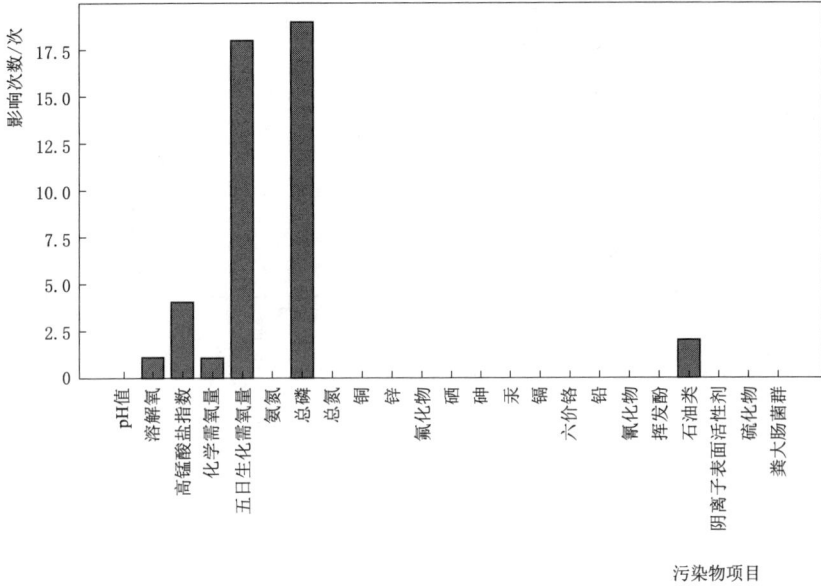

（a）松浦

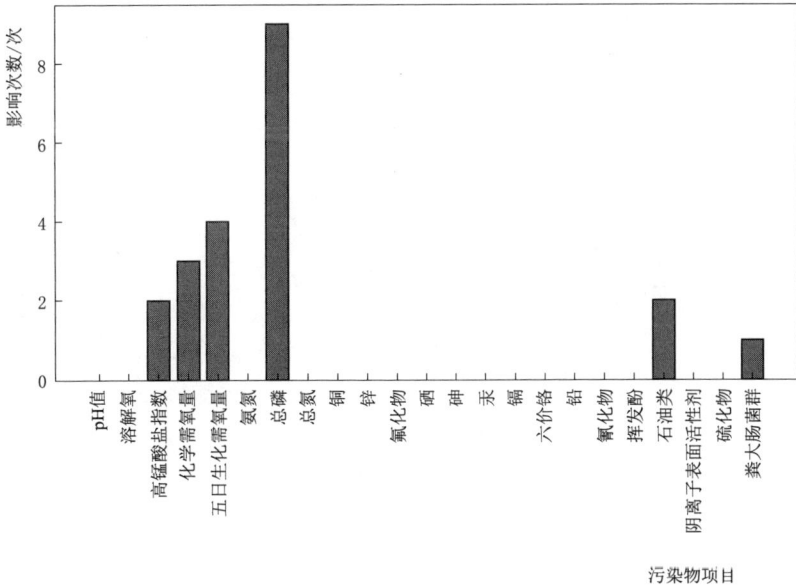

（b）竺山江

图4.1 东河区各项水质指标对水质的影响

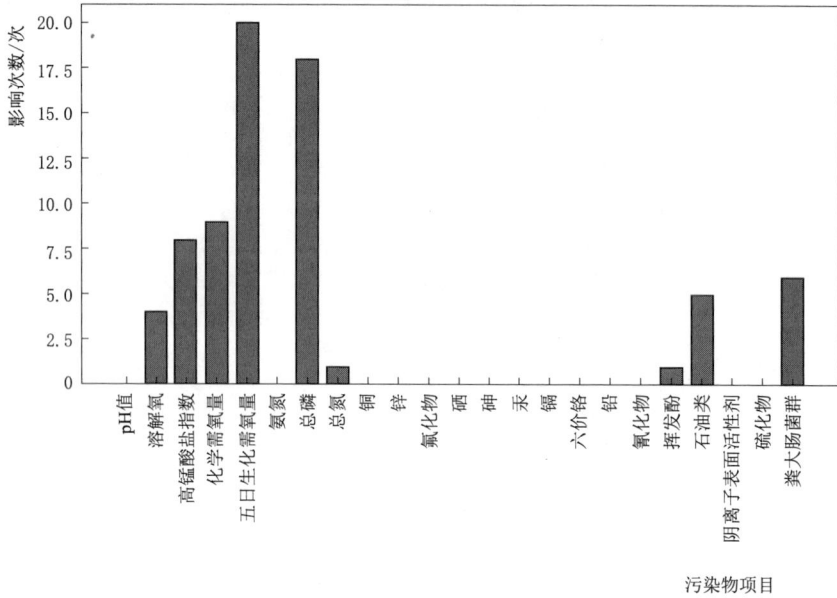

（a）郑家浦

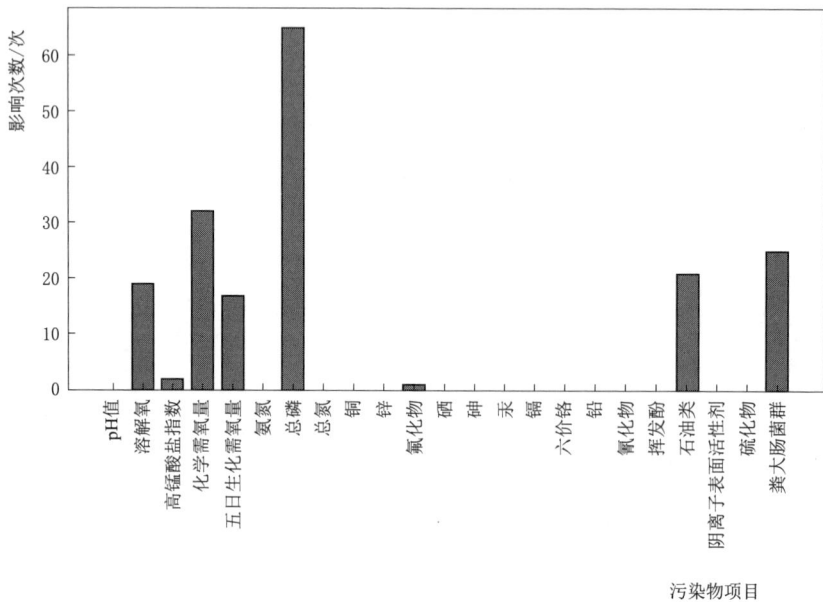

（b）浒山东

图 4.2（一） 中河区各项水质指标对水质的影响

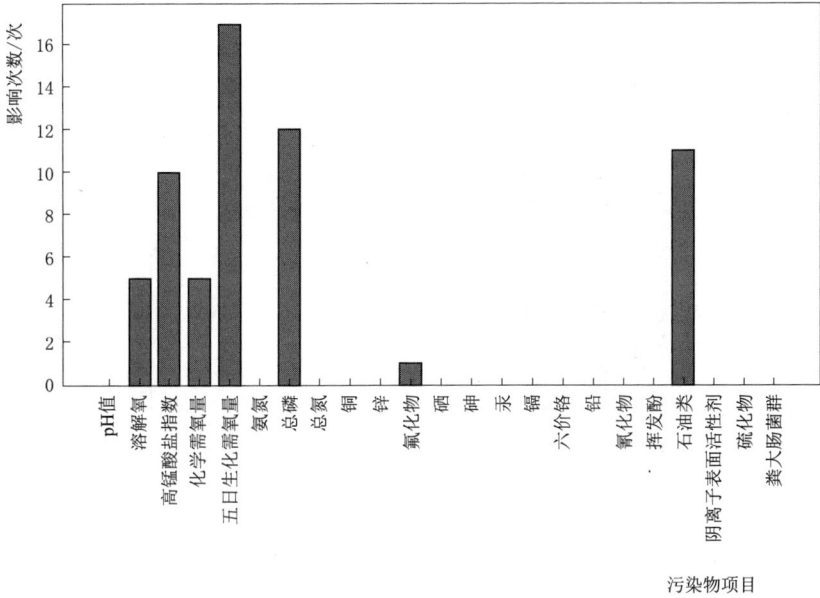

（c）潮塘江

图 4.2（二） 中河区各项水质指标对水质的影响

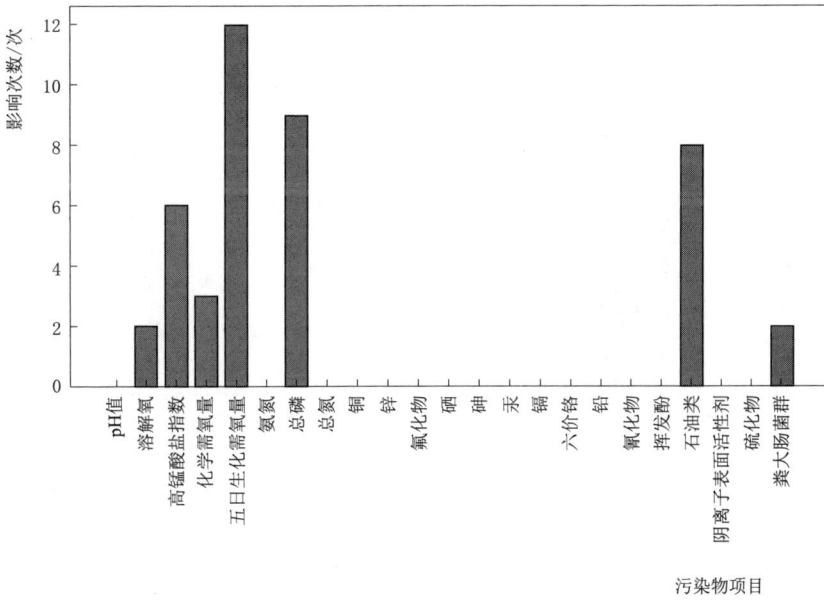

（a）扬孝桥

图 4.3（一） 西北河区各项水质指标对水质的影响

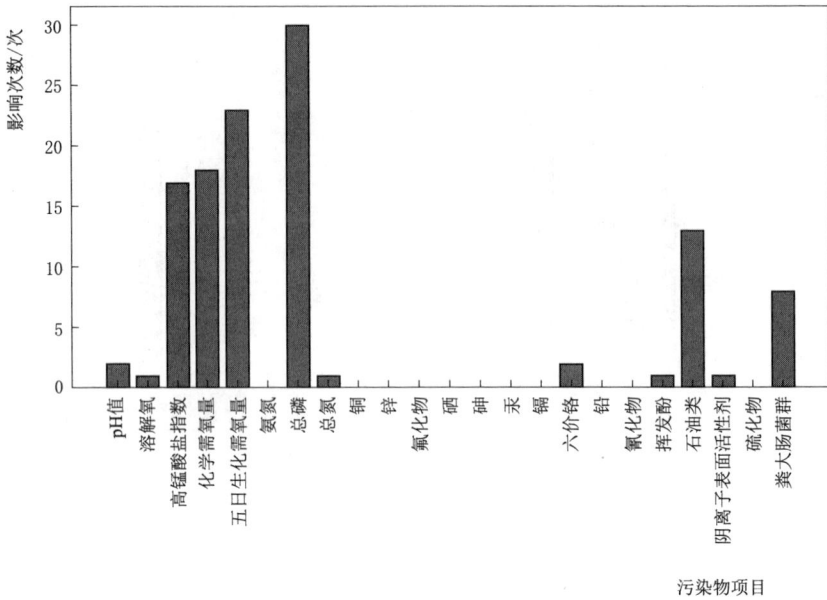

（b）八塘江

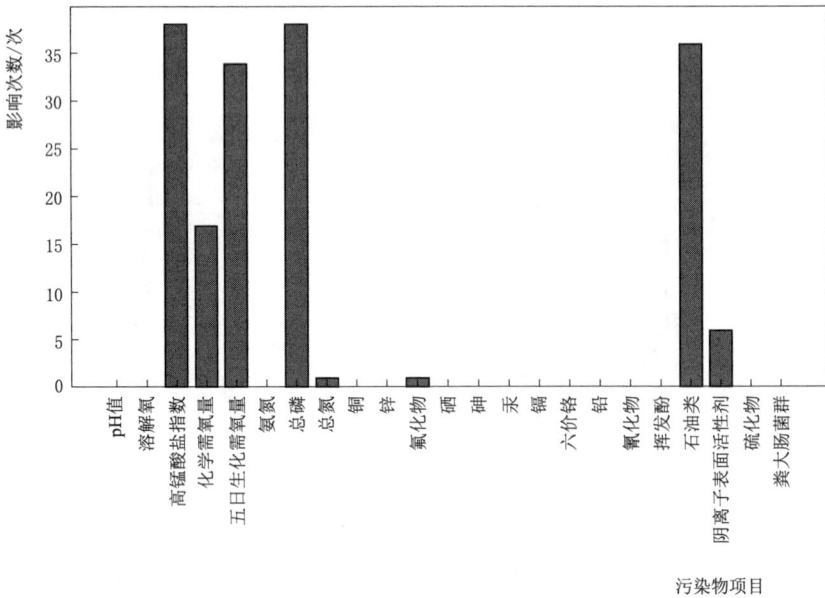

（c）小曹娥

图 4.3（二） 西北河区各项水质指标对水质的影响

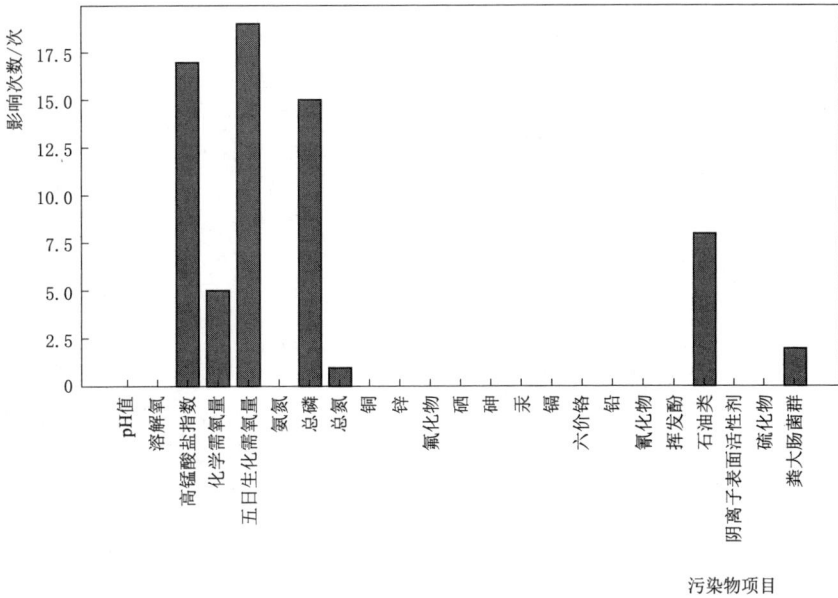

（d）西三

图 4.3（三） 西北河区各项水质指标对水质的影响

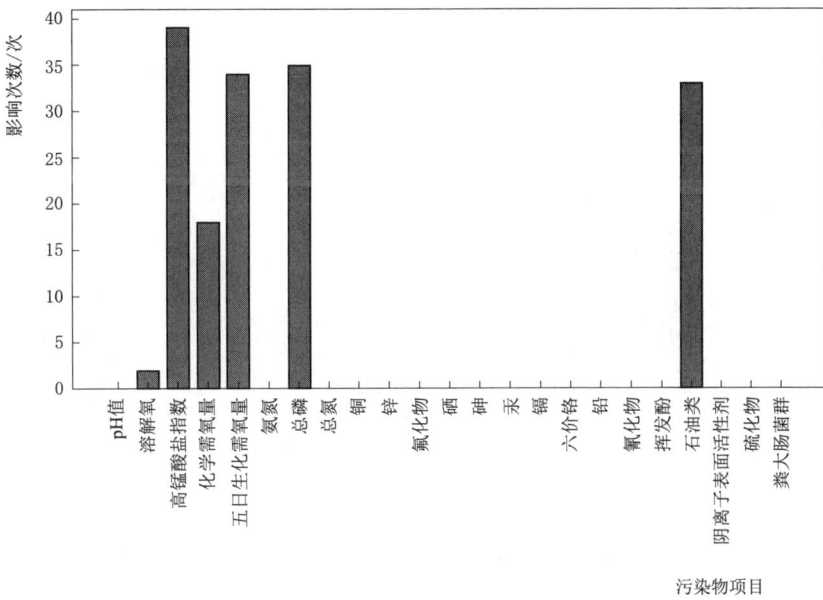

（a）朗霞

图 4.4（一） 西河区南部各项水质指标对水质的影响

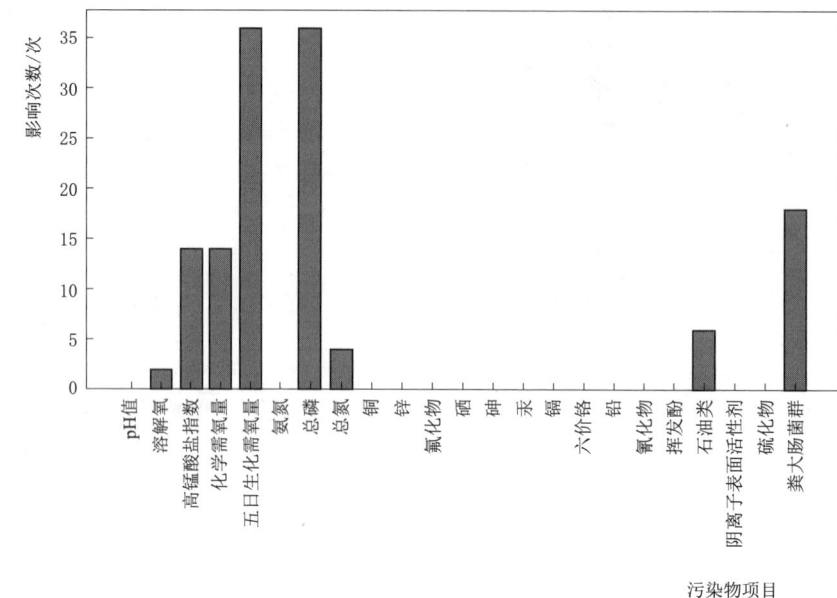

（b）三塘江

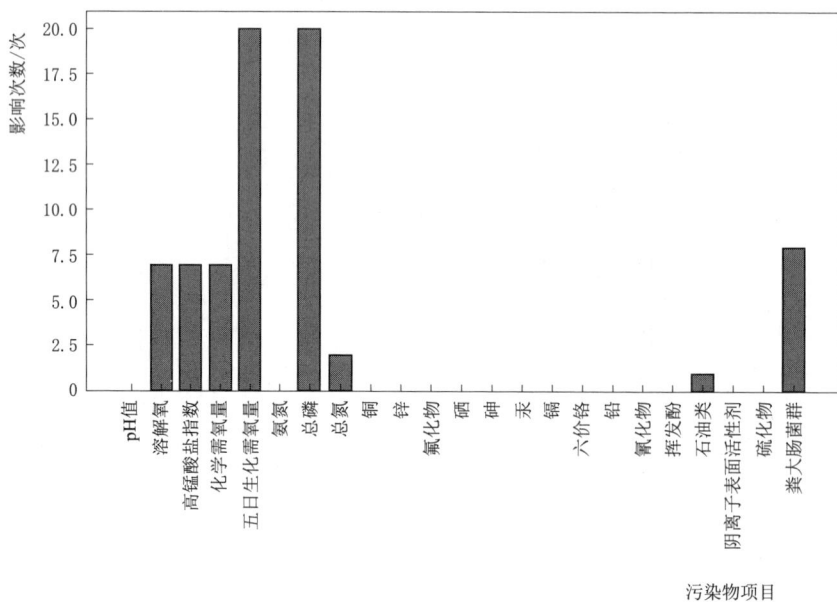

（c）周巷

图 4.4（二） 西河区南部各项水质指标对水质的影响

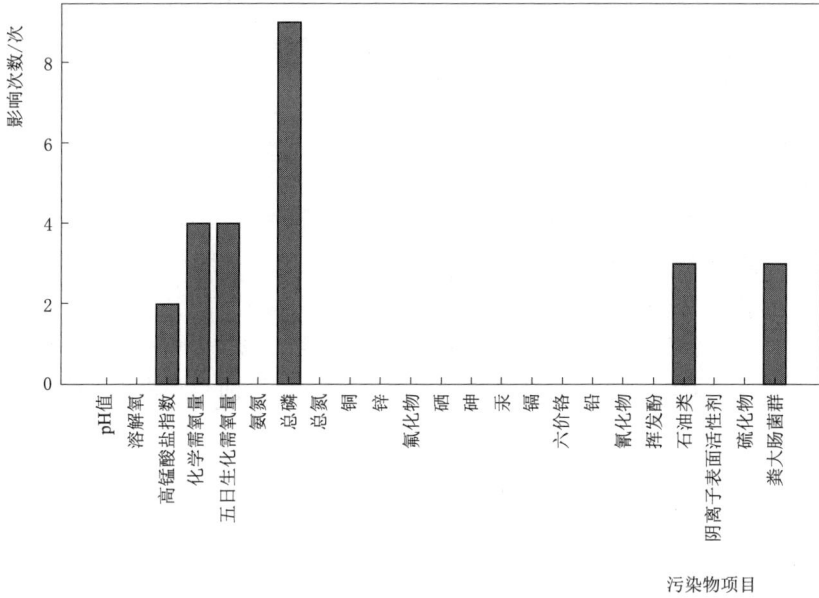

（a）四灶浦

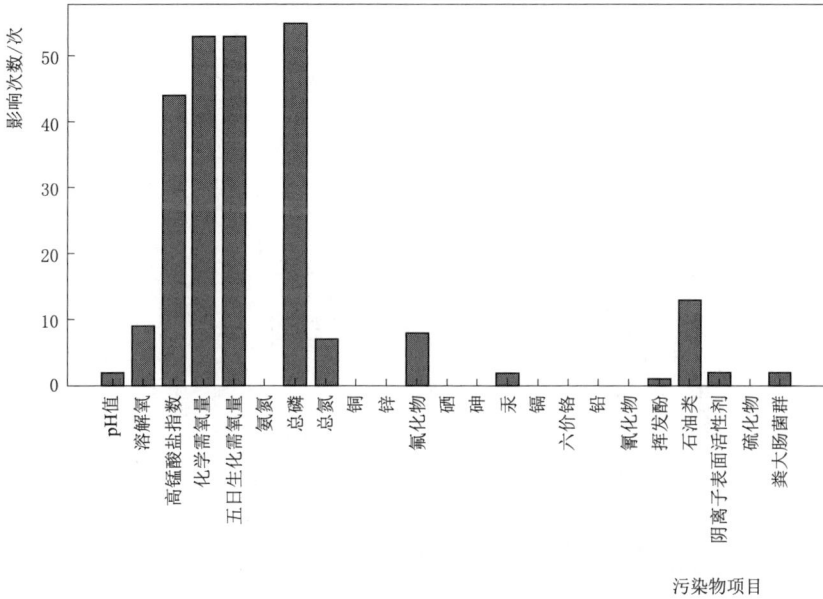

（b）四灶浦闸

图 4.5 西河区北部各项水质指标对水质的影响

通过监测数据分析可以发现区域水环境质量的基本特征：

（1）pH 值很少会成为影响水质的因素。整个监测期间，站点的 pH 值大多在 6～9 之间，最小值为 6.5，在 6.5～7 区间范围内一共出现了 18 次；其余 855 次均为 7 以上，其中 9 以上出现了 3 次，分布为四灶浦闸 1 次，八塘江两次，最高值为 9.55，出现在 2011 年 7 月的八塘江断面，对应测次的水质类别为劣 V 类。

（2）重金属很少会成为制约水质的因素。以上地区六价铬超标的有八塘江，汞超标的有四灶浦闸，而总磷和五日生化需氧量的超标几乎是每个地区影响水质因素最多的。

（3）从柱状图的分布来看，影响水质的因素主要有溶解氧、高锰酸盐指数、化学需氧量、五日生化需氧量、氨氮、总磷、石油类和粪大肠菌群，需要重点治理。

4.1.2 河流水质的空间差异

对每个站点不同月份的 pH 值、溶解氧、高锰酸盐指数、化学需氧量、五日生化需氧量、氨氮和总磷这 7 项指标进行统计，研究了 14 个水质站点 7 项水质参数质量浓度分布，结果如图 4.6 中（a）、（b）、（c）、（d）、（e）、（f）、（g）所示。

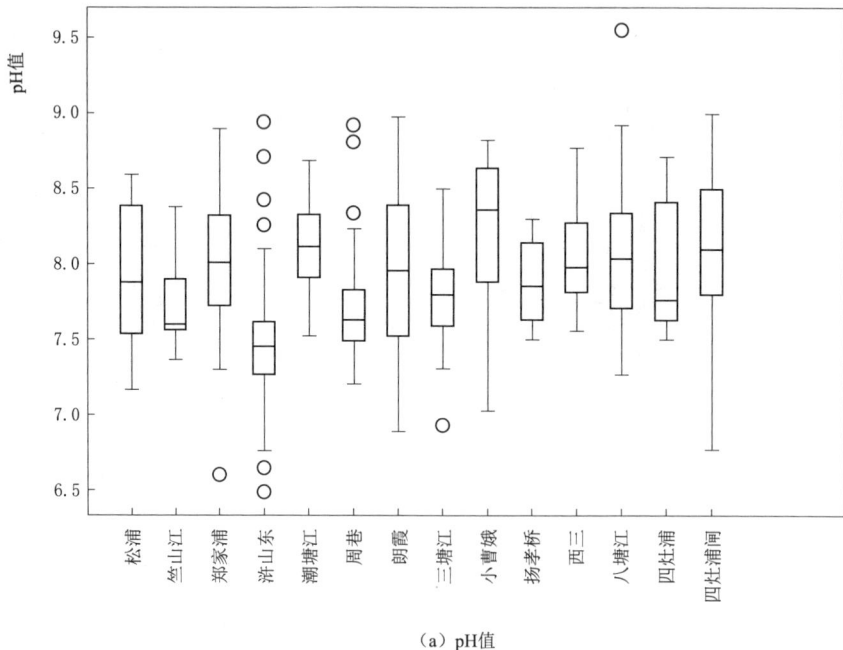

（a）pH值

图 4.6（一） 14 个水质站点 7 项水质参数浓度分布

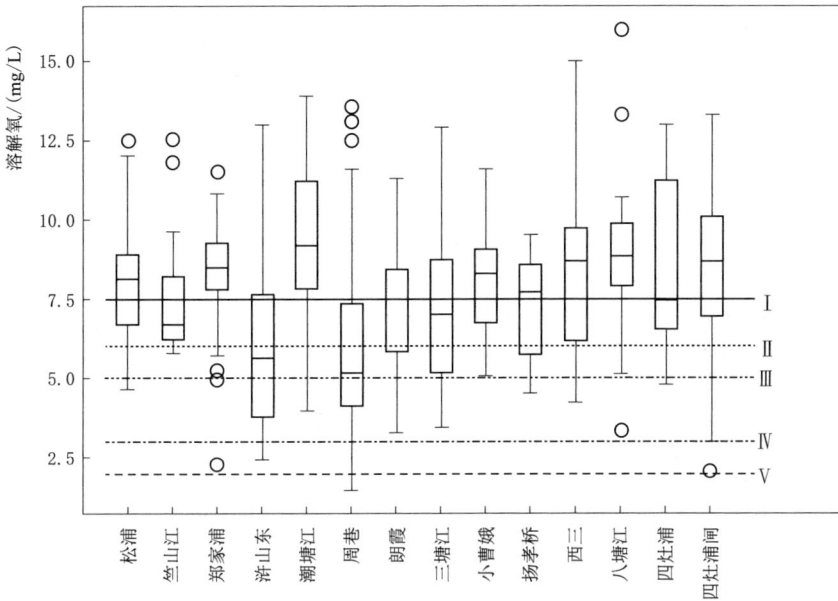

（b）溶解氧

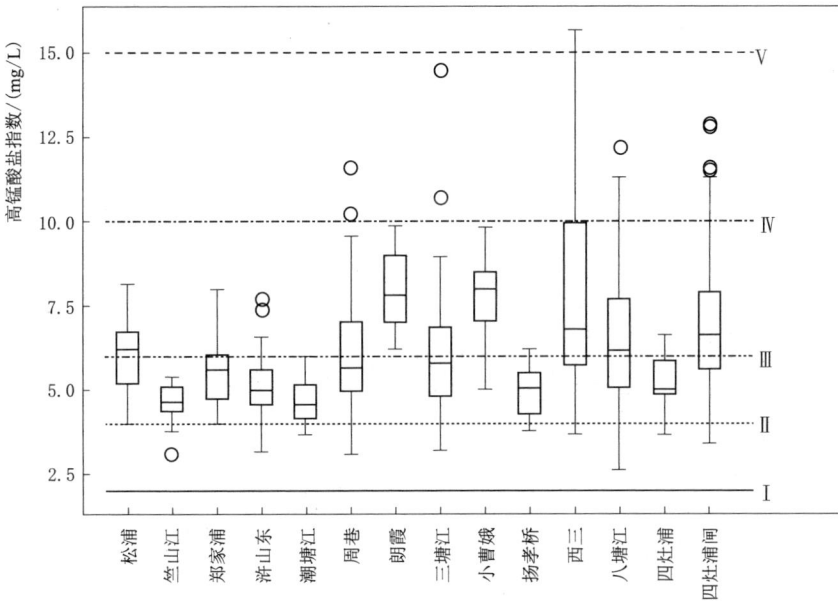

（c）高锰酸盐指数

图 4.6（二） 14 个水质站点 7 项水质参数浓度分布

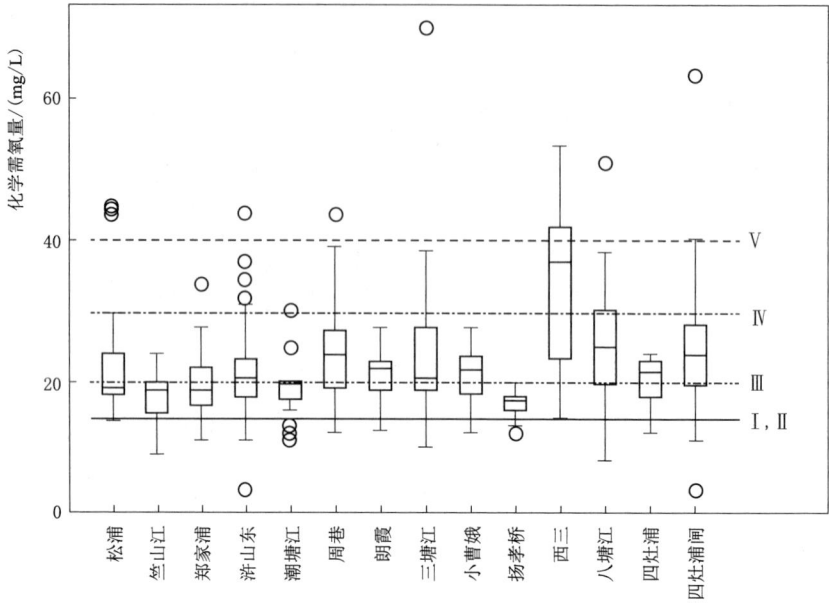

（d）化学需氧量

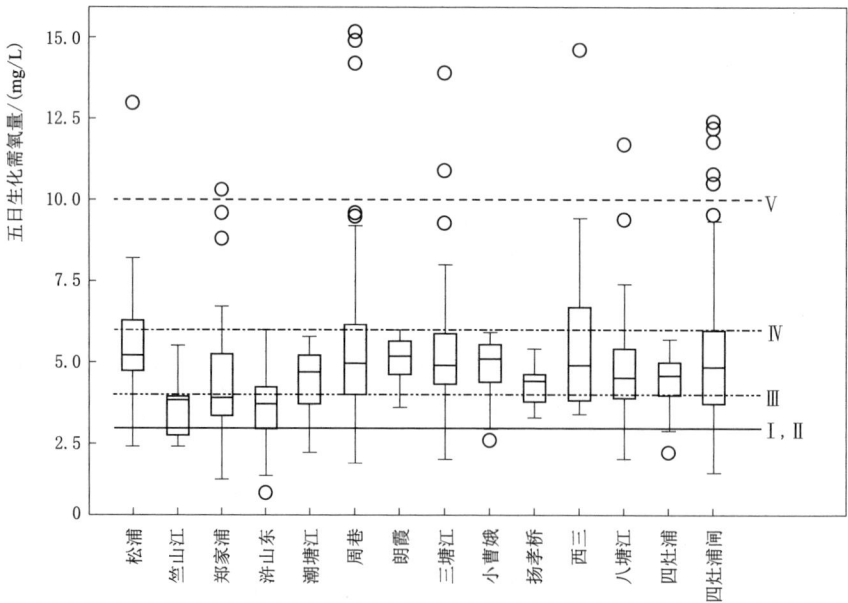

（e）五日生化需氧量

图 4.6（三） 14 个水质站点 7 项水质参数浓度分布

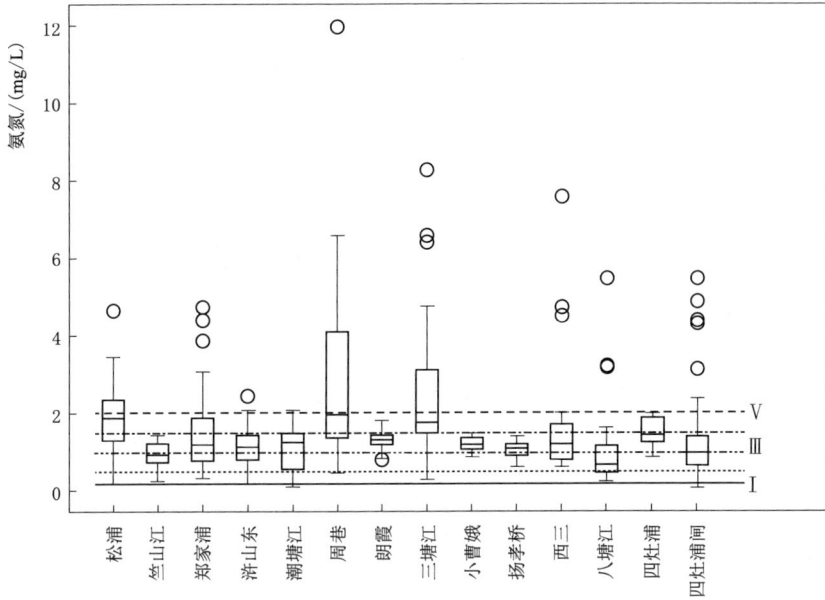

（f）氨氮

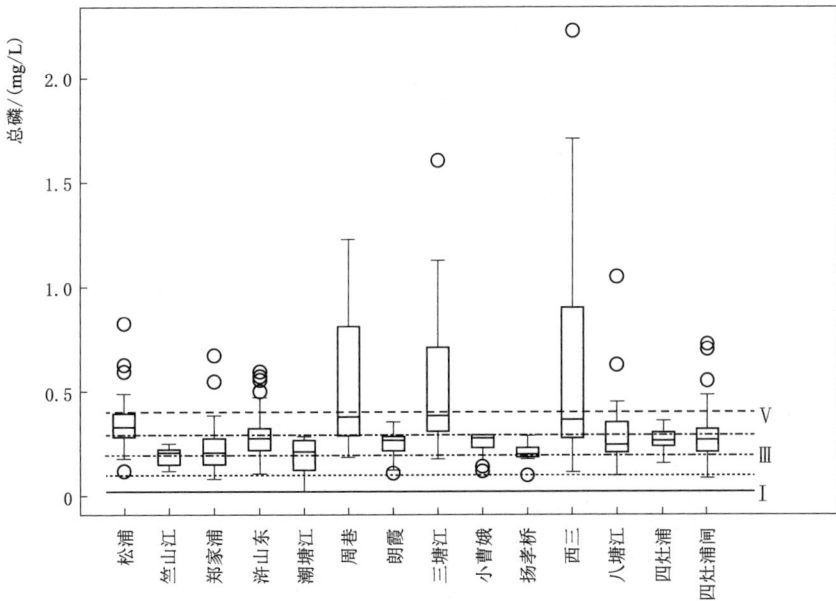

（g）总磷

图 4.6（四）　14 个水质站点 7 项水质参数浓度分布

由图 4.6（a）可知，pH 值除了个别站点的异常点之外，其余均处于 6～9 的标准范围内。

由图 4.6（b）可知，对于溶解氧指标，郑家浦、潮塘江、八塘江表现较好，属于 Ⅰ 类的概率较大（大于 3/4）；大部分站点基本属于 Ⅰ 类、Ⅱ 类、Ⅲ 类；浒山东属于 Ⅳ 类的概率大约为 1/4；周巷的指标最差，存在 Ⅴ 类甚至劣 Ⅴ 类的情况（概率约为 1/4）。

由图 4.6（c）可知，对于高锰酸盐指数指标，不存在 Ⅰ 类的站点；大部分站点属于 Ⅲ 类、Ⅳ 类；八塘江站点和四灶浦闸站点偶尔出现 Ⅴ 类的指标；西三站点情况最差，存在 Ⅴ 类和劣 Ⅴ 类指标的概率大约为 1/4。

由图 4.6（d）可知，对于化学需氧量指标，竺山江属于 Ⅰ 类的概率最大（接近 1/4）；大部分站点属于 Ⅰ 类、Ⅱ 类、Ⅲ 类、Ⅳ 类；八塘江站点和四灶浦闸站点出现 Ⅴ 类的概率为 1/4；西三出现 Ⅴ 类甚至劣 Ⅴ 类的概率大于 1/2。

由图 4.6（e）可知，对于五日生化需氧量指标，竺山江属于 Ⅰ 类的概率最大（超过 1/4），浒山东属于 Ⅰ 类的概率约为 1/4。总体来看，一半站点的水质均优于 Ⅳ 类；还有一半的站点存在 Ⅴ 类的情况，其中西三出现 Ⅴ 类的概率最大（超过 1/4）。

由图 4.6（f）可知，对于氨氮指标，不存在 Ⅰ 类的站点，竺山江、小曹娥、朗霞、扬孝桥属于 Ⅰ 类、Ⅱ 类、Ⅲ 类、Ⅳ 类；其余的站点均存在 Ⅴ 类或劣 Ⅴ 类的情况，其中松浦、周巷、三塘江出现 Ⅴ 类的概率较大（约为 3/4）。

由图 4.6（g）可知，对于总磷指标，几乎不存在 Ⅰ 类、Ⅱ 类的站点，除竺山江、小曹娥、扬孝桥外，其余的站点均存在 Ⅴ 类或劣 Ⅴ 类的情况，其中松浦、周巷、三塘江和西三站点出现 Ⅴ 类的概率较大（约为 3/4）。

总体来看，在 7 个指标中，站点的总磷、氨氮、五日生化需氧量指标不太理想。在 14 个站点中，西三站点的总体指标较差。对于每个指标，不同的河区均有表现较好与较差的地域，上述图中并未观察到优劣之分。

4.1.3　河流水质的时间差异

对 5 个河区污染物的年均情况进行研究，结果表明：东河区的总磷指标和 pH 值指标较为平稳，高锰酸盐指数指标从 2012 年后呈下降趋势，化学需氧量在 2014 年达到峰值后逐年下降，其他指标均呈现上升—下降—上升的波动趋势，推测是因为反复治理未果。中河区的大部分指标都比较平稳，化学需氧量指标在 2015 年达到峰值后逐年下降。西河区南部的大部分指标都比较平稳，化学需氧量指标和高锰酸盐指数指标逐年递减。西河区北部的大部分指标逐年波动，但变化幅度较小；化学需氧量指标出现大幅度波动，但总体呈现下降趋势。西北河区的大部分指标处于上升—下降的波动状态；化学需氧量指标出现大幅度波动,但总体呈现下降趋势。

总体来说,西河区南部的化学需氧量指标总体呈现下降的波动趋势,其他河区的化学需氧量指标总体呈现先上升后下降的波动趋势;所有河区的总磷指标基本不变,其他指标逐年变化,但变化幅度不大。

水质指标在年内受到多重因素的影响,考虑到气温及来水情况变化,按照水文条件将研究区水质指标在时间上分为干季(11月至次年3月)和湿季(4—10月)。5个河区的溶解氧、高锰酸盐指数、化学需氧量、五日生化需氧量、氨氮和总磷指标在干、湿季的对比情况如图4.7所示。

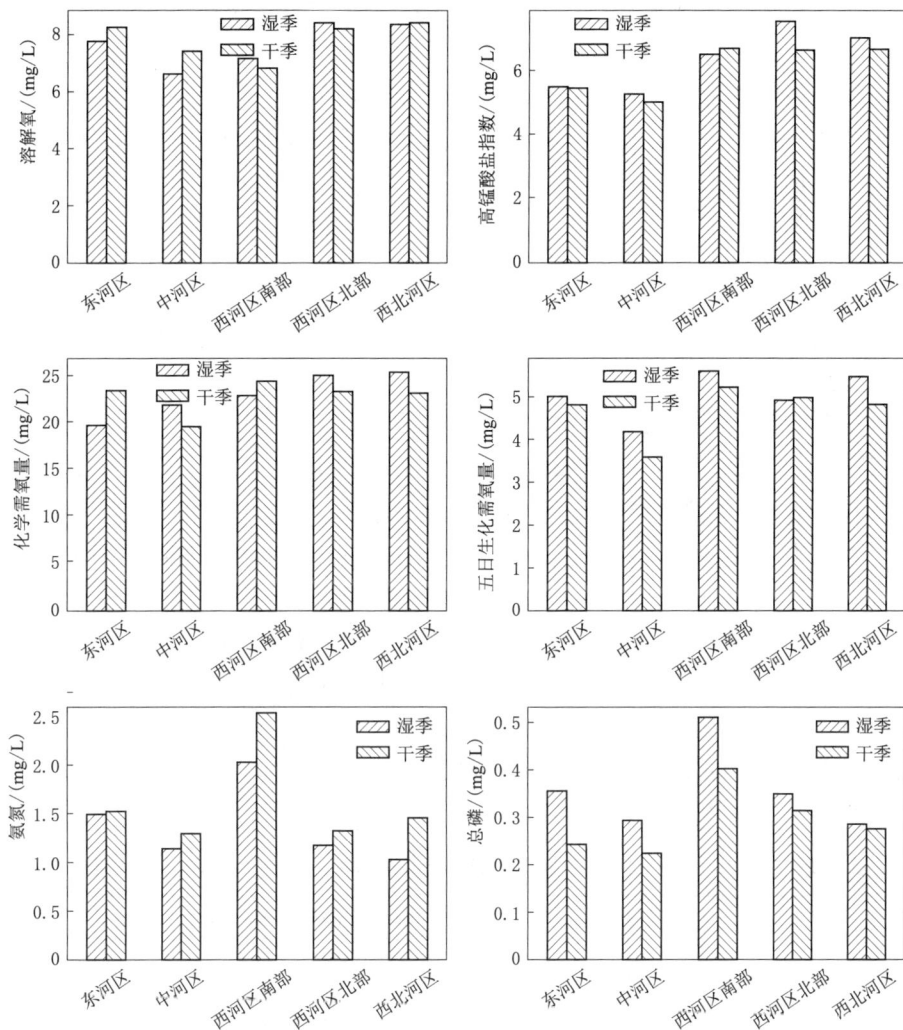

图 4.7　5 个河区 6 种主要污染物指标干湿季对比

在干季，5 个河区的五日生化需氧量、总磷均有所下降，而氨氮却呈上升状态；东河区、中河区和西北河区的溶解氧有所上升，而西河区南部和西河区北部的溶解氧却有所下降；西河区南部的高锰酸盐指数在干季上升，其他 4 个河区的高锰酸盐指数均在干季有所下降；东河区和西河区南部的化学需氧量在干季有所上升，其他河区的化学需氧量在干季有所下降。

4.2 河网产汇流及河道水量模拟

研究区汛期长达 6 个月（4 月 15 日至 10 月 15 日），其中主汛期包括了梅汛期和台汛期，汛期降雨是平原河网水量更新的主要途径。梅汛期冷暖空气频繁在区域上空交汇滞留，容易形成持续降雨天气；台汛期，台风的登陆或近海转向常常会带来丰沛的降水。现有国家基本雨量站 3 处，分别为观海卫站、浒山站和庵东站，各观测点资料起始年份和观测年限不一，具体见表 4.1。

表 4.1　　　　　　　　各 观 测 点 资 料 情 况

序号	观测站	河　区	观测年限
1	观海卫	东河区	1951—2014 年
2	浒山	中河区	1956—2020 年
3	庵东	西北河区	1958—2014 年

由于各测站雨量资料起始年份和观测年限不一，对资料系列较短的雨量站，参考临近的参证站进行插补延长，得到 1956—2020 年的所有站雨量资料。

进行暴雨频率计算时，首先根据雨量站分布位置按照工程水文学计算方法做泰森多边形，采用面积加权平均计算得到研究区逐日面雨量，再以 1 日、3 日为统计时段，进而得到逐年最大 1 日、3 日、7 日的面雨量系列，采用皮尔逊Ⅲ型曲线进行适线，得到各河区各种设计频率下的 1 日、3 日、7 日面雨量。计算成果见表 4.2。

表 4.2　　　　　　　　各河区暴雨计算成果　　　　　　　　单位：mm

河区	时段	各频率暴雨计算成果				
		1%	2%	5%	10%	20%
东河区	H_{1d}	269.8	235.7	190.3	155.8	122.0
	H_{3d}	372.0	324.3	261.8	215.0	168.2
	H_{7d}	454.5	401.2	331.3	277.8	223.9

河区	时段	各频率暴雨计算成果				
		1%	2%	5%	10%	20%
中河区	H_{1d}	241.7	210.9	170.3	139.7	109.3
	H_{3d}	387.4	338.0	272.9	223.9	175.2
	H_{7d}	457.2	404.3	333.9	280.0	225.7
西河区、西北河区	H_{1d}	217.1	189.6	153.0	125.4	98.1
	H_{3d}	385.4	336.0	271.3	222.7	174.4
	H_{7d}	438.3	386.9	319.5	268.0	215.9

为进行暴雨结果合理性分析，将本次暴雨计算成果与《慈溪市骨干河网总体规划（2016—2035)》及《甬江流域防洪治涝规划》中设计暴雨成果进行比较分析，结果相差均不超过4%。考虑到本次暴雨计算是根据实测暴雨资料分析计算，资料系列较长，且与之前计算成果较为接近，因此本次暴雨计算的成果是合理、可信的。

暴雨时程分配计算是在统计的暴雨数据中选择降水量大，能反映流域暴雨特性的暴雨过程作为典型暴雨。经分析比较，认为"620831"（1962年8月31日）暴雨降水量大，且空间分布与全流域多年平均暴雨分布情况比较接近，最具较好的代表性，选择其作为典型暴雨。采用"620831"暴雨实测时段的雨量过程作为典型雨型，以1h为控制时段进行时程分配，雨量代表站仍然选用暴雨频率计算时所选择的雨量站。

1. 产流分区

各河区根据下垫面条件、防洪区划、行政区划的不同，划分成7个洪水计算单元，具体见表4.3，分布位置见图4.8。其中，中河区和东河区南片接纳了上游山区来水，如图4.8（b）所示。

表4.3　　　　　　　　产 流 分 区 情 况　　　　　　　单位：km^2

河　区	产 流 分 区	流 域 面 积
东河区	东河区北片	193
	东河区南片	124
	小计	317
中河区	中河区北片	183
	中河区南片	148
	小计	331

河　区	产流分区	流　域　面　积
西河区、西北河区	西河区北片	107
	西河区南片	92.9
	西北河区	173
	小计	373

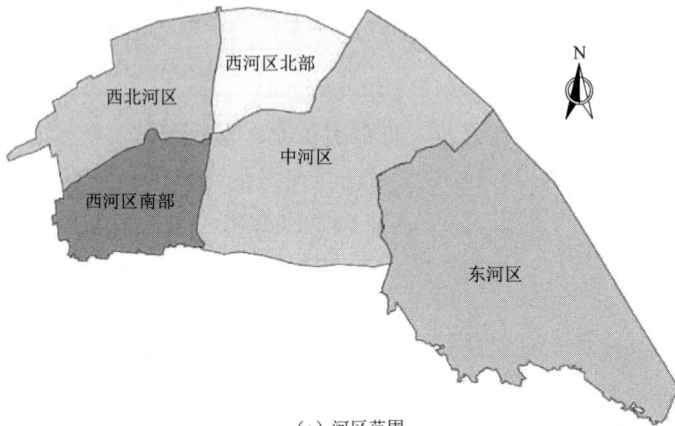

（a）河区范围

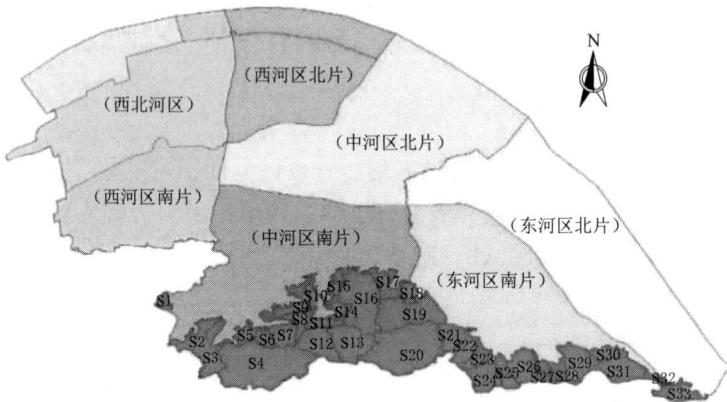

（b）产汇流计算单元

图 4.8　产流分区示意图

2. 产流计算

在产汇流计算中，结合流域的下垫面实际情况，将流域分为水面、城镇、水田、旱地及非耕地 4 种下垫面。其中，水面按水量平衡方程由降雨扣除水面蒸发推求产水量；水田考虑农作物的不同生长期的需水深度、耗水系数及灌排方式推求灌排水量；旱地及非耕地净雨采用新安江模型计算；城镇则划分为不透水面积和透水面积两部分，不透水面积由降雨扣除洼地蓄水及蒸发，剩余部分全部为地表径流，透水面积按新安江模型计算产流量。不同设计频率下的产流计算结果见表 4.4。

表 4.4　　　　　　　　　各河区产流计算成果　　　　　　单位：万 m³

序号	产流分区	不同频率产水量（7 日）			
		1%	2%	5%	10%
1	西北河区	6897.7	6000.6	4824.3	3939.8
2	西河区南片	3768.4	3294.9	2656.9	2182.4
3	西河区北片	4286.7	3738.6	3016.0	2469.0
4	中河区北片	7664.6	6706.5	5426.5	4438.0
5	中河区南片	6227.2	5453.4	4422.7	3616.6
6	东河区北片	8097.8	7077.6	5728.6	4698.3
7	东河区南片	5230.1	4570.2	3698.0	3033.0

3. 汇流计算

研究区为平原，汇流计算均为河网汇流。但是中河区南片和东河区南片接纳上游山区来水，需要计算坡面汇流作为边界条件。由于山区集水面积均小于 50km²，山区汇流计算采用浙江省推理公式法。部分分区内有水库，汇流计算所得过程经过水库调洪演算，计算出水库下泄流量过程，再通过马斯京根法进行河道汇流演算，得出进入平原区的洪水流量。推理公式

$$\begin{cases} Q = \dfrac{0.278 F h_\tau}{\tau} \\ \tau = \dfrac{0.278 L}{m J^{1/3} Q^{1/4}} \end{cases} \tag{4.1}$$

式中　Q——洪峰流量，m³/s；

F——集水面积，km²；

h_τ——净雨深，mm；

τ——汇流历时，h；

L——主流长度，km；

m——汇流系数；

J——主流坡度。

南部山区汇流计算结果见表 4.5。

表 4.5　　　　　　　　　　南部山区汇流计算成果　　　　　　　　单位：m³/s

河区	$P=1\%$	$P=2\%$	$P=5\%$	$P=10\%$
中河区（山区）	867.3	765.3	613.1	496.6
东河区（山区）	858.0	757.0	605.1	505.1

降雨是平原河网地区河道水量更新和水质改善的最主要途径，强降雨对水体污染的含量也有较大影响。连心桥等人定量研究了大浦河和殷村港河道在强降雨过程中氮、磷浓度的变化特征[166]。一般强降雨发生后，由于地表冲刷作用，平原河网水体中氮、磷浓度会有所增加，流域面积越小，流程越短，其响应速度越快。但是，由于强降雨同时带来较大的入河水量，一些污染物浓度会有所降低，从总体来看，浓度波动并不明显。地表水体对洪水的响应特征同时还受到河道两岸土地利用类型及分布的影响。因此，洪水计算成果和平原河网河道常水位均应该作为河道水量输入的边界条件。

4.3　生态调水措施对河流水质的影响分析

最早通过水资源调度进行河道水质改善的工作开始于日本。为了改善东京隅田川的水质，1964 年从利根川和荒川引入了 16.6m³/s 的清洁水，1975 年日本继续开展河流间的水量调度，引入其他河流的清洁水净化了新町川、中川、和歌川等 10 条河流。通过引水来进行水环境修复的方法在其他国家也有比较广泛的应用，如荷兰 Veluwemeetr 湖引换水工程、美国引密西西比河入 Pontchartrain 湖的引水工程、美国 Moses 湖水量置换工程等，使湖泊水质得到了明显改善。美国、日本、俄罗斯和欧洲一些国家均在相关法案中均提出维持河道最小生态流量的要求，通过控制河道流量的方法来确保河道的水质目标。

我国通过调水措施来改善区域水质的相关研究和工程措施都比较成熟，例如上海河道引清调水工程、杭州市区引水工程、南京城市内河引水工程、福州市内河调水工程等，均取得了一定的生态改善效果。吴浩云针对太湖流域存在的水问题，通过引江济太调水试验和数值模拟相结合的方法，研究可以提高河湖水生态系统承载能力的方法[167]。

引水和配水工程作为保证供水和改善平原河网区水质状况的重要技术手段，应用比较广泛。本书所选研究区处于浙江省"浙东引水工程"覆盖范围以内。"浙东引水工程"的任务是从富春江引水向浙东地区补充工业和农灌等一般用水量，并兼顾水质改善。工程通过萧山枢纽、曹娥江大闸枢纽、曹娥江引水至慈溪北部平原河网，所引水量经余姚七塘横江、四塘横江向东进入慈溪境内的八塘横江、三塘横江至陆中湾。研究区内主要利用八塘横江、三塘横江输水。八塘横江七塘闸至陆中湾长约 20km，河面宽 80m；三塘横江四塘闸至陆中湾长约 12.5km，河面宽约 45m。

为分析生态调水措施对研究区平原河网水质的影响，参考《浙东引水工程试通水水质水量监测分析报告》的内容，对浙东引水工程通水期间的水质水量监测结果进行分析。通水实验于 2013 年 3 月 5 日 10 时开始，3 月 25 日 16 时结束，历时 21 天。通水期间，对西三塘横江、东横河（上、下）、陆中湾泵站的水位，四塘闸、七塘闸的流量，四塘闸、七塘闸、陆中湾泵站的水质进行了监测。监测断面信息见表 4.6。

表 4.6　　　　　　　　　　水量、水质监测断面信息

断面名称	河流	经度	纬度	断面类型
四塘闸	四塘横江	121°05′21″	30°13′27″	余姚—慈溪北线引水交界断面
七塘闸	七塘横江	121°03′12″	30°14′41″	余姚—慈溪南线引水交界断面
陆中湾泵站	八塘横江	121°14′16″	30°18′48″	慈溪区域断面

4.3.1　水量监测

引水经四塘闸和七塘闸从余姚市进入慈溪平原河网。从 3 月 5—25 日，各断面流量每天实测一次。监测期间，区域累计平均降雨量为 98mm，平均日降水量大于 0.5mm 的降水日数为 14d；河网平均水位为 2.40m，陆中湾泵站水位在 1.78～2.58m 之间运行，最高水位为 2.68m。

平均引水流量为 25.9m³/s；最大日平均流量为 32.3m³/s，出现在 3 月 24 日和 25 日；最小日平均流量为 20.7m³/s，出现在 3 月 6 日。四塘闸平均流量为 6.2m³/s；最大日平均流量为 6.8m³/s，出现在 3 月 10 日和 14 日；最小日平均流量为 5.7m³/s，出现在 3 月 23 日。七塘闸平均流量为 19.7m³/s；最大日平均流量为 25.7m³/s，出现在 3 月 24 日；最小日平均流量为 14.6m³/s，出现在 3 月 6 日。两监测断面日引水量见表 4.7。

表 4.7　　　　　　　　　两监测断面日引水量　　　　　　　　单位：万 m³

日　期	日　引　水　量	
	四塘闸	七塘闸
3 月 5 日	56	132
3 月 6 日	53	126
3 月 7 日	54	138

续表

日　　期	日　引　水　量	
	四塘闸	七塘闸
3 月 8 日	57	149
3 月 9 日	58	150
3 月 10 日	59	148
3 月 11 日	57	143
3 月 12 日	52	130
3 月 13 日	54	142
3 月 14 日	59	182
3 月 15 日	56	205
3 月 16 日	52	209
3 月 17 日	51	211
3 月 18 日	52	188
3 月 19 日	55	185
3 月 20 日	56	209
3 月 21 日	52	191
3 月 22 日	53	213
3 月 23 日	49	212
3 月 24 日	56	222
3 月 25 日	58	221
断面合计	1149	3706
行政区界合计	4855	

4.3.2 水质改善效果分析

引水经四塘闸和七塘闸从余姚市进入慈溪境内，流经陆中湾泵站。从 3 月 5—25 日，各断面水质每 5d 监测一次，并与引水开始之前（2 月 19 日，2 月 28 日）和引水关闭之后（3 月 30 日）各加测一次。对各监测断面历次水质状况进行单因子评价和综合评价。从综合评价结果看，断面的水质呈先变优再变差的过程，具体水质级别见表 4.8。

对各监测断面的主要水质污染项目（高锰酸盐指数、氨氮、总磷）进行分析。水质分析以引水开始前（2 月 19 日）监测值作为背景值，将试通水期间历次监测值与背景值做比较，计算各主要水质污染项目浓度的增减幅度。

表 4.8　　　　　　　　　　水 质 评 价 结 果

日期	断面	溶解氧	高锰酸盐指数	五日生化需氧量	氨氮	总磷	综合评价
2月19日引水前	四塘闸	I	II	V	IV	劣V	劣V
	七塘闸	I	IV	劣V	劣V	劣V	劣V
	陆中湾泵站	I	IV	IV	劣V	V	劣V
2月28日引水前	四塘闸	I	II	劣V	IV	劣V	劣V
	七塘闸	I	IV	劣V	劣V	劣V	劣V
	陆中湾泵站	I	IV	劣V	劣V	劣V	劣V
3月5日	四塘闸	IV	III	IV	劣V	劣V	劣V
	七塘闸	IV	IV	IV	劣V	劣V	劣V
	陆中湾泵站	I	II	劣V	劣V	劣V	劣V
3月10日	四塘闸	IV	III	III	IV	IV	IV
	七塘闸	II	II	III	IV	V	V
	陆中湾泵站	II	III	IV	IV	IV	IV
3月15日	四塘闸	IV	III	IV	V	V	V
	七塘闸	I	III	I	IV	IV	IV
	陆中湾泵站	II	III	III	V	IV	V
3月20日	四塘闸	V	III	IV	V	V	V
	七塘闸	II	III	III	IV	V	V
	陆中湾泵站	II	III	I	IV	IV	IV
3月25日	四塘闸	劣V	III	IV	劣V	劣V	劣V
	七塘闸	III	III	III	V	V	V
	陆中湾泵站	III	III	III	劣V	劣V	劣V
3月30日引水后	四塘闸	IV	III	IV	劣V	劣V	劣V
	七塘闸	I	IV	劣V	劣V	V	V
	陆中湾泵站	II	IV	劣V	劣V	劣V	劣V

各断面高锰酸盐指数、氨氮、总磷、总氮浓度指数的增减幅度见表 4.9。

表 4.9　　　　　　　　三断面污染指数增减幅度　　　　　　　　　%

污染项目	日期	2月28日	3月5日	3月10日	3月15日	3月20日	3月25日	3月30日
高锰酸盐指数	四塘闸	28.3	60.2	33.1	73.7	67.3	133.5	132.7
	七塘闸	1.7	39.3	−63.2	−50.4	−51.3	−45.5	−29.5
	陆中湾泵站	−25.1	−67.2	−44.8	−44.9	−54.1	−46.4	−21.7

续表

污染项目	日期	2 月 28 日	3 月 5 日	3 月 10 日	3 月 15 日	3 月 20 日	3 月 25 日	3 月 30 日
氨氮	四塘闸	14.0	134.7	2.5	47.9	43.8	73.6	109.1
	七塘闸	31.0	−11.1	−65.7	−60.8	−59.9	−44.9	−6.6
	陆中湾泵站	84.5	67.5	−57.4	−50.2	−65	−32.5	−1.9
总磷	四塘闸	31.1	6.0	−39.7	−24.5	−22.1	21.0	7.1
	七塘闸	−14.0	−61.3	−78.9	−84.3	−79.5	−75.5	−63.8
	陆中湾泵站	121.0	152.8	−16.2	−21.9	−33.8	15.3	71.9

由表4.9可见，试通水期间，四塘闸进水高锰酸盐和氨氮浓度指数均有较大幅度上升，七塘闸进水高锰酸盐和氨氮指数呈现先上升再下降的趋势，但是下降幅度逐渐减小。最终到达陆中湾泵站后，高锰酸盐浓度指数均有大幅度下降，平均降幅达到43.5%；陆中湾泵站的氨氮浓度呈先上升再下降的趋势，最终与引水前基本持平。七塘闸的总磷指标呈不断下降的趋势，四塘闸和陆中湾泵站的总磷均呈先上升再下降再上升的趋势。

试通水期间，整个引水系统中高锰酸盐指数、氨氮、总磷均有较大幅度降低，但是由于引水线路较长，慈溪平原河网处于浙东引水系统的末端，余姚河网的来水水质变化大，引水终端水质表现出很大的不确定性。

由上述分析可知，陆中湾泵站断面水质波动较大，主要污染项目高锰酸盐指数和氨氮浓度的平均减幅分别为43.5%和7.9%，但总磷的平均增幅达到41.3%。该断面主要污染物浓度减幅最大的时段出现在3月20日，所有污染物浓度均下降，是本次试通水试验水质改善效果最明显的时段。之后出现主要污染物浓度不同程度上升的现象。引水系统中其他测站也表现出相似的规律，通水实验期间引水沿线断面的水质呈先变优再变差的过程。

2010—2020年的水质实际监测成果表明：研究区平原河网水质普遍较差。2016年之前基本为Ⅴ类～劣Ⅴ类水体；2017年之后逐渐好转，大多为Ⅳ类～Ⅴ类水体；到2020年，部分断面达到Ⅲ类标准。

2016年之前，浙东引水工程慈溪北部段运行期间，河网水质并未出现根本性好转，改善河网水质的需求仍十分迫切。根据《曹娥江至慈溪引水工程河网水质预测》的研究结果，通过建立模型预测了各引水水质目标条件下河网污染负荷的允许排放量，以引水浓度 NH_3-N 为 0.75mg/L 为例，若要达到引水河道Ⅲ类、河网平均浓度Ⅲ类，沿线地区污染物需要削减51%，才能保证河网中主输水河道及河网平均浓度均达Ⅲ类；若要达到引水河道Ⅲ类、河网平均浓度Ⅳ类，沿线地区 NH_3-N 要求削减37.3%；若要达到引水河道Ⅳ类、河网平均浓度Ⅳ类，沿线地区 NH_3-N 要求削减16.3%。

由此可见，仅依靠生态调水措施并不能有效改善地表水体水质。削减部分负荷和拓宽河道也难以使平原河网水质平均值达到Ⅲ类。只有多种措施并用，才有可能达到水功能区水质指标。

根据流量资料，参考通水后实地调研的调水过程中的水质变化情况，结果表明：调水对研究地区水质的改善存在时空异质性，对氨氮浓度的影响最明显，调水结束后水质又恢复到调水前水平。工业、生活污水的排放及面源污染等人类活动是造成本地水质恶化的主要原因。

4.4　区域水体污染负荷调查与驱动力分析

4.4.1　污染源调查

滨海平原河网无论是污染排放总量还是环境质量均处于高位污染状态，由于目前污染物总量分配和流域容量计算标准尚不明确，计算方法和总量指标分配都需要充分考虑区域之间环境和资源等方面的差异，进行充分调查和分析，按照地区情况进行总量控制。同时，为了避免污染物浓度控制所引起的不合理的废水稀释，有效降低区域污染治理费用，需要根据水环境的质量目标对区域内各污染源的污染物排放总量实施控制和管理。根据环保部门提供的数据，统计得到地区废水和主要污染物排放统计见表 4.10。

表 4.10　2009—2020 年废水和主要污染物排放统计

年份	废水排放量/亿 t	工业废水比例/%	化学需氧量/万 t	化学需氧量工业排放比例/%	氨氮/万 t	氨氮工业排放比例/%	工业排放石油类/t
2009	0.59	39.2	0.89	—	0.06	—	—
2010	0.63	39.6	0.82	50.5	0.07	40.9	—
2011	0.73	35.6	1.44	27.7	0.29	7.1	23.70
2012	0.74	35.7	1.37	29.4	0.28	7.2	12.60
2013	0.74	35.0	1.28	31.2	0.27	7.3	8.52
2014	0.82	27.0	1.23	33.0	0.26	7.5	6.63
2015	0.86	25.0	1.12	25.2	0.25	5.5	9.84
2016	0.97	22.0	0.81	25.4	0.20	6.1	9.65
2017	0.99	19.1	0.65	24.5	0.18	4.5	4.43
2018	1.04	19.2	0.63	22.9	0.17	3.4	5.99
2019	1.07	19.5	0.61	21.3	0.17	3.2	7.70
2020	1.09	—	0.28	—	0.02	—	—

由于研究区河网氨氮是污染比最严重的因子,本书以氨氮为例对污染负荷进行专项分析。污染源调查以环保系统提供的污染源统计资料为基础,参照相关技术标准或研究成果,分类进行测算。研究区域 2021 年入河污水排放量统计结果见表 4.11。

表 4.11　　　　　　　　　入河污水排放量统计　　　　　　　　单位:万 t/a

年份	生活污水	工业废水	畜禽养殖污水	合计
2021	8926	2271	157	11354

主要入河污染源包括以下几种类型。

1. 生活污染物

根据《关于 2021 年一季度农村生活污水治理工作情况的通报》,全市农村生活污水治理覆盖率仅为 30.41%。部分区域基础条件较差,污水支线管网覆盖程度较低,农贸市场、建筑工地、企事业单位等产生的污水尚不能纳管。尚存在城镇老旧地下管网破损率高,河道内截污渠淘汰进程较慢,老旧小区阳台废水改造不到位,雨污分流、截污纳管整治不彻底等问题。沿街店铺截污纳管不到位,小餐饮、洗浴、美容美发、洗车、小宾馆、洗涤等六小行业的沿街店铺,在城镇排水设施覆盖范围内的尚有部分店铺还未纳管,城镇排水设施未覆盖区域的沿街店铺产生的污水更难以收集和处理,大量污水或渗入地下,或流入周边河道。部分农贸市场尚未治理,在农贸市场周边往往聚集数十家沿街店铺,部分农贸市场雨污分流、截污纳管不彻底,有些甚至尚未开展雨污分流改造,雨污混接严重,一旦下雨,污染物全部进入河道。

本次计算中,生活污染物包括城市、农村生活污水和服务业、城镇公共等行业产生污水中的污染物。生活污染物氨氮入河量按下式计算

$$W_生 = (W_{生P} - \theta_1)\alpha_1\beta_1 \tag{4.2}$$

式中　$W_生$——生活污染物氨氮入河量;

　　　$W_{生P}$——生活污染物排放入环境的量,由环保局提供资料;

　　　θ_1——经污水处理厂处理后排入河网的污染物量,根据现有污水处理厂的实际处理水量、生活污水比例、出水水质、受纳污水区域统计分析后确定;资料来源为《慈溪市域污水处理设施规划 2018》《浙江省水污染防治条例》《慈溪市域总体规划》《慈溪市农村污水治理三年行动计划 (2014—2016)》《慈溪市水污染防治五年规划 (2017—2021 年)》《慈溪市农村生活污水治理提质扩面三年行动计划 (2017—2019)》《慈溪市中心城区排水 (雨水) 规划》和历年《宁波市环境状况公报》等;

　　　α_1——生活污染物排入内河比例;

β_1——污染物入河系数，根据城镇乡村差异、排水管渠类型、离江河距离等取值。

污水量计算一般有两种方法：①根据生活、服务业用水总量、经污水处理厂处理排江的量、入内河量的比例进行估算；②根据氨氮排放量、生活污水氨氮浓度反算。由于服务业用水量没有获得详细数据，而污水处理厂处理污水中往往混入雨水、河水和地下水，实际上生活污水占比缺乏具体数据，因此污水量根据第二种方法，利用生活污水氨氮浓度反算。根据《慈溪市水污染防治五年规划》（2017—2021年）折算得到氨氮平均浓度高于《慈溪市域污水处理设施规划2018》中污水处理厂的平均进水氨氮浓度。两者的区别可能在于，浙江省实施"五水共治"后，水体污染情况得到了有效遏制，并且污水处理厂进水中往往混入雨水、河水、地下水等，使平均浓度降低。本次计算取两者平均值40mg/L。

生活污水入河排放量8926万t/a，经计算得到入河氨氮污染量4075t/a。

2. 工业污染物

截至2021年，区域内"低小散"企业数量庞大（工商注册企业15.20万家，涉及环境污染行业企业3.11万家，其中个体工商户达2.10万家，占比达67.59%），且工业企业分布零散，入园率仅为20%，存在排污面广量大、难于监管等问题。

工业污染物氨氮入河量按下式计算

$$W_{\text{工}} = (W_{\text{工}P} - \theta_2)\alpha_2\beta_2 \tag{4.3}$$

其中　　　$\alpha_2 = \dfrac{\text{排入内河量}}{\text{排入内河量} + \text{未经污水处理厂直接排江的量}}$

式中　$W_{\text{工}}$——工业污染物氨氮入河量；

$W_{\text{工}P}$——工业污染物排放入环境的量，由环保局提供资料；

θ_2——经污水处理厂处理后排入河网的污染物量；

α_2——工业污染物排入内河比例，α_2的计算参考《慈溪市水污染防治五年规划（2017—2021年）》；

β_2——污染物入河系数，根据排水管渠类型、离江河距离等取值。

工业废水入河排放量为2271万t/a，经计算得到入河氨氮污染量为279t/a。

3. 畜禽养殖污染物

畜禽养殖污染物氨氮入河量采用下式计算

$$W_{\text{畜禽}} = W_{\text{畜禽}P}\beta_3 \tag{4.4}$$

式中　$W_{\text{畜禽}}$——畜禽养殖污染物氨氮入河量；

$W_{\text{畜禽}P}$——畜禽养殖污染物排放量；

β_3——畜禽养殖入河系数。

$W_{\text{畜禽}P}$ 参照《全国饮用水水源地环境保护规划》中推荐的方法，根据各分区养殖畜禽的种类、数量和产污系数进行测算。入河系数取 $0.6 \sim 0.9$。畜禽养殖情况资料来自各年《宁波市统计年鉴》。各区块根据调查得到的养殖场数目比例或人口数分摊。畜禽养殖污染物排放量详细计算公式为

$W_{\text{畜禽}}$＝畜禽养殖头数×单头畜禽产粪（尿）量×粪便污染物平均浓度×β_3

畜禽养殖污水入河排放量为 157 万 t/a，经计算得到入河氨氮污染量为 658t/a。

4. 农业面源污染

农业面源污染主要来自农业耕作的化肥、农药。目前农业种植由于缺乏科学的农技指导，造成化肥和农药流失并随地表径流和雨水冲刷进入河道，成为水体污染的重要贡献因子之一。参照《全国饮用水水源地环境保护规划》推荐的方法，农药化肥污染物流失量计算公式如下

$$W_{\text{农}} = M\gamma_1\alpha_4\beta_4 \tag{4.5}$$

式中　$W_{\text{农}}$——农田污染物氨氮入河量；

　　　M——标准农田面积；

　　　γ_1——非标准农田修正系数；

　　　α_4——标准农田排污系数；

　　　β_4——农田污染物入河系数。

标准农田指的是平原、种植作物为小麦、土壤类型为壤土、化肥施用量为 $25 \sim 35 \text{kg}/(\text{亩·年})$、降水量在 $400 \sim 800\text{mm}$ 范围内的农田。标准农田源强系数为氨氮 $2\text{kg}/(\text{亩·年})$。对于其他农田，对应的源强系数需要根据坡度、农作物类型、土壤类型、化肥施用量、降水量进行修正。

农地面积、化肥施用量数据来自宁波市统计年鉴、各片区土地利用规划等。根据各区块农田实际情况，计算农田氨氮流失量。

经计算得到农业面源入河氨氮污染量 1800t/a。

5. 地表径流污染物

地表各类污染物和天然雨水中的污染物随降雨径流进入河道水系，形成地表径流污染。目前城市地表径流污染控制力度不强，大量的生活源、工业源、农业源、交通源等污染物质，晴天附着在路面、屋顶、植被、广场等各类场地上，雨天特别是大暴雨时随地表径流汇入周边河道，严重影响河道水质。污染物入河量计算公式如下

$$W_{\text{地表}} = A_{\text{地表}}\,PrC \tag{4.6}$$

式中　$W_{地表}$——地表径流污染物氨氮入河量；

　　　$A_{地表}$——下垫面的面积；

　　　P——年净雨量；

　　　r——径流系数；

　　　C——各类下垫面雨水平均污染物浓度。

城市地表径流污染物来源分为三部分：一是地表沉积物，二是合流制排水管道沉积物，三是天然雨水中的污染物。排水管道沉积物主要来自城镇污水，以有机颗粒为主，也含有厨房、生活垃圾中的大粒径残渣和有机固体物质。污水在管道系统中不可避免地发生沉积作用。在降雨期间，雨水将平时沉积在管道底部的含有污染物的沉积物冲刷进入自然水体。

有相关调研表明，相关地区60%的排水管道中存在沉积物，15%的管道中沉积物量较大，沉积物占排水管道容积的比例大于15%，而暴雨时受纳水体污染负荷的30%～80%都来源于溢流排放的管道[168-174]。本次测算过程将合流制排水管道沉积物合并进行考虑，城市地表径流污染物浓度的取值参照相关研究成果，取值范围为1.02～2.15mg/L；根据合流制管网沉积物污染负荷所占比例、合流制管网覆盖率计算城市地表径流污染物总量。其他区域径流氨氮浓度参照相关资料，取值范围为0.95～2.84mg/L。

城市径流下垫面面积不仅包括城市建成区面积，也包括郊区农村屋面、硬化地面面积。此数据的获取方法如下：首先将CAD水系图和遥感影像合并；然后将图上所有显示屋面、路面等硬化地面的区域用多段线围合；最后计算所有多段线围合区域的总面积。根据《室外排水设计规范》，同时参考相关资料[175-179]，硬地径流系数取0.835，其他区域径流系数取0.418。

经计算得到地表径流入河氨氮污染量为2195t/a。

6. 内源污染物

河道沉积的底泥在人为扰动或水流冲刷以及水温水质条件发生变化时，部分有机污染物可重新释放于水体，使河流水体受到不同程度的污染[180]。其释放量计算公式如下

$$W_{底泥} = A\beta_5 \tag{4.7}$$

式中　$W_{底泥}$——底泥释放污染物氨氮入河量；

　　　A——水域面积，数据来源为遥感调查成果；

　　　β_5——底泥污染释放率，$mg/(m^2 \cdot d)$，底泥释放率参照相关资料的

　　　　　研究成果，取值范围为0.016～0.047$mg/(m^2 \cdot d)$。

经计算得到内源污染物释放入河氨氮污染量为448t/a。

2021年入河氨氮污染量统计结果见表4.12。

表 4.12　　　　　　　　　入河氨氮污染量统计　　　　　　　　单位：t/a

年份	生活污水	工业废水	畜禽养殖	地表径流	农业面源	内源污染	合计
2021	4075	279	658	2195	1800	448	9456

4.4.2　水体污染驱动力分析

过去十年间，区域经济持续快速增长给水体带来了巨大的压力。在水环境容量已经饱和的情况下，随着人口数量和人均生产总值的持续增加，工业废水和生活污水排放总量也呈现逐年增加的趋势，污染物的大量排放进一步加大了水质改善的难度。

生活污水和农业污染量大、面广，治理比较困难。全市平原河网主要江河均受到生活污水、地表径流和农业面源污染的影响，城镇和农村生活污水处理设施仍然滞后，污水处理能力和城乡扩建规模不成比例，污水的深度处理能力不足。

研究区地处平原河网，而且工业发达，人口密集，虽然近十年环保建设及水质监管不断加强，但生活污水处理能力不足、工业企业偷排漏排以及超标排放的现象仍然难以完全杜绝，这也是造成区域水质长时间得不到明显改善的重要原因。污染源治理的难点总结如下。

（1）自然因素。受到区位条件的限制，一般滨海平原河网地区的河流坡降都比较小，河道内水体流动缓慢，因此水量交换能力不足，水环境容量比较小。河网纳污后由于自净能力不足很容易导致水质恶化，且难以恢复。研究区内存在河道梗阻、岸线硬化的情况，水体生态修复比较困难。此外，河道数量多而过水断面小，由于河道填埋造成原先宽阔畅通的河面出现一些"葫芦河"、断头河、"针线河"、小漕斗、"多段河"等弱化水系环通功能的现象，导致河道梗阻多元化，使原本平原河网水动力较弱的问题更加凸显。

为了节省城市土地利用空间，境内河道在建成区与村庄聚集区的河道砌坎多为浆砌石或干砌块石护坡，只有农田段为生态护岸，混凝土、石材护坡使得城市地表营养物质（氮、磷）毫无遮挡地直接流入河道内，加重水体的富营养化。硬质护岸和护坡结构对河道坡面采取了封闭的形式，坡度基本与河面垂直，隔绝了水体与岸坡土壤之间的物质交换，从而失去了土壤的净化作用。同时，河道中的生物和微生物失去了赖以生存的环境。另外，各种水生植物也难以在坚硬的结构坡面上生长，各种水生动物也因失去了生存环境而无法生存。硬化后的岸坡阻断了河水下渗，影响防洪功能，水生态功能被大幅削弱，使得河道基本的自净能力彻底丧失，导致水质进一步变差。

（2）生活污水。根据新的覆盖率认定标准，2021 年一季度慈溪生活污水治理行政村覆盖率仅为 30.41％，社区相对较好，城中村和老小区其次，乡镇的非建成区农村覆盖率最低，部分村庄尚未铺设污水接纳主管线，污水支线配套管网的建设存在较大盲区，表现为：部分村庄接户率不足 10％，建成区的污水管网存在设计缺陷和年久破损问题，雨季污水管网部分溢出，大量生活污水直排河道或经土壤下渗后汇入河道，造成氨氮、总磷等污染因子超标，水功能区纳污能力超限，严重影响河道水质；此外，城镇污水处理厂区域跨度大，部分终端输送距离过长，且在河道内设置截污渠，导致高水位运行多发，污水无法经污水管网及时排入污水处理厂集中处理，污水溢流入河，部分河道水体受到污染。

（3）六小行业纳管率低，截污设施运维困难。小餐饮、洗浴、美容美发、洗车、小宾馆、洗涤等六小行业很多尚未办理排水许可证并纳管，也未设置油水分离、沉淀过滤等截污设施，有些截污设施虽然设置但因运维成本高导致"设而不用、用而不维"，有些取得排水许可证后未按照载明的水量、浓度等规定严格执行，致使部分废水直排周边河道或雨水井。由于量大面广，管理和执法上均有较大难度，污染控制能力相对薄弱。

（4）工业污染。由于工业企业数量庞大、小企业占比大、区域行业呈块状发展，部分行业、区块的"低散乱污"情况仍较明显。虽然电镀、造纸、农副食品加工、印染等重污染行业得到了有效治理，但轴承、金属压延、电子产品、家具制造、金属表面处理、印刷、废塑料等行业企业仍然以小厂房、小作坊形式大量散布在村庄内。由于建设污水处理设施和自行接管纳管价格昂贵，部分企业污水处理设施、截污纳管、雨污分流均不到位，导致生产生活污水直接或间接排入周边水体，这也是局部区域水质难以改善的根本原因。

（5）农业污染。农业面源污染普遍存在，污染情况复杂、类型多样，有效治理的难度和比重都较低。一是农药化肥污染体量较大，有机肥因效果相对不佳。虽然每年都在推广，但化肥仍然在大量使用，年平均单位耕地面积化肥用量超过了 300kg/hm² ，高于发达国家为防止化肥对水体污染设置的 225kg/hm² 的安全上限。农药虽经减量化之后呈逐年降低趋势，但因为基数庞大，使用量仍然非常可观。雨天截污能力弱，导致农田化肥农药中的氮、磷大量流失，进入并污染附近水体。二是农田固体废弃物收运体系尚不完善，超薄塑料薄膜仍在大量使用，回收率有待提高，部分农药化肥的包装物遗弃在田间沟渠，秸秆仍存在焚烧现象，收储体系建设有待进一步加强。

（6）畜禽及水产养殖。该类型污染的管控难度比较大，规模以上相对较好，重点是规模以下养殖户，实际存在数量仍然较大，散布在农村、老小区、城中村、农田等区域，管理难度大，导致大量畜禽粪污直接或间接排入河道，影响水质。水产养殖尾水排放监管比较难。由于水产养殖一般在比较偏远的非居民区，为取水方便大都建在河道周边，因水产养殖尾水治理成本较大，居民投诉举报极少，部分养殖户往往将尾水直排河道。由于养殖点多、分布广、监管人员少，导致巡查频次较低，监管难度较大，污染物直接流入水体，影响区域水质，并且导致部分流域富营养化状况呈加重趋势。

（7）排水许可管理缺位，应纳未纳监管困难。城镇排水设施覆盖范围内的六小行业沿街商铺、建筑工地、医疗机构、学校、农贸市场、工业企业等排水户应当取得排水许可证，但由于不熟悉排水许可申请流程、需要接管费用较大、办理后会被列入监管对象并缴纳污水处理费，导致部分管理对象明知需要办理而未去办理。此外，由于未办理排水许可证的管理对象面广量大，业务主管部门事多人少，导致在监管方面力不从心。

（8）城市径流污染突出，初期雨水收集难。城市生活垃圾、农业废弃物和工业废渣等固体废物、工业粉尘、机动车行驶过程中滴漏的机柴油、沿街餐饮店和居民厨房油污废水在晴天时附着在各种场地上，一旦下雨特别是大暴雨时，这些污染物就会随着雨水冲刷直接或间接汇入河道之中，造成水体污染。研究区路面与周边绿化多为硬隔离，路面雨水绝大多数未经绿地净化而直接通过雨水井排入周边河道。

4.5　区域水环境演变特征

4.5.1　区域水环境变化规律

滨海平原河网纵横交叉，网状水系特点明显，但水体流动甚微，自净能力较差。2009—2015 年间，研究区慈溪河网以劣 Ⅴ 类水质为主，属重度污染，主要污染项目包括氨氮、总磷、化学需氧量和石油类。水质优良率均不超过 10%，水功能达标断面比例不超过 20%。随着浙江省"五水共治"的有效开展，2016 年之后水体质量好转，2017 年彻底消灭了劣 Ⅴ 类水，但是总体水质状况依然不佳，具体统计结果见表 4.13。

表 4.13　　　　　　　　2009—2020 年水质及主要污染项目

年份	劣 Ⅴ 类重度污染断面占比/%	污染等级	主要污染项目	功能达标断面比例/%	水质优良率/%
2009	80	重度污染	石油类、氨氮、总磷	0	—
2010	90	重度污染	总磷、氨氮和石油类	0	—
2011	以劣 Ⅴ 类水质为主	重度污染	石油类、总磷、氨氮	10	—

年份	劣Ⅴ类重度污染断面占比/%	污染等级	主要污染项目	功能达标断面比例/%	水质优良率/%
2012	70	重度污染	化学需氧量、总磷和氨氮	20	10
2013	70	重度污染	总磷、石油类、氨氮	20	10
2014	50	重度污染	化学需氧量、生化需氧量和总磷	20	0
2015	40	重度污染	化学需氧量、生化需氧量和石油类	20	——
2016	20	中度污染	总磷、化学需氧量和氨氮	40	10
2017	0	轻度污染	石油类、总磷、氨氮	44.4	11.1
2018	0	轻度污染	石油类、总磷、氨氮	——	22.2
2019	0	轻度污染	氨氮、总磷和化学需氧量	——	11.1
2020	0	轻度污染	氨氮、总磷、溶解氧	——	22.2
2021	0	轻度污染	氨氮、总磷、化学需氧量	——	33.3

水质指标除了年际变化以外,在年度内还受到温度、来水量的影响,导致污染物增加或稀释、降解系数改变等。强降雨是平原河网河道水量更新的主要途径,对氮、磷等污染物的含量有较大影响。由于受到调水水量、水质的限制,生态调水措施对区域水质改善作用并不明显。

为了使研究区平原河网水质平均值达到Ⅲ类水,单独通过削减污染负荷或者拓宽河道都不能达到目的,单纯依靠引水工程也解决不了问题,应该将削减污染负荷、截污和流域外引水三管齐下,通过标本兼治的方式进行。需采取多措并举的治理方案:①规划生态河道建设,增强水体自净能力;②实施工业与生活污染负荷双控,通过污水处理厂提标改造实现达标排放;③针对重点区域实施污染负荷精准削减。通过上述系统性措施,方可实现河网水质的持续优化。

通过对研究区氨氮进行污染源调查和污染驱动分析,发现河岸硬化、河道梗阻、生活污水治理纳管率低、小型工业企业污水处理不到位、农业化肥用量超标、养殖污水任意排放、城市地表径流污染,尤其在降雨初期,雨污混流直排河网,是造成区域水体污染的主要原因。

4.5.2 区域水环境的演变模式

滨海平原水文循环过程在人工干预和自然力两者的共同作用下不断演变,人工和自然力互相渗透影响尚未形成平衡点,导致近20年来水问题和水危机问题愈演愈烈。

人工干预的首要表现是海岸滩涂的围垦开发。作为滨海地区拓展生存空间以及生产空间最重要的手段之一，滩涂围垦由来已久。为了解决耕地资源贫乏，增加建设和工业用地，我国滨海围垦从 20 世纪五六十年代开始获得了快速发展，从 1990—2008 年，我国围填海总面积从 8241km² 增至 13380km²，平均每年新增围填海面积 285km²。围填海造出的滨海平原土地主要用于近海养殖、农业开发、房地产开发、工业园区和港口建设等。直至 2018 年 7 月 25 日，国务院印发《关于加强滨海湿地保护严格管控围填海的通知》，取消了围填海地方年度计划指标，除国家重大战略项目涉及围填海的按程序报批外，全面停止新增围填海项目审批，同时要求建立滨海湿地保护和围填海管控长效机制。长期海岸滩涂的围垦开发促使滨海平原土地资源利用发生重大变化，成为影响区域水环境演变的主要因素之一。

人工干预的另一个主要表现是滨海平原地表水资源调配中水利工程运行占主导地位。滨海平原的河网密集，河道多为人工规划，新开河以及老河道填埋现象共存，地表水主要依靠人工调控，河流的流向、流速、水位等除了受天然降水影响外，主要由水闸、泵站运行以及河道清淤、堤防建设情况决定。

区域"人工-自然"二元水环境演变的历史大致可以分为以下 4 个阶段。

（1）自然主导阶段。主要是在原始的滨海平原及新围垦土地上，人类沿河流边缘聚集居住，小规模的农业和养殖业是主要的生产活动内容，土地利用呈现明显的斑块化。河流在自然力的作用下流动，人类对水环境的演化影响较小。

（2）农业开发阶段。沿海地区有优美的景观、宜人的气候，随着自然水循环过程中雨水对土壤的冲淋作用，土壤碱性降低，土地越来越适合农业耕种，滨海平原吸引着越来越多的人到这里生活。随着人口不断增多，农业和养殖业开始发展起来，防洪和灌溉成为滨海平原上人类必须面对的问题，河道开挖、清淤、堤防和水闸建设发展起来，同时，生活污染物和农业面源污染开始影响地表水环境。

（3）大规模农业经济发展及工业化起步阶段。随着防洪堤防、农田水利、河道疏浚等大规模的水利工程建设，滨海平原上经济建设步伐不断加快，闲置土地越来越少，湿地逐渐被农田取代，农业进入大规模发展阶段，同时形成乡镇等人口聚居地，开始有工厂、港口、化工园区等涌现出来。该阶段水循环以人工方式为主导，为防止洪涝灾害，天然降水形成的洪水被泵站、水闸等水利设施在较短时间内强排入海，区域内河道蓄水能力较弱，因此时常面临干旱缺水问题的困扰。同时，大量生活、工业、农业污染物被排入河道，由于河流流速缓慢、水循环周期长、自净能力弱等原因，引起区域水环境恶化，造成滨海平原典型的"水多、水少、水脏"困境。

（4）工业化和城市化阶段。随着工农业经济的迅速发展，人口不断扩张，城市化进程开始加快，土地利用类型转换也开始加强。工业、农业和城市生活用水的需求不断增加，但是本地的地表水水质恶化，地下水开发则可能引起海水倒灌。区域水资源系统供不应求，为了支撑当地发展，滨海平原地区不得不开始寻求外流域调水，并对本地水环境进行补救性治理，污水收集处理、污染物限制排放等环境治理措施提上日程。经济发展、土地利用和水环境保护进入博弈阶段，区域水环境中的人类作用占据主导地位。

综上所述，在人类活动干扰较小的情况下，滨海平原水环境演变主要受自然水分循环过程的影响，称为"一元"水环境演变。随着人类活动对滨海平原自然改造能力的逐步增强，人工动力从根本上改变了天然水循环的模式，在人类活动密集阶段，人工影响已经超过了自然作用力的影响，水环境演变过程呈现出明显的"人工-自然"二元特性。

4.5.3 水环境演变的作用机制

区域"人工-自然"二元水环境演变包括 4 个方面：水环境演变过程和参数、水环境演变路径、水环境演变驱动力和水环境服务功能。

（1）水环境演变过程和参数的二元化是核心。自然状况下区域水环境演变过程遵循自然水循环结构，按照"大气降水—流域产流—坡面和河网汇流"的过程进行污染物汇集、稀释和降解模拟计算。在人类活动干扰下，增加了"排涝、取水、用水、排污、调水"等环节，水环境演变过程产生二元化。

关于水环境演变参数，一方面，人类活动对原有水循环过程产生影响，改变了自然水环境演变参数，例如，引水、调水措施改变了区域水资源总量和纳污能力，岸线硬化、河道清淤、流速改变等改变了水环境演算的边界条件，对天然的污染物输移、降解参数产生影响；另一方面，土地利用类型、结构、强度，人口密度、地区生产总值增加、水污染治理措施推广等隐性条件，改变了面源产污的类型和强度，污染物输出已经不能用天然水环境演变的参数来描述，需要一套用于描述和刻画变化条件下水环境演变的参数体系，例如，特定土地利用类型和强度的面源产污系数、汇入河道距离参数、邻接关系等，能够定量刻画影响水体污染物输入的关键要素，以反映人类经济社会中 LUCC 对水环境演变的影响。

同时，人类社会经济系统对水环境演变的影响存在地区差异、行业差异和单元差异。例如，原始滨海平原和新围垦滨海平原差异、农业和工业差异、农村单元和城市单元差异等，其参数体系需要进行区别描述。

由于水环境演变的过程和参数体现了水环境发展变化的属性与特点，也是水土资源协同治理研究需要重点揭示的内容，因此"人工-自然"二元水环境演变的核心是演变过程和参数的二元化。

(2) 水环境演变路径的二元化是表征。自然水环境演变的路径包括水量传输路径、暴雨产流路径、坡面和河网汇流路径等。为了满足人类社会需要，发展出了人工渠系、长距离调水路径、城市给排水管网路径等，形成了新的水循环路径，同时对原有路径产生了显著干预。例如，从河道、湖泊取水或对河道人工补水都影响了其天然地表径流量；河道的人工开挖和填埋干预了自然河道水系连通路径；城镇化建设增加了地表硬化面积，影响土壤水分下渗，干预了地表产流路径；跨流域引调水则直接将不同区域的地表水进行了人工重新分配；在需要水环境治理的河段，通过人工投放药品、污染物吸附材料等，在短时间内通过物理或化学方法改变水环境。

人工作用直接或间接地使水环境演化路径二元化。人类活动对水环境演化路径的改造和影响，是实现其对流域水环境干预的主要手段，也是水环境演化二元化的外在体现和表征。

(3) 水环境演变驱动力的二元化是基础。在自然状态下，区域水分主要受到太阳辐射能、重力势能、毛管力等自然作用力，从而不断进行运移转化，河道中的水体污染物通过稀释、降解、底泥吸附等过程向下游传输，其驱动力主要为自然力。而在人工干预条件下，流域水环境演变的驱动力呈现出明显的二元性。人工驱动力主要通过技术手段改变水文循环或直接改变水环境。例如，通过修建水闸、泵站等驱使水体按人类的意愿循环流动，改变水体自然状况下的流向、流速、流量；通过抽排工程进行电能转化，把处于低势能地区的多余水量传输到地势较高的地点；将自然水体通过产品加工的形式进行转移，为人类经济社会系统服务，最终又以各种形式回归到自然水循环系统；为了美化生存环境，人类又会利用截污限排措施、建设污水管网和污水处理厂等，减少环境污染物排放。

水环境演变的驱动力服务于人类社会生活、经济发展需求，其驱动机制可以总结为以下三点：①效益机制，如果自然界的水体未显示出明显的经济效益，或经济效益较低，那么在利益的驱动下，水环境将会为经济效益较高的区域和部门做出牺牲。②公平机制，水环境是人类赖以生存的基本条件，必须兼顾社会公平、和谐以及人民群众的满意度。③政府调控机制，在大政方针方面，出于宏观战略或区域发展规划等原因，制定污水治理措施和政策，进行水资源再分配，在区域水环境容量有限的情况下，高污染的行业和部门也将受到制约。

在现代工业化和城市化背景下，人类活动对水环境的影响越来越深远，滨海平原属于强人类活动干扰地区，人工驱动力已经成为水环境演变的主要影响因素，驱动力的二元化是"人工-自然"二元水环境演变的基础。

(4) 水环境服务功能的二元化是本质。水环境同时支撑着人类社会经济系统和自然生态环境系统。对人类社会经济系统的服务和支撑表现在以下两个方面：①水作为人类生存的基本要素之一，服务了人类的日常生活，水环境支撑了人居环境，美化了人类生活环境。②水环境服务了人类各个产业的生产活动，主要包括农业、旅游业和第三产业等。对自然生态环境系统的服务和支撑则表现在：水作为生命体的重要组成成分，对维系生命体代谢具有不可替代的作用。人类对自然水环境的影响和改造，其根本目的是为服务于人类社会经济发展，因此，二元水环境演变的本质是服务功能的二元化。

综上所述，在强人类活动干扰下，滨海平原水环境演变规律受到了"人工-自然"作用力的综合影响，是一个高度复杂的系统，水环境演变过程、驱动力均具有"人工-自然"相耦合的特性。在水环境演变过程耦合方面，自然水环境演变的每一个环节都有人工外在干预过程参与其中，大大增加了水环境演变过程的复杂性。例如，路面硬化和农业灌溉模式影响了土壤水下渗过程，地表水库拦蓄和水利枢纽引水过程影响了自然地表径流的水量。自然驱动力是水环境演变的基础，在特定的水资源条件和分布格局条件下，影响人类的生产和生活布局。

第 5 章

土地利用/覆被类型演变 对地表水质的影响

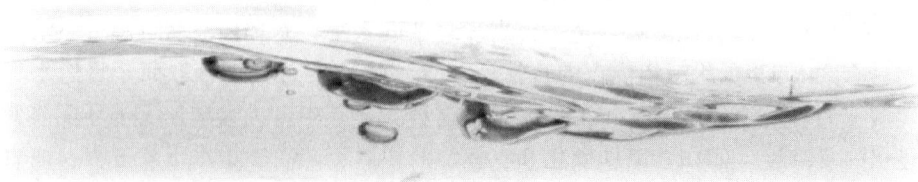

滨海平原由于其特殊的地理位置和水文特性，水质受到气候变迁、社会经济发展与人类活动的多重影响。同时，土地利用方式演变以及自然生态条件变化造成的生物化学循环的改变，又会进一步影响水体水质。

根据历年水质的逐月监测数据，计算各年度水质指标月均值及多年同月均值，对各类断面污染物平均质量浓度与各土地利用类型面积占比进行相关性分析，计算水质指标与土地利用的相关性，量化水质指标对土地利用的响应，如林地、植被等分类的占比对水质指标的影响。研究土地利用与自然循环、人类活动、人工引水工程和治水政策多耦合场景下的水质动态演化，建立平原河网水质水动力学模型，对水体污染物迁移扩散过程进行模拟。选择典型滨海平原实验区，基于实验区水质监测点的历年水质监测指标，对上述地表水环境质量特征模型进行验证分析。

由于区域土地利用结构比较复杂，采样点布局也不规则，属于典型的散点数据问题，一般的有限差分很难设计，这就需要更为有效的统计方法或其他数据处理方案来克服种种困难，充分挖掘采样数据的潜在信息。通过方程模型可定量模拟污染物迁移转化的动态过程，揭示其内在机理与规律。

5.1 陆源污染物输出及风险评估

5.1.1 陆源污染物输出及衰减模式

土地利用与地表水质演变过程存在必然联系，但是二者间的相互作用机制异常复杂。通过多元分析方法探究土地利用指标与水质化学指标之间的相关关系，是理解二者关系的重要基础工作。按照污染物的"源""汇"贡献程度，提出以下假设：

（1）不同土地利用类型及其空间排列结构都会对区域地表水体质量产生影响；

（2）不仅土地利用/覆被变化和社会经济因素影响区域河流水质，还有一些未知因素也支配着污染物的空间分异规律。

多元统计分析得到的相关关系并不是河流水质和土地利用之间的因果关系，只有得到土地利用与水体质量的定量关系，才能为调整区域土地利用结构以改善非点源污染的实践提供更为准确的理论依据。由于污染物的污染来源和聚集、降解过程不相同，各种污染物的预测回归变量和回归方程也不同，因此，需要针对单一污染物提出污染指数计算方法。

众多学者通过分析"土地利用—水质参数"传输变量来研究污染物的产生和输移。目前常用的机理性较强的非点源模型，如 CREAMS、HSPF、SWMM、SWAT 等，细致地描述污染物从产生到汇流以及随河水流动而发生的迁移、降解过程，能够有效模拟流域非点源污染。但是，由于这类模型需要的参数和数据都较多且比较复杂，在数据资料短缺的区域，模拟精度往往不理想。为了有效地平衡机理模型与统计计算的关系，本书进行污染物总量控制模拟。

污染物产生并排放之后，经过不同的传输路径进入河道内，在这个过程中不断发生各种衰减反应。例如，氨氮在土壤中被吸收之后，多余的随雨水冲刷进入河道，主要经历反硝化、植物吸收、颗粒沉降等过程。根据地表产污强度建立污染强度系数来描述污染物由地表向水体中的迁移强度，进一步依据水力负荷（水力保留时间/水深）来描述污染物在河道中的衰减过程。分析过程采用连续方程，而不是传统一阶离散衰减方程，大大提高了计算精度，能更有效地反映水文和非水文作用对污染物输出和衰减的影响。

（1）基于土地利用/覆被分类结果生成研究区土地利用和河网分区图。建立河网的上下游拓扑关系，并对河段进行编码，绘制出河区图，统计每个河区不同类型土地的面积，根据河网流向和地表坡度确定汇流路径。根据研究区河网的特点，生成了西北河区、西河区南部、中河区和东河区四个河网分区图，如图 5.1 所示，土地利用图见第 3 章。

（2）拟合不同土地利用类型的污染强度系数，进行污染物空间分布解析。选取耕地、建筑用地和林地三种类型作为污染源，统计不同年份各个子河区不同类型土地面积矩阵，乘以相应的污染系数矩阵，得到各子河区的污染排放量。

（3）设置传质系数，描述污染物从产生到进入水体之前的沉积和降解情况。污染物陆上沉积、降解过程取决于产污地块与河道之间的汇流路径，按照汇流路径，用传质系数描述各网格中污染物从产生到进入水体经历的迁移过程，准确反映土地利用因素对河流污染物的削减影响。

（a）西北河区

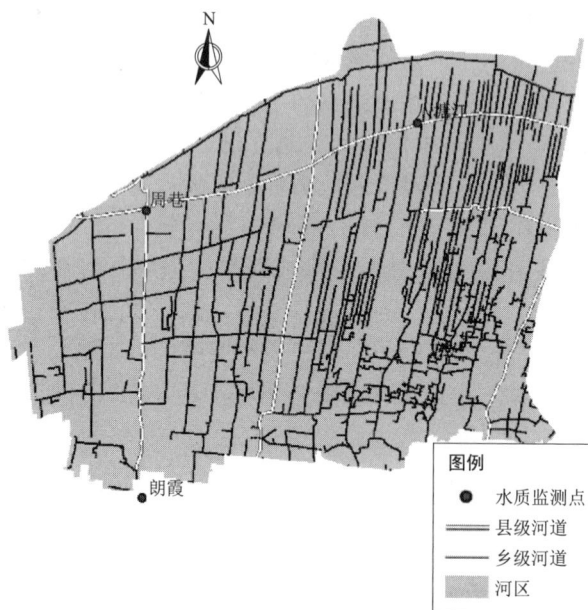

（b）西河区南部

图 5.1（一）　四个区域河网图

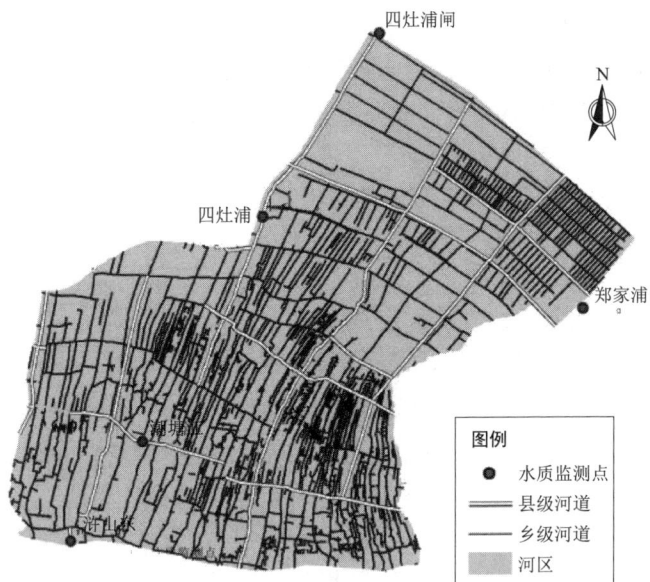

（c）中河区

（d）东河区

图 5.1（二） 四个区域河网图

以氨氮排放为例，按照式（5.1）对土地利用栅格依次进行计算并求和，拟合区域氨氮污染量统计数据，并进行精度检验。不同土地利用类型的污染强度系数并非一个固定值，会随着社会经济发展以及环境治理强度而改变，因此，将多年数据全部进行拟合之后，能得到区域各类用地的污染强度系数变化矩阵。

$$\sum_{i=1}^{n} \begin{bmatrix} J_i & L_i & G_i \\ \vdots & \vdots & \vdots \\ J_n & L_n & G_n \end{bmatrix} \times \begin{bmatrix} x \\ y \\ z \end{bmatrix} \times \alpha = \begin{bmatrix} T_i \\ \vdots \\ T_n \end{bmatrix} \tag{5.1}$$

式中　　J_i、L_i、G_i——计算时段内区域建筑用地、林地、耕地所占面积，km^2；

x、y、z——三种地类的污染强度系数，t/km^2；

α——综合传质系数；

T_i——计算时段内氨氮排放总量，t。

以研究区历年土地利用数据和污染负荷作为模型因变量，基于土地利用遥感分类结果，依托 GIS 平台进行土地利用空间信息量化，建立陆源污染物输出强度系数和汇流距离传质系数，进行陆源污染物输出及衰减模拟。

以研究区氨氮排放为例，时间以年计算，各栅格综合传质系数平均值取0.7，耕地氨氮污染强度系数逐年变化情况如图 5.2 所示。

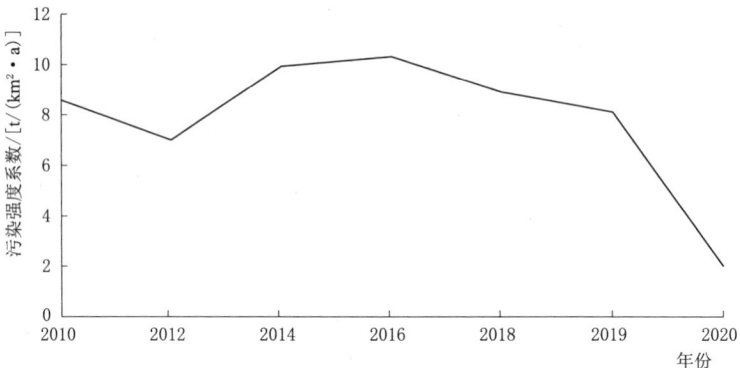

图 5.2　耕地氨氮污染强度系数变化

5.1.2　基于多敏感因素识别的水体污染风险评估

滨海平原作为海陆分界地带，受到自然地理环境的阻碍，土地资源非常紧缺。历史上，地区自主发展意识较强的沿海区域会不断开展围垦造地，围垦区先发展农业生产，进而开展工业建设，人口数量也迅猛增加。经济高速发展的同时，这些地区由于发展路径依赖，面临着社会发展需求与空间要素错配所导致的水环境问题。为了评估滨海平原水环境恶化风险的空间分布特征，避免空间治理失效，首先要识别其高相关性多影响因子。

在水质污染模拟建模过程中，为了使得信息更加全面，我们往往会在模型中加入较多的变量进行分析，但是变量个数的增多必然会导致各变量之间的信息具有一定的重叠性，这对变量参数的估计和解释都带来了困难。本书以河区为基本研究单元，通过精准识别研究区域内单元的多维水环境污染风险因子，建立风险评估体系，辨析多维水环境污染的时空分异格局和区域波动分化趋势。

影响地表水质的因素众多，且不同研究区域之间也存在差异，大致可以分为人工因素和自然因素两个方面。人工因素包括不同土地利用/覆被的面积比例及其空间分布，按照对污染物的贡献不同，建筑用地和耕地属于"源"景观，林地、水体作为"汇"景观。需要考虑的变量包括要素面积比例、要素的空间排列结构及其相互补偿或削减效应，此外，点源影响和相关环境治理政策因素也不容忽视。自然因素指区域的水文、地貌特征，包括流域面积、河道等级、流量、河网密度等。一般流域面积越大、河道等级越高，面源污染物削减效果越明显。

与水污染因素相比，治理过程中暴露出的"二次"多重扰动要素是影响水质稳定性更为敏感的关键特征，其风险分析框架也应遵循直接污染因素、动态污染因素和多维污染因素的基本特性，在判别风险源和类型的基础上筛选多维污染因子。本书建立了多维污染风险评估指标集，见表 5.1，以土地利用/覆被、社会经济因素、自然因素和政策因素作为表征指标，以污染治理的可持续性特征作为立足点，初步覆盖制约水体污染的关键要素。

为了解决因数据的数量纲、量级不同而造成的计算问题，采用极差法对各个指标数据统一进行标准化转换，转换后的数据为无量纲值。i 表示维度层，j 表示各个评价指标，正向指标 x_{ij} 和负向指标 x'_{ij} 的转换计算式如式（5.2）和式（5.3）所示。

$$x_{ij} = \frac{x_{ij} - \min(x_i)}{\max(x_i) - \min(x_i)} \tag{5.2}$$

$$x'_{ij} = \frac{\max(x_i) - x_{ij}}{\max(x_i) - \min(x_i)} \tag{5.3}$$

为了计算不同维度层 i 中各个评价指标 j 的权重，建立综合评价函数，系统内各个参量总贡献计算公式如下

$$\begin{cases} f(x) = \sum_{i=1}^{n}(a_i - x_i) \\ g(y) = \sum_{i=1}^{n}(b_i - y_i) \\ h(z) = \sum_{i=1}^{n}(c_i - z_i) \end{cases} \tag{5.4}$$

式中　$f(x)$、$g(y)$、$h(z)$——三个维度层的综合评价函数；

　　　　a_i、b_i、c_i——三个维度层中各个指标所占的权重。

采用熵值赋权法计算各系统权重，评价指标权重计算见表 5.1。结果表明，降水量、第一产业用水量、工业用水量、废水排放量、人口密度和人均道路面积这几个统计指标呈现明显的重要性特征，除降水量外，其余指标均对于水体分类指标有负向作用。这也表明，水污染与用水量、人口密度和城市发展程度有紧密的联系，经济越发达，各类产业排放废水更多，而水污染也会更加严重。涉及维度层的综合重要性排序为 B＞C＞A。

表 5.1　　　　　　　　　　　水污染风险评估指标集

维度层	指标层	指标释义数据来源	权重
土地利用 A	人均耕地面积 A1	土地利用/覆被分类结果	−0.0674
	人均建设用地面积 A2	土地利用/覆被分类结果	−0.0922
	人均道路面积 A3	土地利用/覆被分类结果	−0.1262
	城市绿地面积 A4	统计年鉴	＋0.0611
水资源 B	年平均降水量 B1	水资源公报	＋0.1039
	人均水资源量 B2	水资源公报	＋0.0901
	亩均水资源量 B3	水资源公报和土地利用/覆被分类结果	＋0.0822
	单位面积农田灌溉用水量 B4	水资源公报和土地利用/覆被分类结果	＋0.0840
	人均生活用水量 B5	水资源公报	−0.0710
	万元 GDP 用水量 B6	水资源公报和政府工作报告	−0.0792
	第一产业用水量 B7	水资源公报	−0.1219
	工业用水量 B8	水资源公报	−0.1109
	万元工业增加值用水量 B9	水资源公报	−0.0655
	污水处理率 B10	生态环境状况公报	＋0.0678
	废水排放量 B11	生态环境状况公报	−0.1234
经济发展 C	人口密度 C1	统计年鉴	−0.1041
	地区生产总值 C2	统计年鉴	＋0.0816
	人均生产总值 C3	统计年鉴	＋0.0779
	GDP 增长率 C4	统计年鉴	＋0.0677
	财政收入 C5	统计年鉴	＋0.0720
	农业总产值 C6	统计年鉴	＋0.0827
	第二产业贡献率 C7	统计年鉴	＋0.0407
	第三产业贡献率 C8	统计年鉴	＋0.0818

继续对每项维度中的指标进行组内敏感性验证，在 1% 的显著性水平下检验正负向指标性质。从整体效应趋势看，城市绿地面积、污水处理率、地区生产总值等指标有显著的正向影响效应，是制约水污染的高相关性指标。

水污染风险测度指标如采取单一宏观指标，则缺乏对空间要素异化影响的判断，影响对多维、多层次污染风险内因的认识。评估体系需要监测污染风险中的空间演化特征，以便及时响应，进行规划与发展调整。

因此基于多维污染敏感因素的识别与校正，本书构建了由"维度层—指标层—权重层"的三级水体污染风险评估框架，包括 3 个一级指标、23 个二级指标。对各解释变量做主成分变换后得到主成分累积贡献率，结合层次分析法和熵值法确定各层级指标权重，为水污染的空间表征评估奠定基础。

5.2 改进的河网水动力模型

5.2.1 污染总量守恒模型

为了能够有效提升区域水质，必须在控制污染物排放浓度的同时，按照地区生态功能的要求对污染总量进行控制。滨海平原河网高位污染形势比较严重，具体的污染程度与各地的经济发展模式和发展水平密切相关，针对污染程度和经济状况，合理设置区域水环境改善目标，才能高效实施水环境保护工作。氨氮是研究区河网最主要的污染因素，因此本书以氨氮为例进行水质分析评价。

实测资料中未显示河流深度及离岸距离不同造成的水质差异，一个断面每测次仅有一个氨氮监测数据，可视其为断面平均浓度值。根据质量守恒原理，假设某一区域河道内氨氮含量均匀分布，河流降解和沉降效果也均匀，从而求得河网污染物平均浓度，对于时段平均情况，则有

$$\sum_{i=1}^{n} W_i = p \left(\sum_{j=1}^{m} Q_j + k\overline{V} \right) \tag{5.5}$$

式中 $\sum\limits_{i=1}^{n} W_i$ ——计算时段内进入河网的污染负荷，t；

$\sum\limits_{j=1}^{m} Q_j$ ——计算时段内流入（或流出）河网的水体水量，m³；

p ——河网氨氮浓度，mg/L；

k ——氨氮的一阶沉降率，$1/\Delta t$；

$\overline{V}$ ——区域河网水体总量，m³。

按照图 5.1 对研究区域进行区块划分，按照分区进行污染源测算。通过式（5.5）可以求得稳定状态下的氨氮浓度 p，选取河道水质比较接近现状的情况对模型进行率定和验证。本次根据 2017 年各区块的水质、水流情况，基于 MIKE11 软件进行水动力参数率定和验证，过程如下。

（1）根据土地利用分区图和水域调查得到的河道深度数据，计算常水位下区域水域总容积。

（2）依据全年降雨量计算区域产流，加上生态调水量数据，得到区域逐月来水总量。按照本地区相关研究成果，建筑用地按照硬地计算，径流系数取 0.835，耕地和林地径流系数取 0.418。

（3）根据陆源污染物输出强度、汇流距离传质系数、河道参数和河网出流量等数据，计算氨氮污染负荷，并对模型进行率定和验证。率定后的月综合衰减系数见表 5.2。

表 5.2 　　　　　　　　　　　模型参数率定及验证情况

河区	k 值/(1/m)	河区	k 值/(1/m)
西北河区	0.00220	中河区	0.00167
西河区南片	0.00150	东河区	0.00140

根据率定后的氨氮的一阶沉降率 k 值，对四个区块每单月的氨氮浓度值进行了模拟，并与实测平均数据相比较，结果如图 5.3 所示。模型计算浓度和实测浓度值以及其变化趋势都比较接近，率定的参数基本合理，模型可以较好地反映研究区水系的氨氮情况。同理，可对其余单一目标函数的污染指数逐个进行计算模拟。

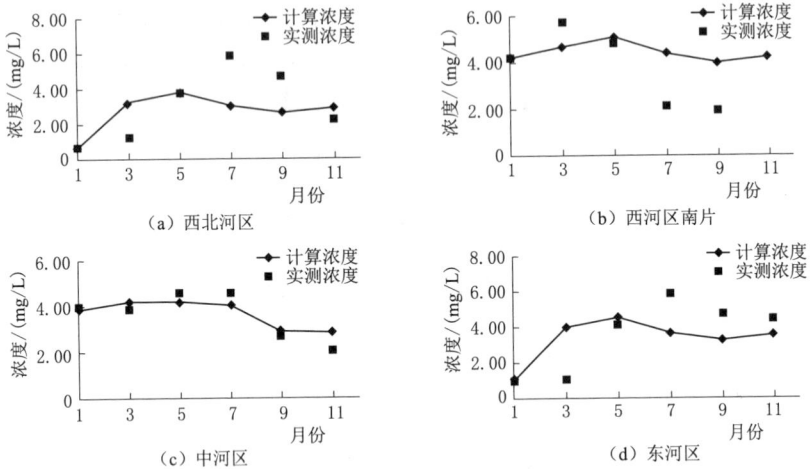

图 5.3 　四河区氨氮浓度模拟值与实测值对比

5.2.2 　一维河网水流水质模型

5.2.2.1 　模型建立

根据研究区河网和水利工程调研资料，将土地利用遥感分类得到的水系图概化成由河网和水域组成的体系。河网指流域内骨干河道及其连通节点，是流域水流输送的载体；水域包括支流小溪和水塘，能够调蓄水量。对河网采用"河道—节点"模型，而水域单元不参加动力输水，只起到蓄水调节的作用。通过引入陆域宽度概念，将陆面、河网和水域组成统一的数学模型，或称混合模型。

对河网进行概化是模型计算的首要工作。河网概化以骨干河道为框架，同时满足概化后的河网蓄水容积与实际河网容积基本一致。研究区河网概化结果如图 5.4 所示，共有县级河流 33 条，总长度 397km。根据慈溪市水系连通情况，本次计算将研究区计算分区概化成 382 条河段，294 个节点，40 个闸汊及10 处外边界。

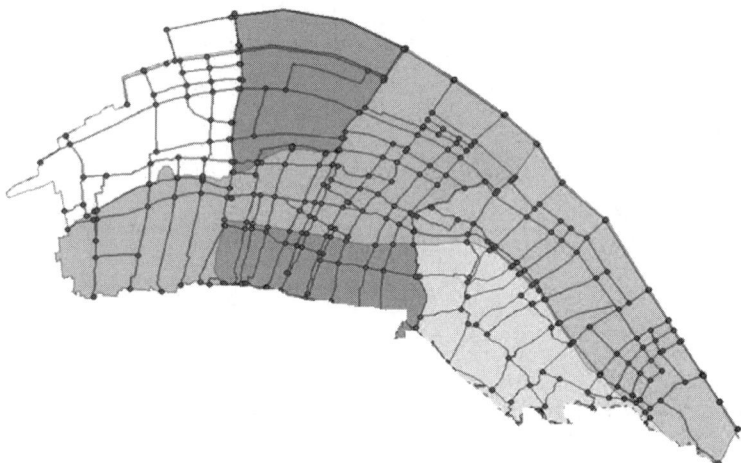

图 5.4　研究区河网概化图

滨海平原河网的河段纵横交叉，河流下游直接与杭州湾相连，河网水流呈不恒定状态，河网中各河段的水位、流量、流速以及过水断面面积都随时间、地点不断变化，洪水排放又受到河口潮汐顶托影响，在外海潮汐和上游来水的相互作用下，水流运动状况非常复杂。采用一维非恒定流方法将河网水流运动概化为明渠水流，河流长度 x，计算时段 t 内，其基本方程为

$$B\,\frac{\partial Z}{\partial t}+\frac{\partial Q}{\partial x}=q \tag{5.6}$$

$$\frac{\partial Q}{\partial t}+\frac{\partial}{\partial x}\left(\frac{Q^2}{A}\right)+gA\,\frac{\partial Z}{\partial x}+gA\,\frac{|Q|Q}{K^2}=0 \tag{5.7}$$

式中　B——当量河宽，m；

　　　Z——断面平均水位，m；

　　　Q——断面流量，m³/s；

q——单位河长的支流流量；

A——断面面积，m^2；

g——重力加速度，m/s^2；

t——时间变量，s；

x——距离变量，m；

K——流量模数。

河网中河道之间相互交叉连接，其连接点称为"节点"，水流模型中每个节点均要满足水量连接和动力连接这两个衔接条件。

（1）水量连接。要保证流量衔接，所有节点都要满足水量平衡原理，即每一时刻进入、流出节点的流量之差，等于该节点的蓄水变化量

$$\sum Q_i = \frac{d\omega}{dt} \tag{5.8}$$

式中 ω——节点的蓄水量，m^3；

t——时间变量，s；

$\sum Q_i$——进、出节点的流量之差，m^3/s，下标 i 为交汇于该节点所有支流河道的编号。

对于有调蓄功能的节点，其连续方程形式为

$$\frac{\partial H}{\partial t} = \frac{\sum Q_t}{S_t} \tag{5.9}$$

式中 H——节点水位，m；

$\sum Q_t$——节点流量和，m^3/s；

S_t——t 时刻节点水面面积，m^2。

而对于无调蓄能力的节点

$$\sum Q_t = 0 \tag{5.10}$$

（2）动力衔接。任一节点上，各条连接河道断面上水位与节点平均水位之间，必须符合动力衔接条件，即满足伯努利方程。若节点无调蓄作用，则动力衔接条件简化为

$$H_i = H \tag{5.11}$$

式中 H_i——与节点相连的河道断面水位，m；

H——节点水位，m。

整个河网可以看作是若干河道和节点的组合，每一条河道的控制方程与每一个节点的衔接条件加上水流的初值与边界值条件，联立得到一个河网水量的控制微分方程组。数值求解该方程组，可求出每一条河道指定断面处以及节点上的水位、流量等水力变量。

河网水量微分方程组的定解条件为水流的初值与边界值。水流初始条件：

$t=0$，$Z(x,t)=Z(x,0)$，$Q(x,t)=Q(x,0)$。边界条件：当 $x=0$ 时，$Z(x,t)=Z(0,t)$，当 $x=L$ 时，$Z(x,t)=Z(L,t)$。河网内边界条件比较复杂，当支汊节点比较多时，可利用交点上应满足 $Z_1=Z_2=\cdots=Z_n$ 的条件来建立与未知数个数相等的方程数进行求解。

堰闸、碶闸过流量按照其水流方程计算，泵站出流量由设计排水能力和调度方式决定。随着平原河网水位的升高，洪水会漫溢到平原低洼地区。为了反映各片低洼区对洪水的滞蓄功能，根据各分区地形图及调查资料，分片制定了河网水位与漫滩库容的关系曲线，用以模拟漫滩情况下各片区对洪水的调蓄作用。对于干流河道，如果河道水位超过河道堤顶高程，则洪水漫过堤防就近进入平原河网。漫堤洪水流量按漫堤长度，根据干流超过堤防的水头按堰流模式计算。

按照对流扩散原理，从污染物的对流扩散以及线性降解两个方面表达其基本工作方程，如式（5.12）所示

$$\frac{\partial AC}{\partial t}+\frac{\partial QC}{\partial x}-\frac{\partial}{\partial x}\left[AD\frac{\partial C}{\partial x}\right]=-AKC+C_2q \tag{5.12}$$

式中　A——断面过水面积，m^2；

$\quad\quad C$——污染物浓度，mg/L；

$\quad\quad Q$——流量，m^3/s；

$\quad\quad D$——污染物弥散系数，m/s；

$\quad\quad K$——降解系数，s^{-1}；

$\quad\quad C_2$——点源污染物的浓度，mg/L；

$\quad\quad q$——点源污染物的单宽流量，m^2/s；

$\quad\quad x$——空间步长；

$\quad\quad t$——时间步长。

定解条件为浓度的初值与边界值。浓度初始条件：$t=0$，$C(x,t)=C(x,0)$；$x=0$ 时，$C(x,t)=C(0,t)$，当 $x=L$ 时，$C(x,t)=C(L,t)$。求解采用隐式有限差分格式。

5.2.2.2　参数率定及验证

1. 参数率定

河网汇流模型参数主要包括河道长度、断面尺寸、断面形状、陆域宽度、河道糙率、水面率、水闸特性和出流系数、调蓄库容等。参数的分析和率定如下：

（1）河道长度。根据研究区河网水系图，利用地理信息系统量算。

（2）断面尺寸。根据实测或规划河道断面图量算，一般概化为梯形断面。

（3）陆域宽度。根据流域水系电子地图，利用地理信息系统量算得每条河道单位长度的平均汇流面积作为陆域宽度。

（4）河道糙率。主要河道的糙率根据实测的河道水位、流量资料进行率定

取值。其他河道通过类比分析得出。

（5）水闸出流系数。根据实测的同时刻闸前、闸后水位、引排水流量资料进行率定取值。

（6）调蓄库容。根据调查统计规划的河道特性、水面面积资料分析得出。

（7）水闸特性。对于比较重要的沿江、沿海水闸，主要根据工程设计资料分析得出；对于其他水闸，根据水利设计资料分析得出或通过类比分析得出。

（8）流量边界。山区坡面汇流所得到的流量过程，通过河道汇流演算至平原，其流量过程作为平原河网计算的入流边界条件。

（9）工程规模。通过对慈溪市河道和水利工程资料调查和收集，建立模型计算的工程数据库，以确定模型内边界条件。

2. 模型验证

模型验证包括水位验证、水量验证、水质验证和参数确定四部分，分别表述如下。

（1）水位验证。与质量守恒模型相同，一维河网水流水质模型的参数率定以及验证时段仍选取 2017 年。河道正常水位容积 5533 万 m^3。降雨量资料显示年降雨量 1639mm，浒山站逐月降雨资料如图 5.5 所示。

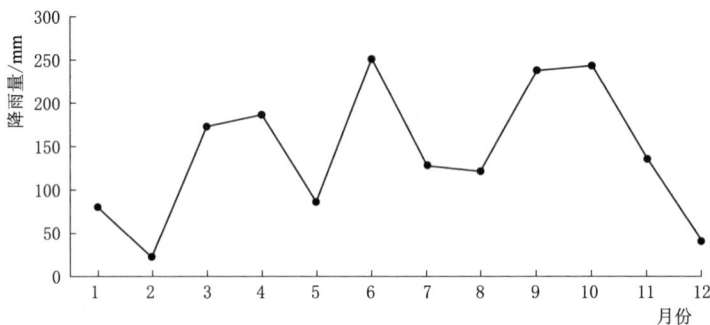

图 5.5　浒山站 2017 年降雨量分布

排涝闸排水记录以及浙东引水流量资料，可为水流模型率定和验证提供基础资料。除降雨、引水外，河网内的来水还包括生活、农业、工业和城市径流等排放的污水，污水排放量参照污染源分析章节。水动力验证结果与水位站实测水位值非常接近，平均误差在 0.05m 以内，符合计算要求。

（2）水量验证。根据水量平衡原理，区域内终末时刻河道蓄水量减去初始时刻河道蓄水量，等于验证期间模型进水总量减去出水总量。进水量包括降雨产流、浙东引水工程引水量以及污水排放量。降雨产流采用水文分析成果，引水量采用相应的引水流量记录数据，污水量则根据前文分析。出水量主要为沿海排涝闸的出流量。水量平衡具体分析结果见表 5.3，计算误差在 4% 以内。

表5.3　　　　　　　　　　　水　量　平　衡　分　析

类　　别		水量/m³	备注
初始时刻河道蓄量		53085688	模型提取
终末时刻河道蓄量		51197132	模型提取
蓄量变化量		−1888556	
进水量	降雨径流量	57910631	水文分析成果
	引水量	39509735	相关记录成果
	污水量	3169569	污染分析成果
	合计	100589935	
出水量	排涝闸出流量	102413719	模型提取
进出水量差值		−1823784	
误差/%		3.43	包括蒸散发

（3）水质验证。得到了较为可靠的水流验证成果之后，就可以在此基础上进行水质的验证。实测数据采用同期常规水质监测氨氮浓度，结果如图5.6所示。由图可知，模拟水质与实测值均较为接近，从总体趋势上看，东河区和西北河区的氨氮浓度最低，西河区南部的浓度最高，模拟值与实测值的趋势均较为一致。

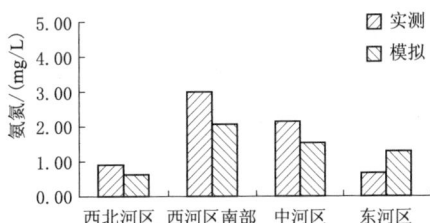

图5.6　水质模拟验证结果

（4）参数确定。通过水流验证，率定的河底糙率值 n 取 0.03；通过水质验证，率定的弥散系数 $D = 5\text{m}^2/\text{s}$，降解系数取 $0.04 \sim 007\text{d}^{-1}$。

5.3　基于多元分析的河流水质与土地利用响应关系

为了检验变量之间的相关性是否符合预期，为复杂的多元分析做准备，首先对各个水质参数进行相关检验，见表5.4。参考水文计算中相关系数阈值，采用0.85作为显著相关的判别标准。高锰酸盐指数、五日生化需氧量、氨氮和总磷这四个水质参数之间的相关系数均大于0.9，其相关性最为显著，说明这四类指标能在较大程度上表征区域污染物的主要类型。pH值、溶解氧、化学需氧量以及石油类等指标与其他指标的相关性则相对较弱，说明这类水质参数对应的污染物的来源不同。水质指标的相关性也与季节相关，干季（11月至次年3月）水质指标之间的相关系数总体上比湿季（4—10月）更大。

表 5.4 主要水质参数之间 Pearson 相关系数矩阵

参 数		pH 值	溶解氧	高锰酸盐指数	化学需氧量	五日生化需氧量	氨氮	总磷
全年平均	pH 值	1.000						
	溶解氧	0.456	1.000					
	高锰酸盐指数	−0.162	−0.441	1.000				
	化学需氧量	−0.341	−0.131	0.670	1.000			
	五日生化需氧量	0.095	−0.323	0.905	0.478	1.000		
	氨氮	−0.190	−0.518	0.980	0.621	0.924	1.000	
	总磷	−0.143	−0.575	0.964	0.571	0.905	0.983	1.000
湿季平均	pH 值	1.000						
	溶解氧	0.329	1.000					
	高锰酸盐指数	0.366	0.458	1.000				
	化学需氧量	−0.065	0.630	0.335	1.000			
	五日生化需氧量	0.527	0.502	0.754	0.099	1.000		
	氨氮	0.400	0.409	0.938	0.231	0.878	1.000	
	总磷	0.439	0.273	0.908	0.181	0.810	0.971	1.000
干季平均	pH 值	1.000						
	溶解氧	0.647	1.000					
	高锰酸盐指数	−0.374	−0.790	1.000				
	化学需氧量	−0.394	−0.664	0.787	1.000			
	五日生化需氧量	−0.208	−0.673	0.954	0.608	1.000		
	氨氮	−0.441	−0.790	0.980	0.749	0.940	1.000	
	总磷	−0.344	−0.819	0.974	0.712	0.948	0.977	1.000

进一步分析水质参数与社会经济数据之间的相关性,见表 5.5。主要水质指标与社会经济指标之间呈现负相关,水质并没有按照预期,随着工业、农业经济和人口增长而恶化。出现这一现象说明,2009 年以来随着国民经济的发展,研究区水污染治理工作不断加强,人口增长和经济发展的同时,水质是逐渐改善的。由此可见,在区域社会、经济、政策等因素变化的背景下,河流水质与土地利用之间并非简单的相关,而是呈现多敏感因素互相影响、相互渗透的现象,水污染机理和水循环过程受到人类活动影响,水质演变模式也发生了巨大变化。要研究滨海平原河网地表水质对土地利用/覆被变化的响应,需要进行多元分析,排除多敏感因素之间的互相干扰,才能深入挖掘二者之间的联系。

表 5.5　　　　　　　　　主要水质参数与社会经济数据之间的相关系数

参数	pH 值	溶解氧	高锰酸盐指数	化学需氧量	五日生化需氧量	氨氮	总磷
总人口/万人	−0.163	−0.140	−0.462	−0.464	−0.445	−0.490	−0.448
GDP/亿元	0.027	0.139	−0.884	−0.836	−0.805	−0.861	−0.822
总用电量/(亿 kW·h)	0.066	0.194	−0.894	−0.859	−0.789	−0.867	−0.827
农林牧渔总产值/亿元	−0.046	−0.381	−0.271	−0.484	−0.150	−0.230	−0.159
工业增加值/亿元	0.046	0.133	−0.873	−0.862	−0.799	−0.849	−0.807
建筑业总产值/亿元	−0.153	−0.116	−0.632	−0.564	−0.583	−0.631	−0.586

对各土地利用类型与水质指标进行相关性检验，全流域尺度上的相关性计算结果见表 5.6。由于水体水质受到多重因素叠加影响，土地利用与水体水质之间的相关系数较小，其中，水体面积与水体指标相关性最弱，建筑用地和林地与高锰酸盐指数、化学需氧量、五日生化需氧量、氨氮和总磷均呈现负相关，耕地则与这些指标呈现正相关，林地和水体面积均与溶解氧呈现正相关。

以监测点为圆心统计其周边不同尺度缓冲区的土地利用类型，发现水体、建筑用地、耕地这三种用地类型与水质之间并没有明显的相关关系，林地与化学需氧量、五日生化需氧量则呈现更为显著的负相关关系。

表 5.6　　　　　　　全流域尺度水质参数与土地利用类型之间的相关系数

类型	pH 值	溶解氧	高锰酸盐指数	化学需氧量	五日生化需氧量	氨氮	总磷
水体	0.227	0.413	−0.157	0.091	−0.073	−0.193	−0.227
建筑用地	0.230	0.033	−0.554	−0.526	−0.409	−0.492	−0.424
林地	0.330	0.456	−0.561	−0.547	−0.532	−0.535	−0.525
耕地	−0.406	−0.391	0.496	0.462	0.315	0.462	0.443

考虑到近 10 年来污水处理工程的全面推进，建筑用地增加的同时，污水处理措施也有所增加，这可能是有机污染物和营养物减少的主要原因。

以上分析表明，土地利用与水质参数之间的相关性较为复杂，在政策因素和人类生产活动的影响下，水循环过程受到较大干扰，各类影响因子之间的关联可能会导致相关分析产生误差。通过上述相关性分析，只能初步判断影响污染物浓度的主要土地利用类型，很难对其影响程度以及空间分异作用做出定量解析。

根据土地利用与地表水质之间的相关关系，结合实地调查得到的信息，认为不同土地利用方式对区域地表水质产生的影响在不同尺度上有所区别。耕地是影响氮、磷等营养物质指标变化的主导因素，污染主要来自化肥、农药和畜禽养殖。林地对污染物质具有吸收和降解的作用，其面积比例增加对改善区域水质具有重要作用。同时，小规模工业点源仍然是影响区域水质的重要因素之一。通过截污减排、河道整治和污水处理等措施，水体质量能够得到改善，但废水处理率距离100％仍有较大差距。

5.4　土地利用对水体水质的时空尺度效应

水资源和土地资源是经济发展中不可或缺的两项重要资源，二者的丰裕程度直接关系到滨海平原经济的可持续发展能力。历史上为了经济发展而超负荷利用水土资源，给资源环境带来了过大压力，许多滨海平原水质已经产生了破坏性且难以修复的后果。另外，较高的社会发展水平可以为水、土资源保护提供强有力的经济支撑和科技手段。因此，水资源、土地资源与经济发展之间是互相依存和影响的。

不同的土地利用尺度之间，水质演变的规律将出现显著差异。当前研究者均认同时空尺度的重要意义，但是，对不同尺度上演变过程及其作用机制了解还不够深入，因此，针对最优尺度的选择尚未形成完整的理论和方法体系。人类通过发展农、林、牧、渔业、工业、建筑业来对自然进行改造，其外在表现形式为土地利用类型和强度的改变。以不同空间尺度和时间尺度分析在强人类活动的影响下滨海平原水质演变的特征，并开展其归因识别，是实现"水-土"资源合理开发利用的基础。

5.4.1　土地利用对水体水质的空间尺度效应

本书基于遥感技术研究土地利用及其变化特征，对水质空间变化特征进行分析，构建了陆源产污和水体污染物迁移扩散相结合的模拟模型，可以针对滨海平原土地利用和水体水质的尺度效应开展研究，明确不同阈值缓冲区的土地利用单元对水体污染物的影响程度。

参考已有研究成果来选择空间尺度，包括全流域尺度与河岸带尺度的比较、不同等级流域尺度的比较、不同面积缓冲区尺度的比较等[13]。结合滨海平原感潮河网地区流域边界模糊、水质监测断面水文响应单元难以准确划分的特点，本书通过全流域尺度、河区尺度和汇流缓冲区尺度之间的对比研究，探讨区域水体质量与土地利用变量之间的空间尺度依赖性。三种尺度划分结果如下。

1. 流域尺度

在宏观尺度上，流域地表水体污染来源包括点源和非点源两种，均直接与土地利用方式和利用强度相关联。例如，非点源污染主要来自农业用地产生的化肥农药、禽畜养殖污水，以及城镇地表径流污染，污染物主要包括氮、磷等营养物。非点源污染的浓度一般较低，污染物随降雨径流过程移动，由于其发生时间的随机性以及受到沿途土地利用/覆被的影响，往往难以集中控制和管理。点源污染物的成分往往比较复杂，包括悬浮物、盐类、油类、氮磷营养物、有机有毒物质等。点源污染治理方法相对容易，由于一般是高浓度的集中排放，可以通过收集和统一处理后再排放到受纳水体。

平原河网的水文产、汇流特点不同于其他地区。由于地面落差小，坡度不明显，地表径流一般就近汇集到河流、沟塘等地面水体，河网内脉络相通，水流缓慢，每个水质监测断面所代表的水文贡献区域难以确定。因此，本书考虑以多点水质代表整体的面水体质量（以点代面），运用面积加权平均法求解区域内特定时间对应的水质指标。

研究区河网如图 5.7 所示，在 2017 年遥感影像识别基础上经实地测量校正得到，包括概化的县级、乡级河道。各测站的代表面积加权采用泰森多边形法进行划分，泰森多边形边界如图 5.7（a）所示，各测站代表面积百分比计算结果见表 5.7。

流域尺度上的均值模型将年、季、月的浓度进行平均，在水质稳定的情况下，均值模型最优，但在水质突变或波动的情况下，由于突发事故的高浓度值会被正常状态下的低浓度值拉平，容易造成水质稳定的假象，这也导致了本次对比中部分断面的评价结果与其他尺度差异较大。

表 5.7　　　　　基于面积加权法的各测站代表面积比例

断面	松浦	竺山江	郑家浦	浒山东	潮塘江	扬孝桥	八塘江	小曹娥	西三	朗霞	三塘江	周巷	四灶浦	四灶浦闸
代表面积/%	19.6	6.8	15.2	2.8	11.1	0.4	9.5	0.5	4.8	2.3	8.0	3.4	11.2	4.4

2. 河区尺度

研究区大部分河流都自成体系排入杭州湾。根据西高东低的地势，境内河网自东向西分为东河区、中河区、西河区、西北河区，其中西河区又分为南、北两部分，各河区通过水闸和泵站自行调控运作，河水向北排入杭州湾。河道又分为县级河道和乡级河道，各河区排水骨干河道断面基本信息见表 5.8。按社会属性对滨海平原河道进行等级划分，带来的困难是水质监测断面的水文响应单元难以确定，本书以点水质代表整条河流的水体质量（以点代线）进行分析。利用土地利用遥感分类结果统计河区内不同类别土地面积所占比例，各河区土地利用类型占比见表 5.9。

（a）泰森多边形边界

（b）水质监测点

图 5.7　河网图

表 5.8 各河区排水骨干河道断面基本信息

河区	河道	起点	终点	长度 /km	水面宽 /m	河底高程 /m
东河区	三塘横江	蛟门浦	洋浦	4.21	60	−1.37
	淡水泓	公路横河	八塘横江	5.37	60	−1.37
	松浦	长溪水库	九塘横江	12.88	60	−1.37
	高背浦	外杜湖中门闸	八塘横江	12.54	80	−1.37
		八塘横江	九塘横江	2.05	110	−1.37
	竺山江	外杜湖东门闸	灵湖水库	6.07	50	−1.37
	八塘横江	镇龙浦	郑家浦	20.60	80	−1.37
	徐家浦	七塘横江	九塘横江	1.10	70	−1.37
中河区	潮塘横江	青少年宫路	西三灶江	2.00	80	−0.87
	新城河	东横河	北三环以南 300m	5.41	70	−0.87
	三塘横江	洋浦	陆中湾	14.29	45	−0.87
	半掘浦	东横河	新二江	3.60	60	−0.87
		胜山横河	八塘横江	6.89	60	−0.87
	水云浦	东横河	八塘横江	16.25	70	−0.87
	东横河	人民闸	新城河	3.30	60	−0.87
西河区、 西北河区	周家路江	余慈界	三塘横江	6.40	30	−0.37
	建塘江	三塘横江	八塘横江	6.50	40	−0.37
		八塘横江	建塘江九塘闸	0.80	80	−0.37
	垫桥路江	大塘江	三塘横江	6.95	30	−0.37
	三八江	三塘横江	八塘横江	8.37	50	−0.37

表 5.9 各河区土地利用类型占比 %

河区	土地利用 类型	2009 年	2010 年	2012 年	2013 年	2014 年	2015 年	2016 年	2017 年	2018 年	2019 年	2020 年
东河区	水体	15.7	8.1	15.3	29.9	10.9	10.1	13.8	5.5	11.3	4.3	14.4
	建筑用地	21.2	22.3	25.7	27.4	32.5	25.3	24.6	23.0	33.2	30.2	30.7
	林地	18.6	9.9	13.1	10.8	15.9	15.7	21.9	22.6	17.9	12.4	6.6
	耕地	44.5	59.7	45.9	32.0	40.7	48.9	39.7	48.9	37.6	53.1	48.3
中河区	水体	17.6	9.9	14.8	27.1	9.7	12.9	14.5	4.7	11.0	4.6	13.0
	建筑用地	28.1	33.6	37.3	35.4	38.1	27.9	34.4	26.4	41.8	41.3	36.7
	林地	8.6	2.1	5.7	5.6	8.8	7.4	12.7	7.1	10.5	3.9	4.0
	耕地	45.7	54.3	42.1	31.9	43.5	51.7	38.4	61.8	36.7	50.2	46.3

续表

河区	土地利用类型	2009年	2010年	2012年	2013年	2014年	2015年	2016年	2017年	2018年	2019年	2020年
西北河区	水体	14.5	10.1	13.3	27.9	10.0	12.1	18.7	4.3	10.5	3.2	9.6
	建筑用地	17.6	19.7	29.6	26.7	29.0	32.1	31.8	24.4	33.4	34.4	33.8
	林地	8.0	5.6	5.8	4.6	5.9	3.8	9.1	11.1	12.0	3.3	3.5
	耕地	59.9	64.7	51.2	40.9	55.1	52.0	40.4	60.3	44.1	59.2	53.1
西河区南部	水体	1.0	0.9	2.6	15.3	1.7	7.6	13.5	0.2	3.1	0.4	4.6
	建筑用地	30.9	40.2	42.8	48.7	47.2	43.1	47.0	38.3	53.8	51.7	49.0
	林地	7.6	4.7	4.8	5.7	3.7	4.3	5.4	5.0	9.1	3.3	1.8
	耕地	60.5	54.2	49.5	30.3	47.3	44.9	34.1	56.5	34.1	44.6	44.6
西河区北部	水体	17.9	11.2	13.3	29.1	10.8	11.6	16.0	6.5	11.4	5.0	13.9
	建筑用地	29.0	32.2	30.3	35.2	42.0	30.2	41.6	27.6	51.7	41.5	43.8
	林地	13.8	4.4	9.0	5.5	8.0	7.0	10.7	9.5	9.7	3.2	3.0
	耕地	39.3	52.1	47.5	30.2	39.2	51.2	31.7	56.5	27.3	50.3	39.3

3. 缓冲区尺度

滨海平原河网内的河道纵横交错，地势平缓，因此难以准确界定各条河道的流域面积。本书依据河区总的集雨面积及河网总长度计算河流平均陆域汇流宽度，河道两岸陆域汇流宽度范围内的污染物入河情况对水质有直接影响，进而依据陆域汇流宽度来确定水质监测点的缓冲区尺度。

具体做法是：首先根据流域水系图，利用地理信息系统量算得每条河道单位长度的平均汇流面积作为陆域汇流宽度，见表5.10。然后依据陆域汇流宽度选择缓冲半径，以水质监测点为中心做圆形缓冲区。

表 5.10 各区域陆域汇流宽度

范围	河道等级	数量/条	最短长度/m	最长长度/m	平均长度/m	总长度/m	陆域汇流宽度/m
全区域	县级	33	4611	41106	12026	396857	2177
全区域	乡级	7465	1	7893	345	2608638	331
东河区	乡级	1915	3	3714	432	826861	384
中河区	乡级	3454	3	7893	286	986692	261
西北河区	乡级	619	1	4494	456	282425	421
西河区南部	乡级	1215	1	2130	284	344747	267
西河区北部	乡级	295	12	4494	569	167913	448

　　根据计算结果，县级河道平均陆域汇流宽度为 2177m，选择缓冲区半径为 1000m，乡级河道平均陆域汇流宽度为 331m，各河区相差较大，介于 261～448m 之间，平均缓冲区半径可以选择 200m。因此，应在 1000m 和 200m 两个缓冲区尺度上对土地利用与水质的影响进行研究。但是由于遥感影像栅格数据分辨率为 30m，对于 200m 范围的缓冲区，像元数目过少，在多因素外部扰动情况下模型输入数据的精度不足会导致水质影响模拟结果产生显著波动，最终选择以监测点为中心，半径 1000m 的圆形缓冲区。在现有测站中选择位于流域中心、受外流域调水及区域闸站运行影响较小的八个测站，进行土地利用对水体水质影响的缓冲区尺度分析。包括东河区松浦、郑家浦，中河区潮塘江、四灶浦、西北河区西三、八塘江，西河区周巷、三塘江，所选缓冲区位置如图 5.8 所示。

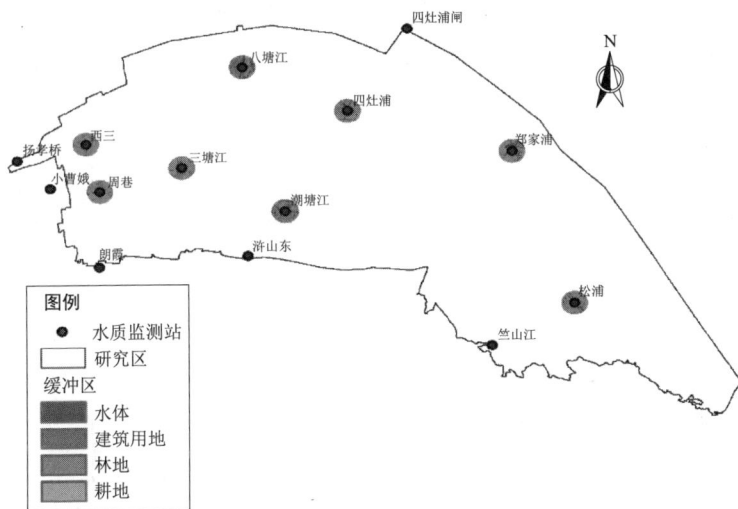

图 5.8　水质断面缓冲区空间单元生成及其土地利用示意图

　　基于三种空间尺度对滨海平原土地利用和水体水质进行多因素统计分析。采用灰色关联度分析方法（GRA），分析"人工-自然"二元水环境演变过程中，"水-土"灰色系统内我们所关注的水质指标受其他因素影响的相对强弱。GRA 方法通过判定序列曲线的相似程度来计算其关联度，对于社会经济系统、工农业系统、生态环境系统等，可以通过分析得到多种影响因素的重要程度，辨别出对该系统发展态势的决定性因子[181]。

　　基于多敏感因素识别及评价结果，人均建设用地面积、人均道路面积、年平均降水量、第一产业用水量、工业用水量、废水排放量、人口密度等指标对水体质量的影响高于土地利用相关指标。假设水质指标序列记为 x_0，土地利用序列记为（x_1，x_2，$\cdots$，x_m），某年份（第 k 年）水质指标对土地利用的灰

色关联度可由下述公式计算

$$\zeta_i(k) = \frac{\min\limits_i \min\limits_k |x_0(k) - x_i(k)| + \rho \cdot \max\limits_i \max\limits_k |x_0(k) - x_i(k)|}{|x_0(k) - x_i(k)| + \rho \cdot \max\limits_i \max\limits_k |x_0(k) - x_i(k)|} \quad (5.13)$$

式中 ρ ——分辨系数，取 0.5。

对流域尺度上各水质指标与不同土地利用类型占比之间的灰色关联度进行分析，结果见表 5.11。水质指标与四个不同土地利用类型面积占比的关联度差别不大，仅有化学需氧量值同耕地关联度较大，同林地关联度小，pH 值同建筑用地关联度较大，同林地关联度小。分析原因认为：由于所选水质测站位于下游出海口，水质指标长期以来一直较差，因此，月平均、年平均状况下，其水质指标与四个不同土地利用类型面积占比的关联度差别不大。

表 5.11　　　　流域尺度上水质与土地利用之间的灰色关联度

水质指标	水体占比	建筑用地占比	林地占比	耕地占比	最大、最小值差值
水质类别	0.71	0.73	0.7	0.78	0.08
pH 值	0.77	0.82	0.72	0.81	0.1
溶解氧	0.71	0.79	0.71	0.73	0.08
高锰酸盐指数	0.69	0.71	0.71	0.74	0.05
化学需氧量	0.73	0.76	0.72	0.83	0.11
五日生化需氧量	0.69	0.68	0.64	0.71	0.07
氨氮	0.7	0.67	0.72	0.73	0.06
总磷	0.69	0.67	0.69	0.75	0.08
总氮	0.66	0.66	0.66	0.76	0.1
铜	0.66	0.66	0.69	0.7	0.04
锌	0.76	0.72	0.76	0.76	0.05
氟化物	0.72	0.73	0.74	0.8	0.08
石油类	0.67	0.67	0.69	0.67	0.02

对河区尺度上各水质指标与不同土地利用类型占比之间的灰色关联度进行分析，结果见表 5.12，可以看出，水质指标同土地利用的关联度存在显著差别。在河区尺度上，高锰酸盐指数、化学需氧量、五日生化需氧量、氨氮、总磷这五个指标均和耕地占比的关联度最大，pH 值、溶解氧同建筑用地占比的关联度最大，而七个指标均和水体占比的关联度最小。

对 1km 缓冲区尺度上各水质指标与不同土地利用类型占比之间的灰色关联度进行分析，以松浦站为例，结果见表 5.13。在 1km 缓冲区尺度上，pH 值、化学需氧量、五日生化需氧量、氨氮这四个指标均和建筑用地占比的关联度最大；溶解氧、高锰酸盐指数、总磷同耕地占比的关联度最大，而七个指标均和水体占比的关联度最小。

表 5.12　　　河区尺度上水质与土地利用之间的灰色关联度

水质指标	水体占比	建筑用地占比	林地占比	耕地占比	最大最小差值
pH 值	0.62	0.93	0.85	0.89	0.31
溶解氧	0.63	0.90	0.82	0.83	0.28
高锰酸盐指数	0.59	0.80	0.80	0.85	0.26
化学需氧量	0.63	0.81	0.82	0.84	0.21
五日生化需氧量	0.60	0.77	0.77	0.77	0.17
氨氮	0.60	0.76	0.79	0.80	0.20
总磷	0.58	0.72	0.74	0.77	0.19

表 5.13　　　1km 缓冲区尺度上水质与土地利用之间的灰色关联度

水质指标	水体占比	建筑用地占比	林地占比	耕地占比	最大最小差值
pH 值	0.70	0.90	0.74	0.79	0.20
溶解氧	0.59	0.87	0.60	0.93	0.33
高锰酸盐指数	0.69	0.80	0.68	0.83	0.15
化学需氧量	0.65	0.76	0.74	0.72	0.11
五日生化需氧量	0.64	0.77	0.62	0.75	0.15
氨氮	0.62	0.71	0.62	0.64	0.09
总磷	0.59	0.76	0.71	0.85	0.26

建筑用地在所有尺度上都是影响 pH 值的主要因素。建筑用地在较大尺度上影响溶解氧指标，小尺度上耕地的影响更加明显。耕地在所有空间尺度上都是影响高锰酸盐指数的主要原因。化学需氧量在较大尺度上主要受到耕地的影响，而缓冲区尺度上则主要受到建筑用地的影响。各种土地利用类型对五日生化需氧量的影响基本相同。氨氮在较大尺度上受耕地以及林地的影响，小尺度上则主要受到建筑用地的影响。总磷则在所有空间尺度上受耕地的影响最为显著。

综上所述，在河区尺度上，水质指标同土地利用的关联度存在显著差异。如果仅利用 1km 缓冲区内的土地利用数据，水质指标同土地利用的关联度差别不够显著。在不同尺度上，耕地都是影响高锰酸盐指数和总磷的主要因素。在较大尺度上，化学需氧量和氨氮受耕地影响，而在缓冲区尺度上受建筑用地的影响更加明显。七个水质指标均和水体占比的关联度最小。

5.4.2　土地利用对水体水质的时间尺度效应

将研究区逐月水质指标按照多年数据、湿季数据、干季数据分别进行统计，七个典型指标的最大、最小以及平均值见表 5.14。

表 5.14   水质指标年际分析结果

水质指标	多年数据			湿季数据			干季数据		
	最大	平均	最小	最大	平均	最小	最大	平均	最小
pH 值	9.55	7.58	2.98	9.55	7.62	2.98	8.97	7.53	6.05
溶解氧/(mg/L)	16.00	7.11	0.73	16.00	6.77	0.91	13.80	7.43	0.73
高锰酸盐指数/(mg/L)	26.70	4.71	0.97	26.70	4.84	1.17	24.40	4.59	0.97
化学需氧量/(mg/L)	72.10	16.92	2.00	66.00	17.21	2.00	72.10	16.63	2.00
五日生化需氧量/(mg/L)	18.90	3.68	0.20	18.90	3.75	0.60	18.20	3.61	0.20
氨氮/(mg/L)	12.00	0.99	0.01	10.60	0.92	0.015	12.00	1.05	0.01
总磷/(mg/L)	3.09	0.19	0	2.23	0.19	0.012	3.09	0.18	0

由此表可知：对于 pH 值，高锰酸盐指数，化学需氧量，五日生化需氧量和总磷指标，湿季的平均值比干季高；而溶解氧和氨氮指标，湿季的平均值则比干季低。

对多年水质数据进行统计，得到六项典型指标的距平图，如图 5.9 所示。

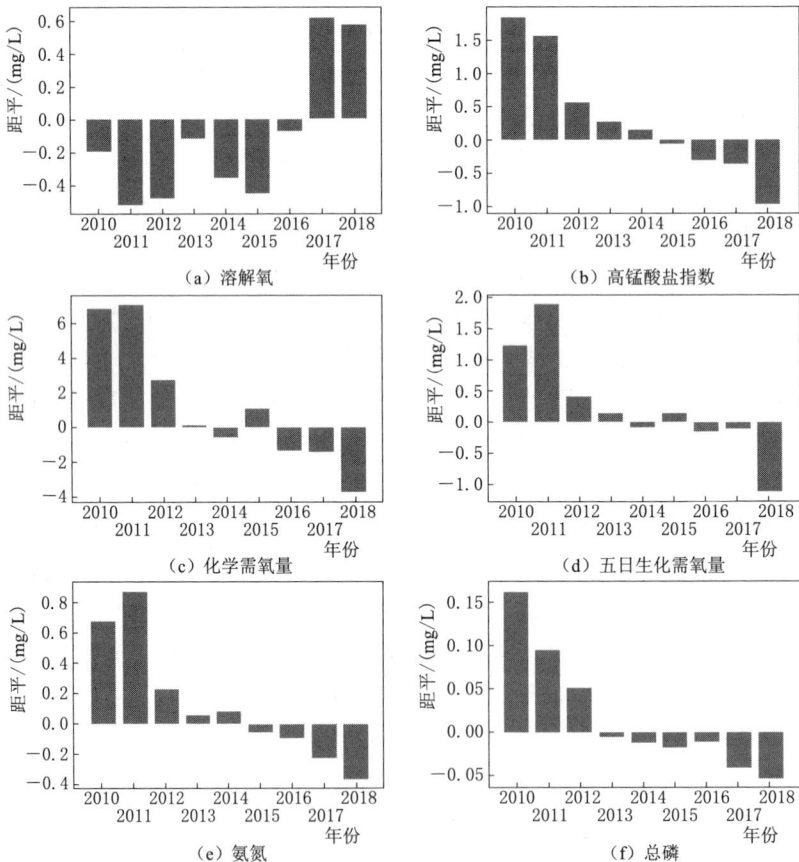

图 5.9　六项典型指标多年数据距平图

从多年数据统计出的六张距平图可知：溶解氧指标处于波动增长的状态，波动幅度较小，2017 年之后超过平均值；高锰酸盐指数和总磷指标处于稳定下降状态，高锰酸盐指数 2015 年之后低于平均值，总磷 2013 年之后低于平均值；化学需氧量，五日生化需氧量和氨氮指标均处于波动下降状态，其中，化学需氧量从 2010—2018 年的总下降幅度达到 10mg/L。

对湿季的水质数据进行统计，得到六项典型指标的距平图，如图 5.10 所示。

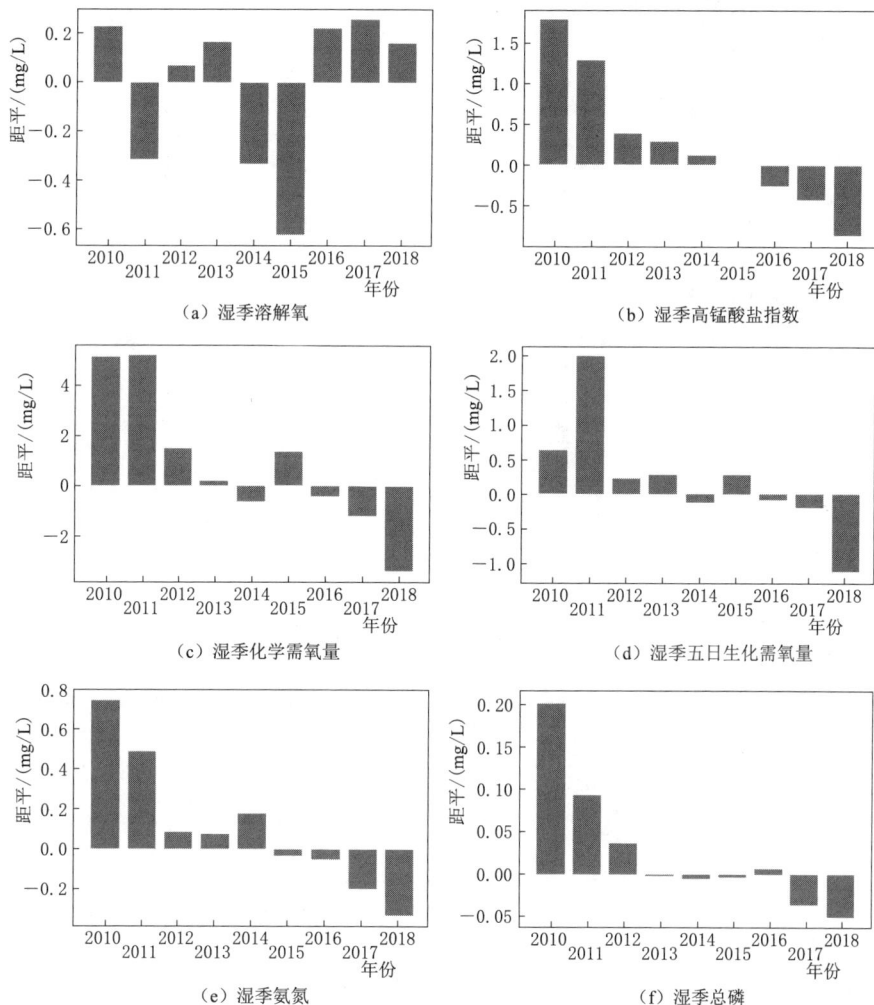

（a）湿季溶解氧　（b）湿季高锰酸盐指数
（c）湿季化学需氧量　（d）湿季五日生化需氧量
（e）湿季氨氮　（f）湿季总磷

图 5.10　六项典型指标湿季数据距平图

从湿季数据统计出的距平图可知：溶解氧指标处于"下降-上升-下降-上升"的波动状态，2018 年的数值与 2013 年几乎相等；高锰酸盐指数和总磷指标在湿季处于稳定下降状态，下降总幅度分别为 2mg/L 和 0.2mg/L；化学需氧量，五日生化需氧量和氨氮指标均处于波动下降状态。

对干季的水质数据进行统计，得到六项典型指标的距平图，如图 5.11 所示。

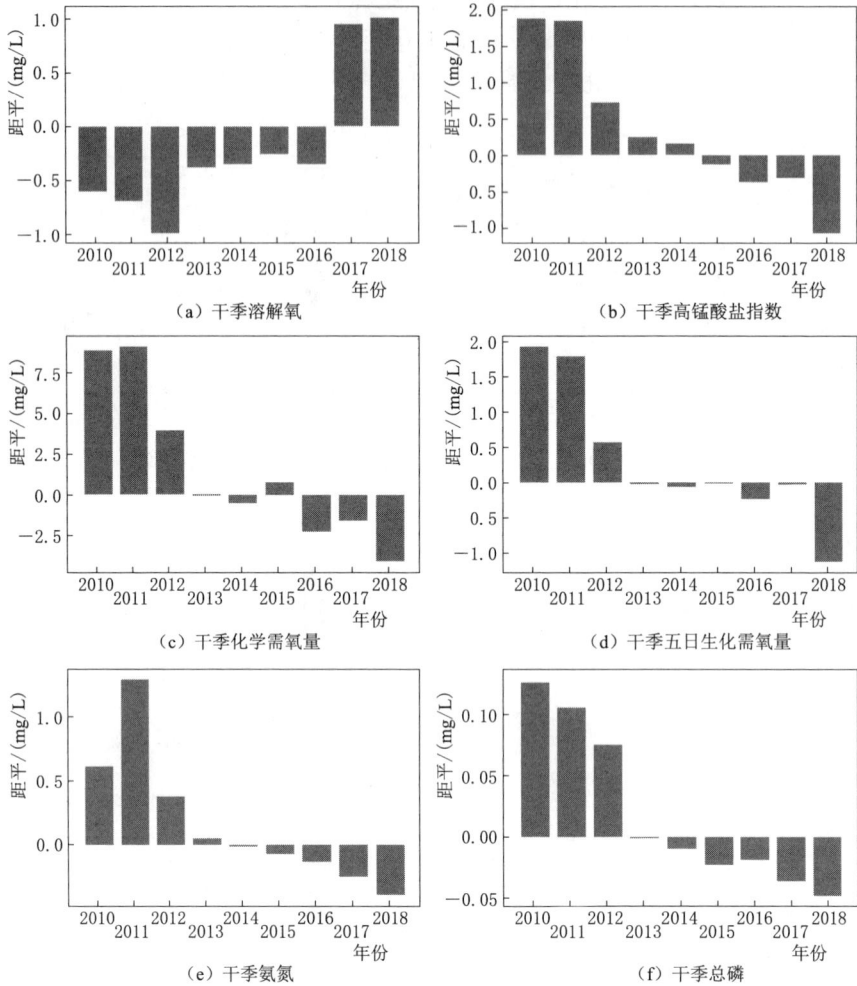

（a）干季溶解氧

（b）干季高锰酸盐指数

（c）干季化学需氧量

（d）干季五日生化需氧量

（e）干季氨氮

（f）干季总磷

图 5.11 六项典型指标干季数据距平图

从干季数据统计出的距平图可知：溶解氧指标处于波动增长状态，波动幅度较小，其变化趋势与多年平均值相同，绝对值大于多年平均；高锰酸盐指数和总磷指标在干季处于稳定下降状态，下降总幅度分别为 2.8mg/L 和 0.2mg/L；化学需氧量，五日生化需氧量和氨氮指标均处于波动下降状态，总体趋势与多年平均情况接近。

总体来说，年平均数据、干季数据和湿季数据的指标变化情况基本一致。

对比同一河区干季和湿季的土地利用与水体水质之间的灰色关联度，结果见表 5.15。不论在干季和湿季，高锰酸盐指数、五日生化需氧量、氨氮、总磷这四个指标均和耕地占比的关联度最大；pH 值、溶解氧都同建筑用地的关联度最大。而这七个指标均和水体占比的关联度最小。

表 5.15   河区尺度上不同季节土地利用与水体水质之间的灰色关联度

指标	水体占比		建筑用地占比		林地占比		耕地占比	
	干季	湿季	干季	湿季	干季	湿季	干季	湿季
pH 值	0.62	0.62	0.93	0.91	0.85	0.85	0.89	0.89
溶解氧	0.63	0.61	0.90	0.85	0.82	0.82	0.83	0.84
高锰酸盐指数	0.59	0.58	0.80	0.80	0.80	0.81	0.85	0.84
化学需氧量	0.63	0.59	0.81	0.80	0.82	0.77	0.84	0.79
五日生化需氧量	0.60	0.59	0.77	0.76	0.77	0.79	0.77	0.79
氨氮	0.60	0.62	0.76	0.74	0.79	0.76	0.80	0.78
总磷	0.58	0.56	0.72	0.71	0.74	0.74	0.77	0.75

5.5   趋势性和突变分析

从统计结果来看，数据系列的均值、变差系数、偏态系数等发生了改变，平均值出现了长期的系统升降，呈现出趋势性特征。另外，观测值也在一定时间范围内产生了明显的体系改变，也就是有突变发生。

国内外关于趋势分析和突变诊断的相关研究有很多，从概率统计入手发展出了多种方法。其中的非参数检验方法 Mann - Kendall 检验法不要求数据样本遵从某一特定分布，结果也不会受异常值影响，具有计算简便的特点，适用于水文、气象等非正态分布的数据，多被用于分析降雨、径流、气温等要素时间序列的趋势变化。

在 Mann - Kendall 检验中，原假设 H_0 为时间序列数据，$(x_1, \cdots, x_n)$ 是 n 个独立的、随机变量同分布的样本，备择假设 H_1 是双边检验。对于所有的 $k(j \leqslant n$ 且 $k \neq j)$，x_j 和 x_k 的分布是不相同的，检验的统计变量 S 计算如下式

$$S = \sum_{k=1}^{n-1} \sum_{j=k+1}^{n} \mathrm{sgn}(x_j - x_k) \tag{5.14}$$

其中

$$\mathrm{sgn}(x_j - x_k) = \begin{cases} +1 & (x_j - x_k > 0) \\ 0 & (x_j - x_k = 0) \\ -1 & (x_j - x_k < 0) \end{cases} \tag{5.15}$$

S 为正态分布，其均值为 0，方差 $\text{Var}(S) = n(n-1)(2n+5)/18$。当 $n >$ 10 时，标准的正态统计变量通过下式计算

$$Z = \begin{cases} \dfrac{S-1}{\sqrt{\text{Var}(S)}} & (S > 0) \\ 0 & (S = 0) \\ \dfrac{S+1}{\sqrt{\text{Var}(S)}} & (S < 0) \end{cases} \qquad (5.16)$$

在双边趋势检验中，在给定的 α 置信水平上，如果 $|Z| \geqslant Z_{1-x/2}$，则原假设是不可接受的，即在 α 置信水平上时间序列数据存在明显的上升或下降趋势。对于统计变量 Z，大于 0 时是上升趋势；小于 0 时则是下降趋势。

趋势描述：Z 的绝对值在大于等于 1.645、1.96 和 2.576 时，分别表示通过了置信水平 90%、95% 和 99% 的显著性检验。

当 Mann-Kendall 检验进一步用于检验序列突变时，检验统计量与上述 Z 有所不同，通过构造一秩序列

$$S_k = \sum_{i=1}^{k} \sum_{j=1}^{i-1} \alpha_{ij} \qquad (k = 2, 3, 4, \cdots, n) \qquad (5.17)$$

其中

$$\alpha_{ij} = \begin{cases} 1, & x_i > x_j \\ 0, & x_i \leqslant x_j \end{cases} \qquad (1 \leqslant j \leqslant i) \qquad (5.18)$$

定义统计变量

$$UF_k = \frac{|S_k - E(S_k)|}{\sqrt{\text{Var}(S_k)}} \qquad (k = 1, 2, \cdots, n) \qquad (5.19)$$

式中　样本均值：$\qquad\qquad E(S_k) = k(k+1)/4$

样本方差：$\qquad\qquad \text{Var}(S_k) = k(k-1)(2k+5)/72$

UF_k 为标准正态分布，给定显著性水平 α，若 $|UF_k| > U_0$ 则表明序列存在明显的趋势变化。将时间序列 x 按逆序排列，再按照上式计算，同时使

$$\begin{cases} UB_k = -UF_k \\ k = n+1-k \end{cases} \qquad (k = 1, 2, \cdots, n) \qquad (5.20)$$

通过分析统计序列 UF_k 和 UB_k 可以进一步分析序列 x 的趋势变化，而且可以明确突变的时间，指出突变的区域。若 UF_k、UB_k 值大于 0，则表明序列呈上升趋势；小于 0 则表明呈下降趋势；当它们超过临界直线时，表明上升或下降趋势显著。如果 UF_k 和 UB_k 这两条曲线出现交点，且交点在临界直线之间，那么交点对应的时刻就是突变开始的时刻。

对五个河区历年典型水质指标溶解氧、高锰酸盐指数、化学需氧量、五日生化需氧量、氨氮和总磷分别进行 MK 检测，检测结果如图 5.12～图 5.16 所示。

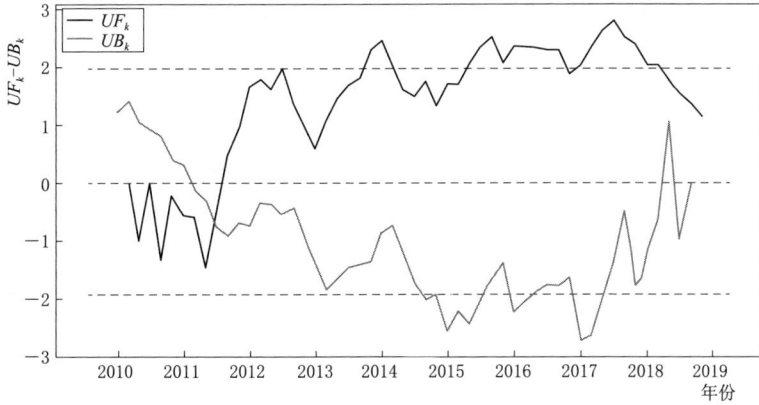

（a）溶解氧MK分析图

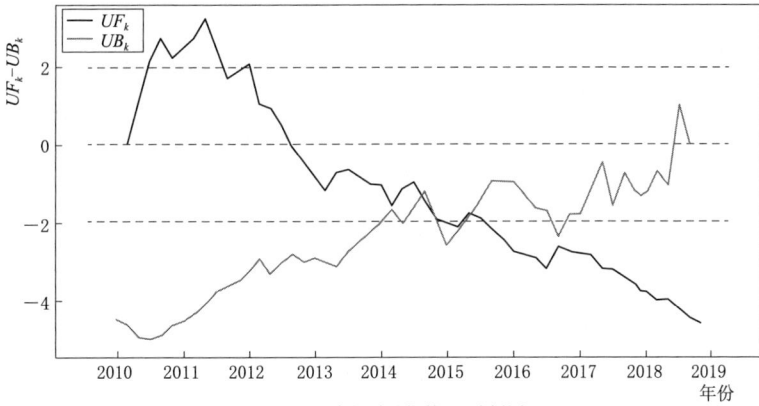

（b）高锰酸盐指数MK分析图

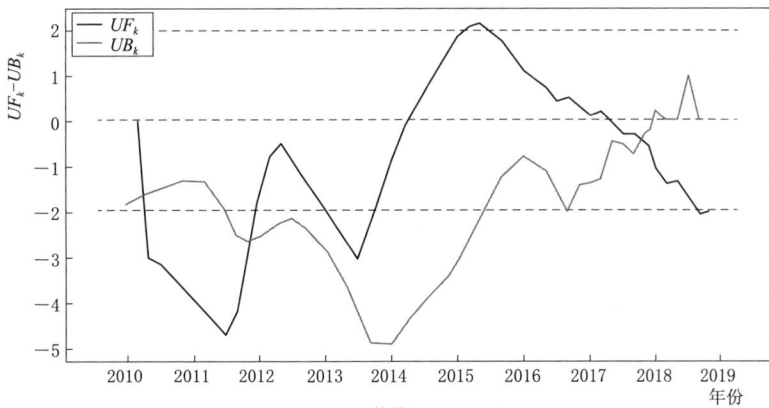

（c）化学需氧量MK分析图

图 5.12（一） 东河区主要水质指标 MK 检测结果

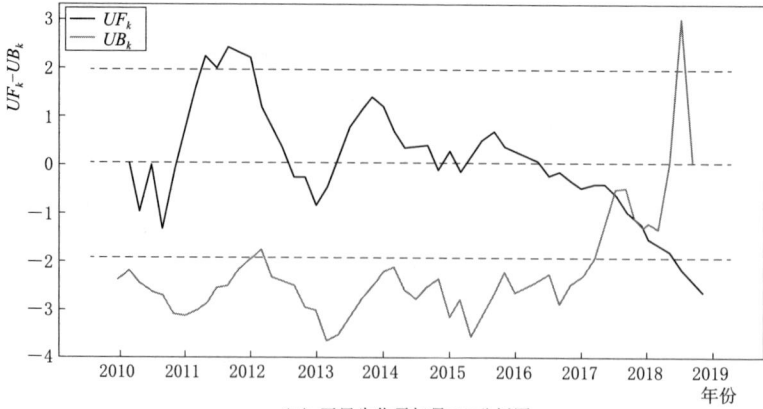

（d）五日生化需氧量MK分析图

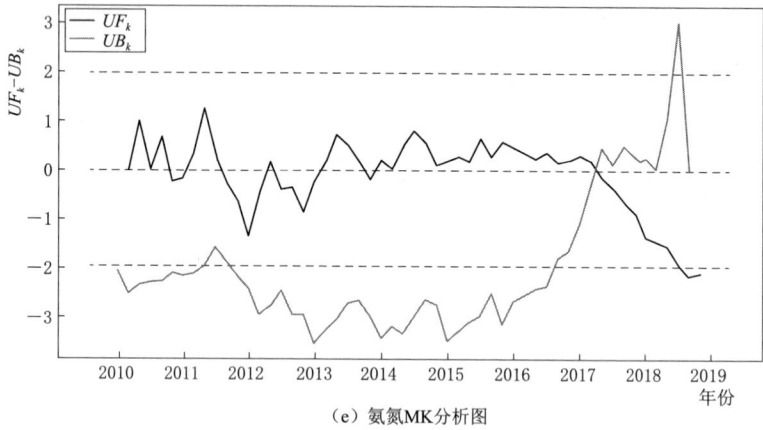

（e）氨氮MK分析图

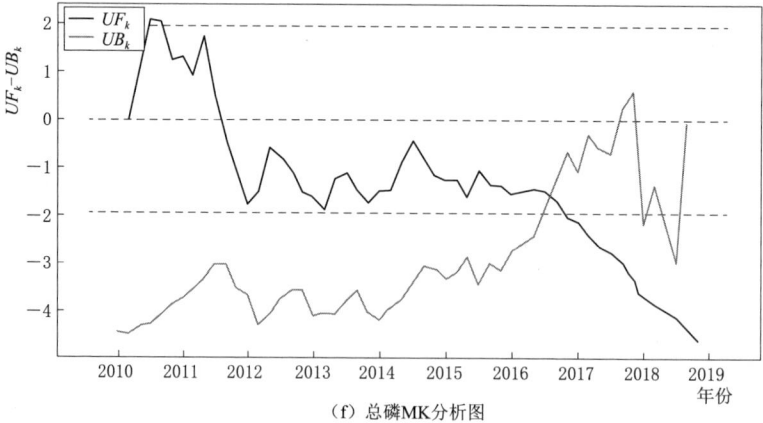

（f）总磷MK分析图

图 5.12（二） 东河区主要水质指标 MK 检测结果

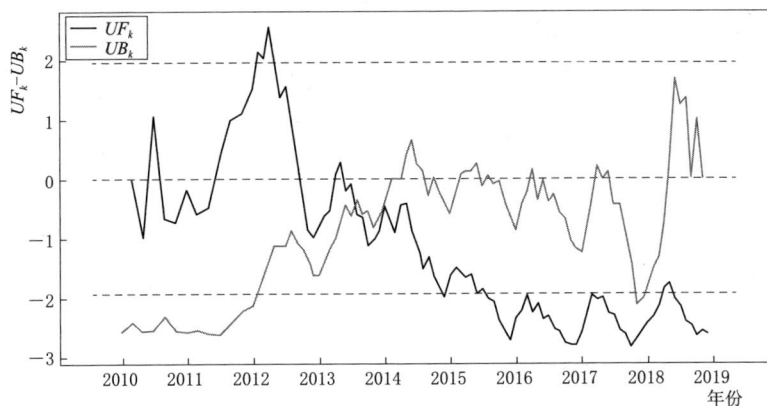

（a）溶解氧MK分析图

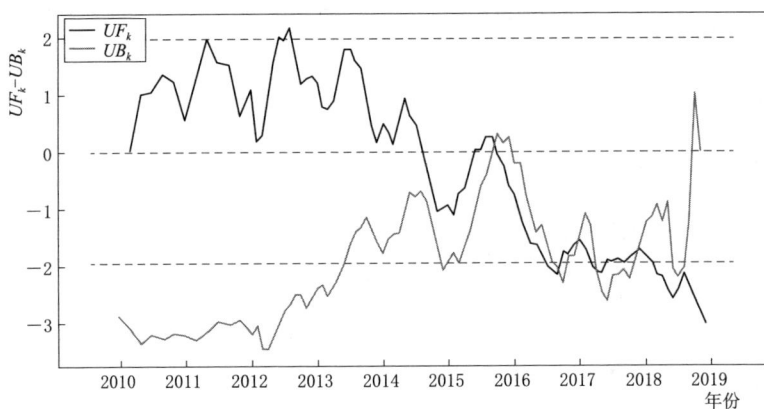

（b）高锰酸盐指数MK分析图

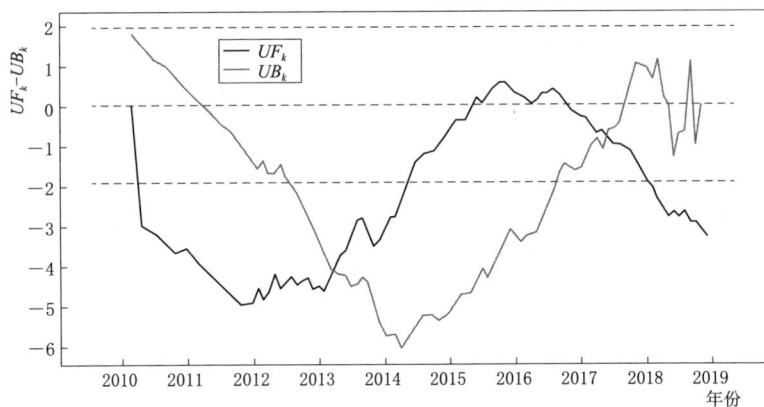

（c）化学需氧量MK分析图

图 5.13（一）　中河区主要水质指标 MK 检测结果

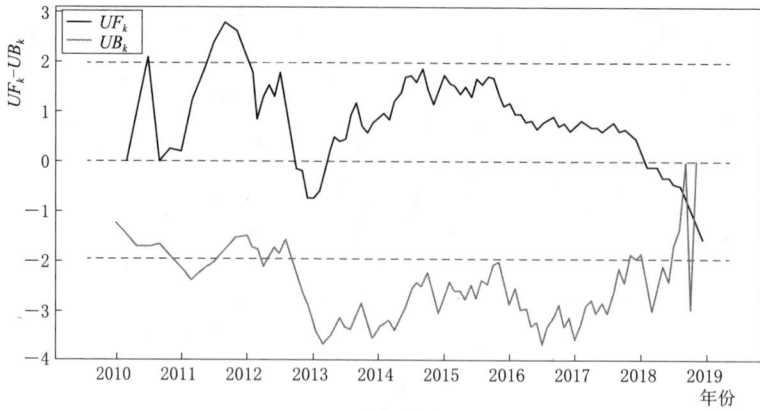

（d）五日生化需氧量MK分析图

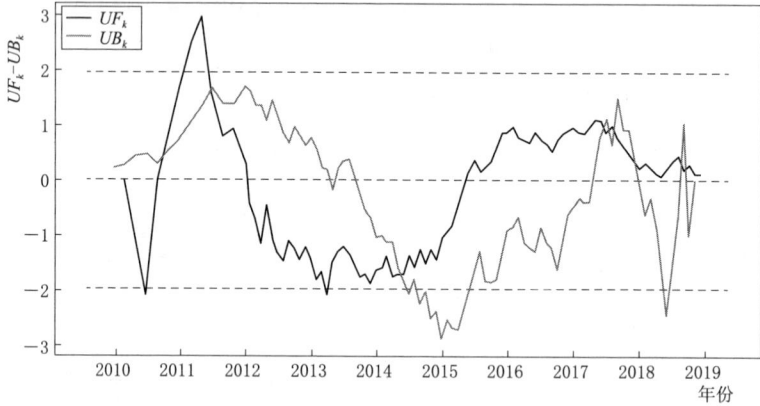

（e）氨氮MK分析图

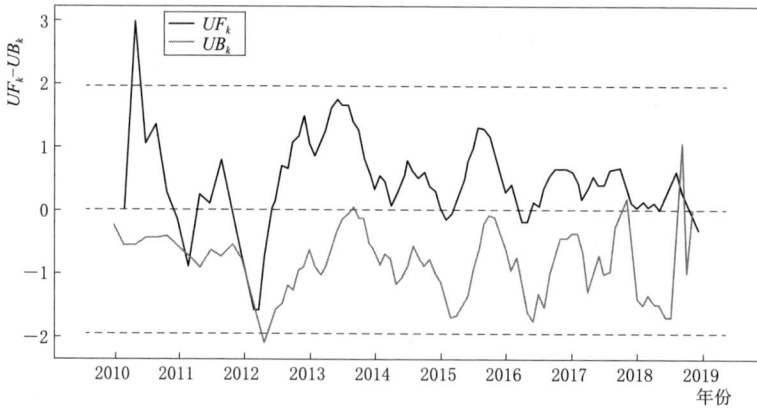

（f）总磷MK分析图

图 5.13（二） 中河区主要水质指标 MK 检测结果

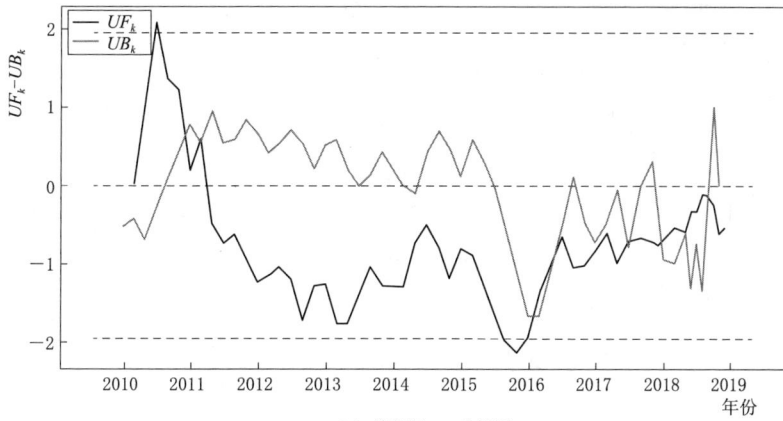

（a）溶解氧MK分析图

（b）高锰酸盐指数MK分析图

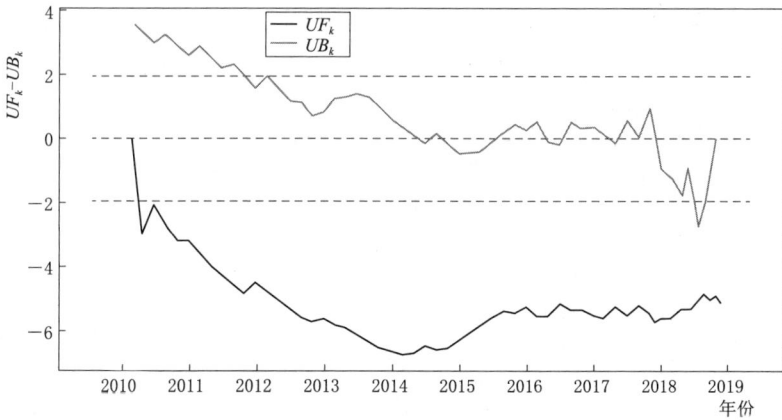

（c）化学需氧量MK分析图

图 5.14（一） 西北河区主要水质指标 MK 检测结果

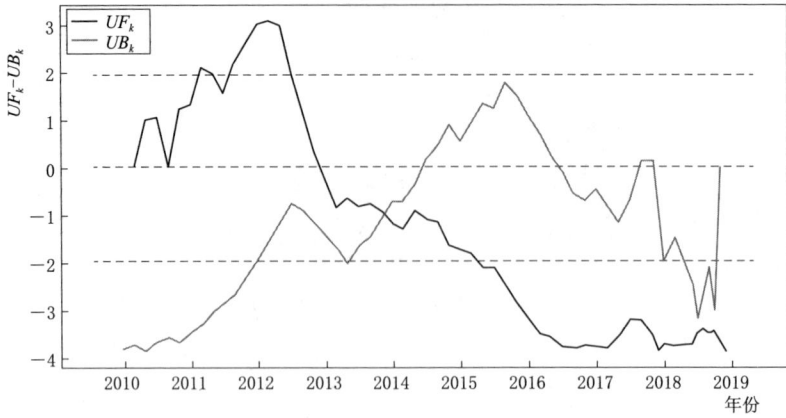

（d）五日生化需氧量MK分析图

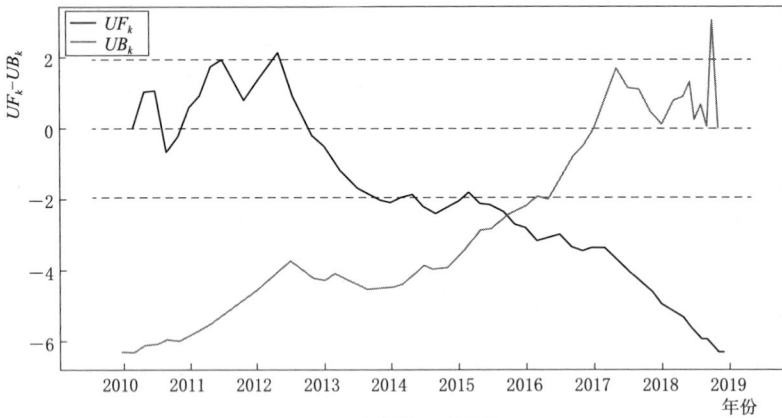

（e）氨氮MK分析图

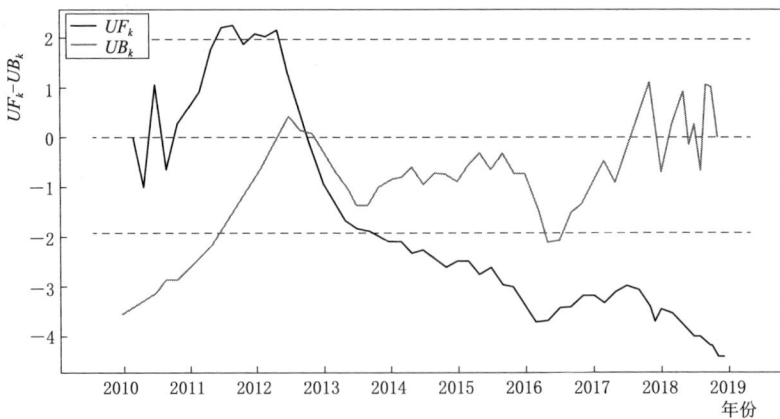

（f）总磷MK分析图

图 5.14（二） 西北河区主要水质指标 MK 检测结果

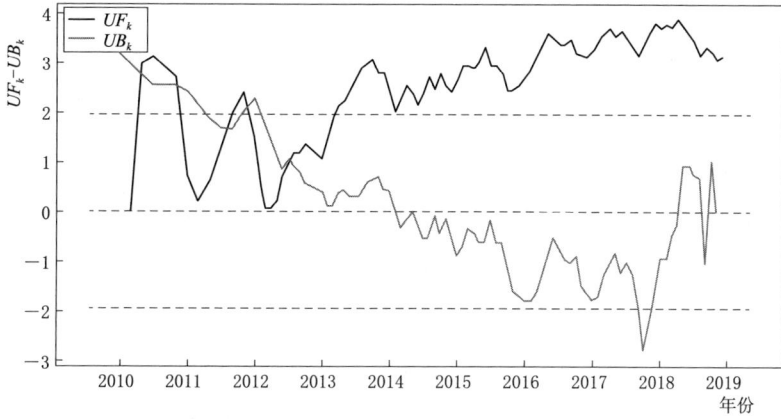

（a）溶解氧MK分析图

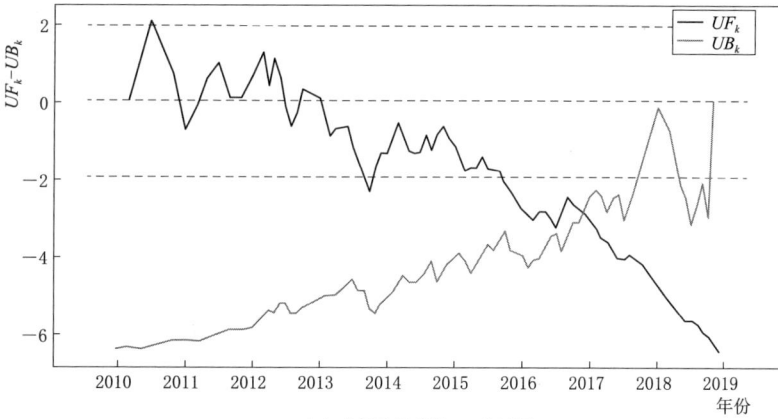

（b）高锰酸盐指数MK分析图

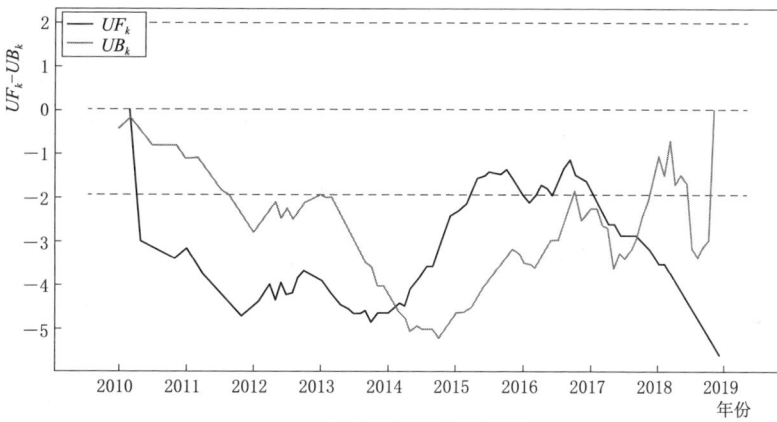

（c）化学需氧量MK分析图

图 5.15（一）　西河区北部主要水质指标 MK 检测结果

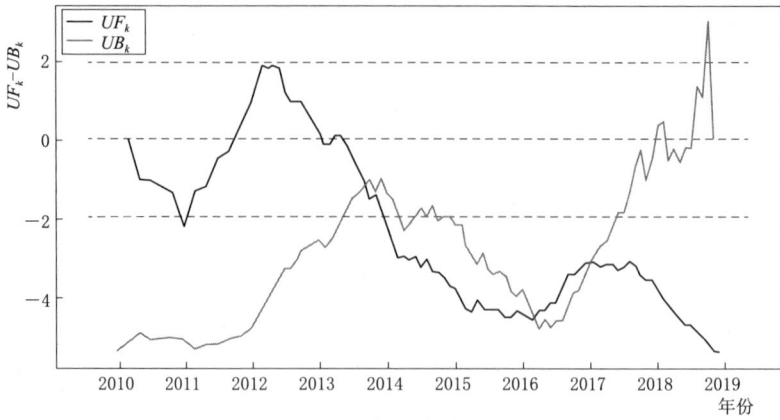

（d）五日生化需氧量MK分析图

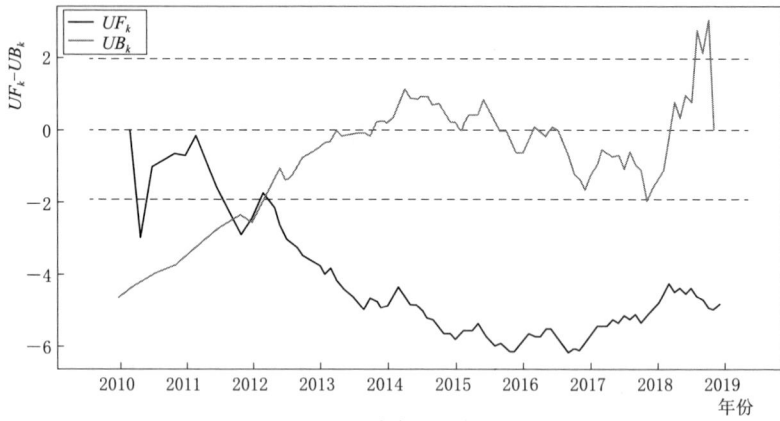

（e）氨氮MK分析图

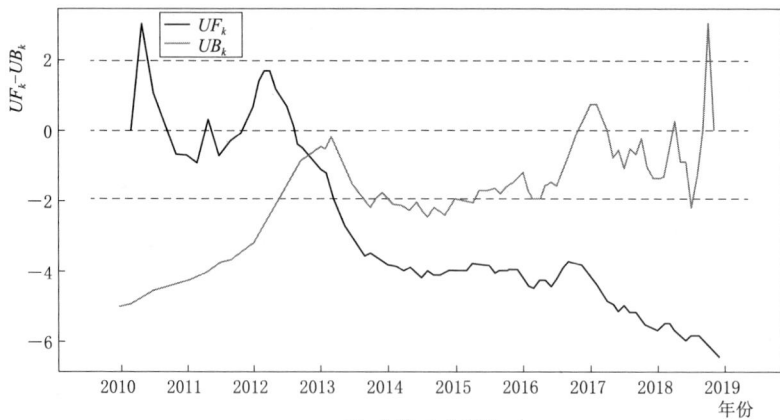

（f）总磷MK分析图

图 5.15（二）　西河区北部主要水质指标 MK 检测结果

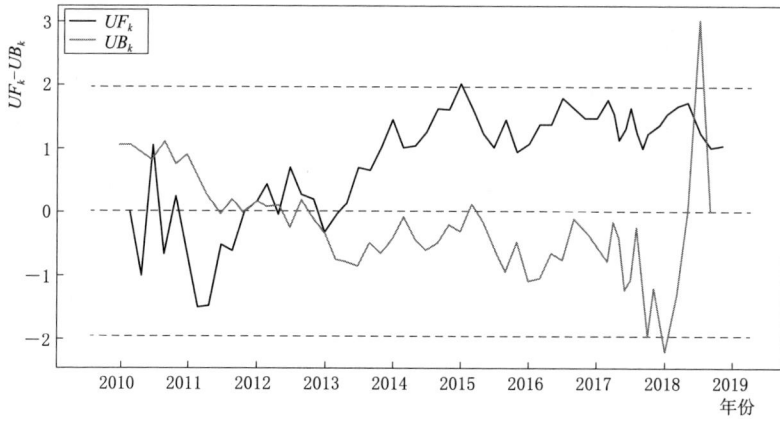

（a）溶解氧MK分析图

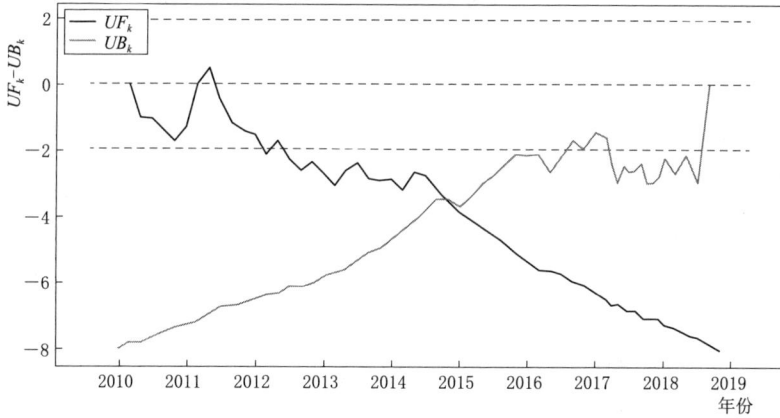

（b）高锰酸盐指数MK分析图

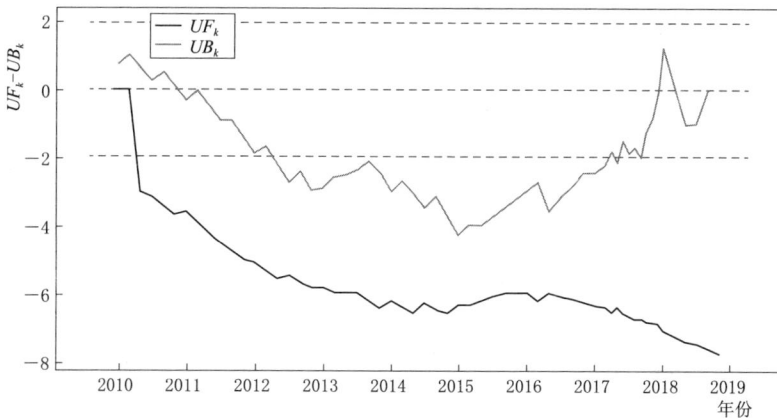

（c）化学需氧量MK分析图

图 5.16（一） 西河区南部主要水质指标 MK 检测结果

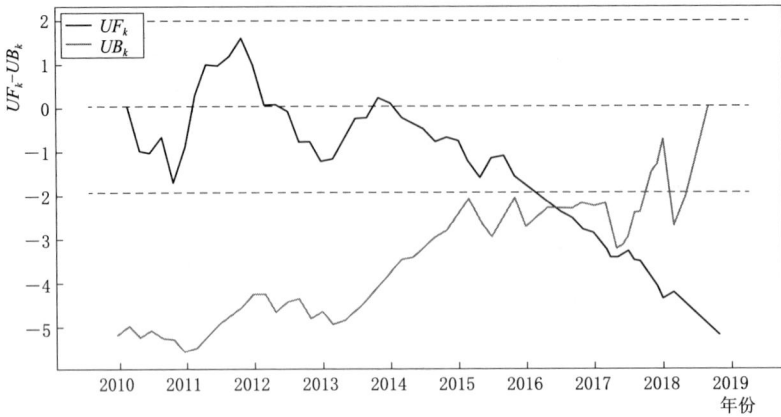

（d）五日生化需氧量MK分析图

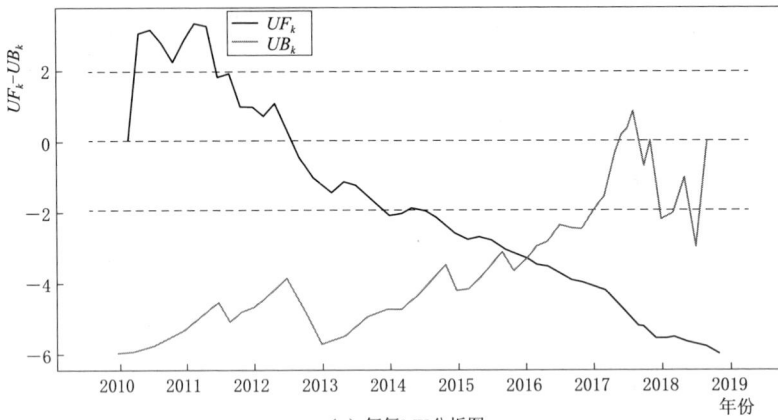

（e）氨氮MK分析图

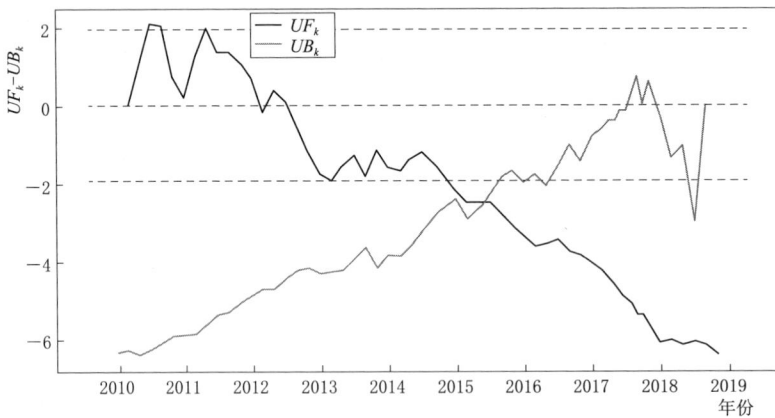

（f）总磷MK分析图

图 5.16（二） 西河区南部主要水质指标 MK 检测结果

1. 东河区 MK 检测结果

分析绘出的 UF_k 和 UB_k 曲线图。

(1) 溶解氧分析。由图中曲线可知，溶解氧的变化曲线，基本上都在显著性水平 0.05 的临界线内，其突变时间为 2012 年。

(2) 高锰酸盐指数分析。UF_k 在 2010—2015 年大于 0，2015 至今小于 0，表明高锰酸盐指数呈先上升后下降的趋势，两条曲线的交点在 2014—2015 年间，表明高锰酸盐指数在 2014—2015 年发生了突变。

(3) 化学需氧量分析。UF_k 呈小于 0，大于 0，小于 0 分布，表明化学需氧量呈先下降，后上升，再下降的趋势，曲线在置信区间的交点在 2017 年年底，表明在 2017 年年底，化学需氧量发生了突变。

(4) 五日生化需氧量分析。与化学需氧量类似，五日生化需氧量呈先下降，后上升，再下降的趋势，曲线的交点也在 2017 年年底，这表明，五日生化需氧量在 2017 年年底后发生了突变。

(5) 氨氮分析。氨氮的 UF_k 曲线为先大于 0，后小于 0，这表明氨氮呈先上升，后下降的趋势，并且该趋势越来越明显，曲线的交点在 2016 年年底，这表明，氨氮在 2016 年年底发生了突变。

(6) 总磷分析。总磷的趋势与氨氮类似，二者的趋势相同，呈先上升，后下降的趋势，并且该趋势越来越明显，曲线的交点在 2016 年年初，这表明总磷在 2016 年年初发生了突变。

2. 中河区 MK 检测结果

分析绘出的 UF_k 和 UB_k 曲线图。

(1) 溶解氧分析。由图中曲线可知，溶解氧的变化曲线，在 2013 年之前基本上大于 0，呈上升趋势；在 2013 年中旬，溶解氧发生了突变；之后一直呈下降趋势，并且这种趋势越来越显著。

(2) 高锰酸盐指数分析。UF_k 在 2010—2014 年大于 0，从 2014 年中至今小于 0，表明高锰酸盐指数呈先上升后下降的趋势；两条曲线在 2017 年左右多次交叉，表明高锰酸盐指数在 2017 年附近发生了突变。

(3) 化学需氧量分析。UF 基本上小于 0，一直呈下降的趋势，2010—2012 年快速下降，2012—2016 年下降趋势逐渐减弱。曲线在置信区间的交点在 2017 年中旬，表明在 2017 年年底，化学需氧量发生了突变，之后下降趋势明显。

(4) 五日生化需氧量分析。UF_k 的值在 2018 年之前大于 0，在 2010—2018 年呈上升趋势，之后开始下降，曲线的交点也在 2018 年中，这表明，五日生化需氧量在 2018 年中发生了突变。

(5) 氨氮分析。氨氮的 UF_k 曲线为小于 0、大于 0、小于 0、大于 0 的波动，这表明氨氮呈下降、上升、下降、上升的趋势，并且波动的趋势越来越小，曲线的交点在2014年和2017年中旬，这表明，氨氮在2014年中处于下降趋势时发生了突变，在2017年处于上升趋势时也发生了突变。

（6）总磷分析。总磷的UF_k图基本上维持大于0，总磷一直呈上升趋势，曲线的交点在2012年初和2019年，这表明总磷在该时间段发生了突变。

3. 西北河区MK检测结果

分析绘出的UF_k和UB_k曲线图。

（1）溶解氧分析。基本上都处在小于0的部分，只有2010年大于0，这表明该地区水质的溶解氧先呈上升趋势之后一直呈现下降趋势。根据UF_k和UB_k曲线交点的位置，2011年、2016—2019年，该地区的水体溶解氧时有突变现象。

（2）高锰酸盐指数分析。从2012年至今，UF_k在这些年都小于0，并且越来越小，这表明高锰酸盐指数在该地区越来越少，并且这种趋势越来越明显。

（3）化学需氧量分析。UF_k在这些年都小于0，这表明化学需氧量在该地区越来越少，并且这种趋势越来越明显。

（4）五日生化需氧量分析。UF_k在2013年后都小于0，这表明五日生化需氧量在该地区越来越少，并且这种趋势越来越明显。在2013年中有一个交点，所以有突变发生。

（5）氨氮分析。UF_k在2010—2013年大于0，在2013年后都小于0，这表明水体氨氮含量在该地区越来越少，并且这种趋势越来越明显。

（6）总磷分析。在2010—2013年，总磷大于0，在2013年之后小于0，在2012年中有交点，所以在2012年中水体总磷含量发生突变。

4. 西河区北部MK检测结果

分析绘出的UF_k和UB_k曲线图。

（1）溶解氧分析。基本上都处在大于0的部分，这表明该地区水质的溶解氧呈上升趋势。根据UF_k和UB_k曲线交点的位置可知，2012年中该地区的水体溶解氧指标有突变现象，之后上升趋势加快。

（2）高锰酸盐指数分析。2013年至今UF_k都小于0，并且越来越小，这表明高锰酸盐指数在该地区越来越少，并且这种趋势越来越明显，虽然两曲线在2016年有一个交点，但是这个交点不是在置信区间（−2，2）内，所以无突变发生。

（3）化学需氧量分析。UF_k在这些年都小于0，并且有波动，这表明化学需氧量在该地区越来越少，并且这种趋势越来越明显。

（4）五日生化需氧量分析。UF_k 在 2013 年之后都小于 0，并且有波动，这表明五日生化需氧量在该地区越来越少，并且这种趋势越来越明显。在 2013 年年底有一个交点，所以有突变发生。

（5）氨氮分析。UF_k 在这些年都小于 0，这表明氨氮在该地区越来越少，并且这种趋势越来越明显。

（6）总磷分析。总磷的趋势与氨氮类似，二者的趋势相同，都呈下降的趋势，并且该趋势越来越明显。并且在 2013 年发生了突变。

5. 西河区南部 MK 检测结果

计算结果分析。

（1）溶解氧分析。由图中曲线可知，溶解氧的变化曲线，基本上都在显著性水平 0.05 的临界线内，其突变时间为 2012 年中和 2018 年中，2012 年之后，溶解氧指标不断增大。

（2）高锰酸盐指数分析。UF_k 在这些年都小于 0，并且越来越小，这表明高锰酸盐指数在该地区越来越少，并且这种趋势越来越明显，虽然在 2015 年有一个交点，但是这个交点不是在置信区间（−2，2）内，所以无突变发生。

（3）化学需氧量分析。UF_k 在这些年都小于 0，并且越来越小，这表明化学需氧量在该地区越来越少，并且这种趋势越来越明显。

（4）五日生化需氧量分析。UF_k 在这些年基本上都小于 0，并且越来越小，这表明五日生化需氧量在该地区越来越少，并且这种趋势越来越明显。虽然两曲线在 2016 年有一个交点，但是这个交点不是在置信区间（−2，2）内，所以无突变发生。

（5）氨氮分析。氨氮的 UF 曲线为先大于 0，2012 年之后小于 0，这表明氨氮呈先上升，后下降的趋势，并且该趋势越来越明显。虽然两曲线在 2015 年年底有一个交点，但是无突变发生。

（6）总磷分析。总磷的趋势与氨氮类似，二者的趋势相同，呈现先上升，2012 年之后开始下降的趋势，并且该趋势越来越明显。虽然两曲线在 2015 年有一个交点，但是无突变发生。

对比五个河区历年典型水质指标 MK 检测结果发现：西北河区、西河区的南部和北部水质总体向好，突变多发生在 2012—2013 年，这个时间正是浙东引水工程开始向该区域调水的时刻。东河区和中河区不受跨区域调水的影响，污染指数总体呈现先上升、再下降的趋势，突变多发生在 2016—2018 年，这个时间段正是浙江省"五水共治"强力进行污水治理的起效阶段，在 2018 年之后，污染指标持续下降。

5.6　多时间尺度周期检测

　　所谓多时间尺度周期，是指系统变化并不存在真正意义上的固定周期性，而是时而以一种周期变化，时而又以另一种周期变化，并且同一时段中又包含这种时间尺度的周期变化。通过多时间尺度的研究将为水文水质系统分析、预测提供重要依据。

　　目前水文多时间尺度分析已取得系列研究成果。其中，小波分析方法因其多分辨率特性，自提出以来便成为该领域的研究热点。1993 年 Kumar 和 Foufoular Gegious 将该方法运用到水文分析中以来，小波分析在水文科学中已经取得了包括多尺度分析在内的许多研究成果。小波分析窗口大小固定，但其时宽和频宽可变，属于时频局部化分析方法，具有自适应的时频窗口。小波分析的关键在于需要引入一个满足一定条件的基本小波函数 $\psi(t)$，用以代替傅里叶变化中的基函数。$\psi(t)$ 经伸缩和平移得到一组函数

$$\psi_{a,b}(t) = |a|^{-\frac{1}{2}} \psi\left(\frac{t-b}{a}\right) \quad (a,b \in R, a \neq 0) \tag{5.21}$$

式中　$\psi_{a,b}(t)$ ——称为分析小波或连续小波；

　　　　a——尺度（伸缩）因子；

　　　　b——时间（平移）因子。

　　实数平面内连续小波变化（wavelet transform，WT）为

$$W_f(a,b) = |a|^{-\frac{1}{2}} \int_{-m}^{m} f(t) \psi\left(\frac{t-b}{a}\right) \mathrm{d}t \tag{5.22}$$

式中　$W_f(a,b)$ ——$f(t)$ 在相平面 (a,b) 处的小波变化系数。

　　连续小波变换的关键是基本小波函数 $\psi(t)$ 的选取。小波函数应该具有振荡性，并能够迅速衰减到 0。数学上的定义为

$$\int_{-m}^{m} \psi(t)\mathrm{d}t = 0 \tag{5.23}$$

　　满足上式的函数 $\psi(t)$ 称为基本小波函数。目前广泛使用的小波函数较多，本书选取了水文分析中常用的 Morlet 小波函数来对研究区的水质数据进行分析。Morlet 小波为复数小波，定义为

$$\psi(t) = \mathrm{e}^{w} \mathrm{e}^{-t^2/2} \tag{5.24}$$

式中　w——常数；

t——时间。

其傅里叶变换为

$$\Psi'(\omega) = \sqrt{2\Pi}\,\omega^2 e \qquad (5.25)$$

Morlet 小波伸缩尺度 a 与周期 T 有如下关系

$$T = \left| \frac{4\Pi}{\omega_0\,\sqrt{2+\omega_0^2}} \right| a \qquad (5.26)$$

通常 ω_0 取经验值。

小波检测结果的表示方法有很多种，利用 Matlab 强大的绘图功能可以分别得到等值线图、立体图和斑状图，这里我们仅选用表现较为清晰直观的时频分布等高线图来进行分析。所选区域和测站见表 5.16，样本观测周期为月。

表 5.16　　　　　　　　　多时间尺度周期检测区域及对应测站

区域编号	河区	测站	样本容量
1	东河区	松浦，竺山江，郑家浦	133
2	中河区	浒山东，潮塘江	162
3	西北河区	扬孝桥，西三，八塘江，四灶浦，四灶浦闸	286
4	西河区	小曹娥，周巷，朗霞，三塘江	226

4 个区域的 pH 值、溶解氧、高锰酸盐指数、五日生化需氧量、氨氮、总磷的小波分析结果如图 5.17～图 5.22 所示，除了年内周期性变化以外，还显示出了长时间周期内的变化。图中展示了时间轴、频率轴和颜色强度 3 个维度的信号特征，核心观察点在于识别信号能量随时间变化的频率分布。X 轴表示信号的时间序列，Y 轴表示信号分解后的频率成分，反映某一时刻特定频率成分的能量强度，颜色越浅表示该频率的幅值越高。

1. pH 值分析

4 个区域 pH 值的小波分析结果如图 5.17 所示。区域 1 和区域 2 呈现相似的特征，区域 3 和区域 4 的表现相似。对于区域 1 和区域 2 来说，pH 值的演变过程存在着 50～65、25～40 的两类时间尺度的变化规律。其中，在 $a=50～65$ 的时间尺度上出现了三次增减交替，$a=25～40$ 的时间尺度上出现了 5 次增减交替，这两种尺度的变化在整个分析时段表现非常稳定，具有全域性。对于区域 2 和区域 3 来说，pH 值的演变存在着 $a=50～65$ 的时间尺度的变化，在此时间尺度上出现了 5 次增减交替。

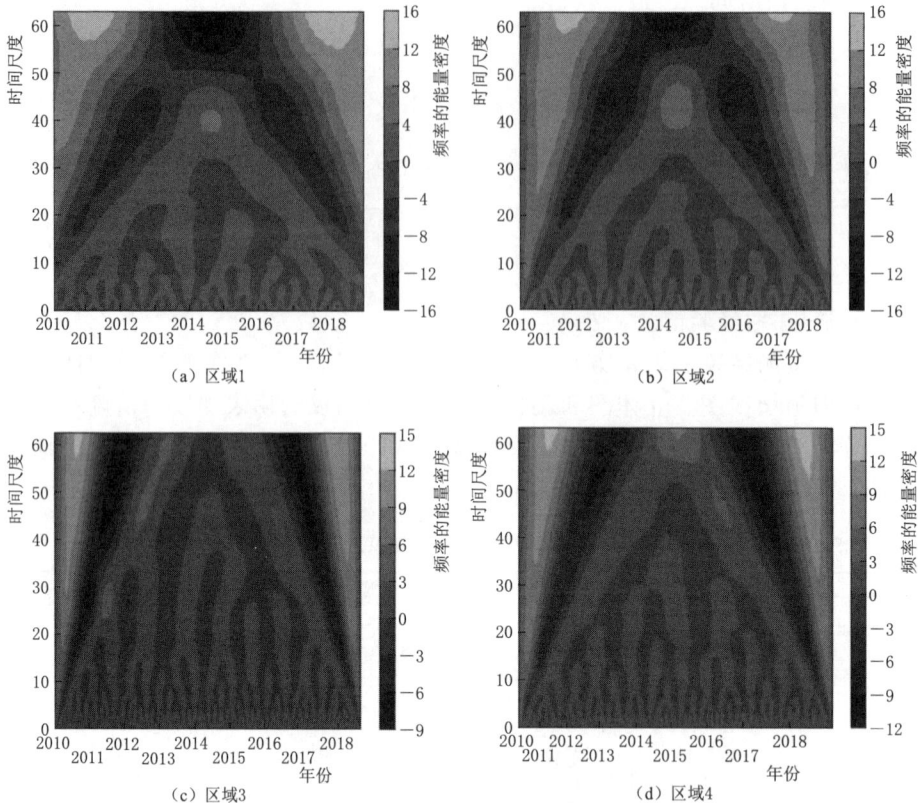

图 5.17　pH 值小波分析等高线图

2. 溶解氧分析

4 个区域溶解氧的小波分析结果如图 5.18 所示，不同区域的溶解氧演变的差异较大。对于区域 1，存在着 $a=55\sim65$、$15\sim20$、$0\sim10$ 这三类时间尺度的变化规律。对于前 2 个时间尺度，在整个分析时段表现稳定，$0\sim10$ 尺度的周期变化在 2017 年表现较为稳定。对于区域 2，主要存在着 $a=25\sim45$ 和 $a=5\sim15$ 时间尺度的周期变化，2015 年后 $a=10$ 左右的时间尺度周期变化较为稳定。对于区域 3，存在 $a=30\sim50$ 时间尺度的周期变化，在此时间尺度出现了 5 次增减交替的振荡，并且未来将会是减少周期。对于区域 4，存在 $a=40\sim55$ 和 $10\sim20$ 这 2 种时间尺度的周期变化，并且在整个分析时段表现都较为稳定。

3. 高锰酸盐指数分析

4 个区域高锰酸盐指数的小波分析结果如图 5.19 所示。区域 1 和区域 2 的表现类似，存在 $a=60$ 左右的时间尺度的周期变化。对于区域 3，在 2010—

（a）区域1　　　　　　　　　　　　　　（b）区域2

（c）区域3　　　　　　　　　　　　　　（d）区域4

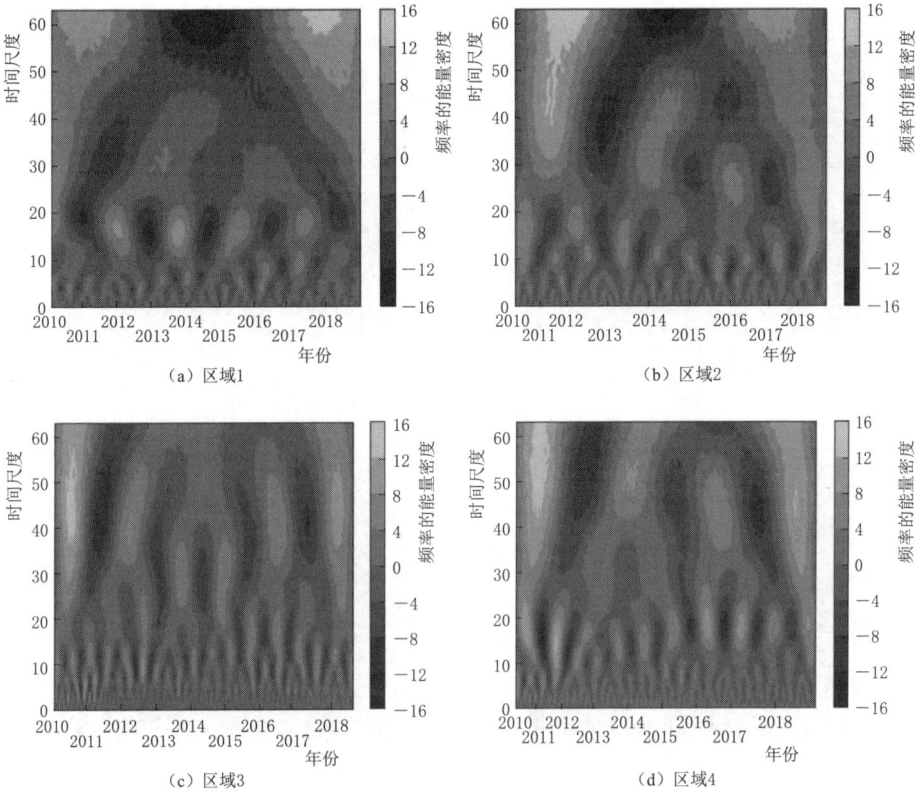

图 5.18　溶解氧小波分析等高线图

2013 年之间存在 $a=65$ 左右的时间尺度的周期变化。对于区域 4，在 2010—2015 年之间存在 $a=60$ 左右的时间尺度的周期变化。

4. 五日生化需氧量分析

4 个区域五日生化需氧量的小波分析结果如图 5.20 所示。4 个区域的演变差异较大，对于区域 1，在 2010—2016 年，存在 $a=15$ 左右的变化周期。对于区域 2，存在 2 个主要的变化周期，时间尺度在 $a=40$ 左右的变化周期在整个分析时段表现较为稳定，说明在未来的大时间尺度上呈现下降的趋势，在 2011—2016 年间存在 $a=10$ 左右时间尺度的变化周期。对于区域 3 和区域 4，演变周期主要出现在 2010—2013 年间，在这期间有 3 个时间尺度的演变周期：$a=15$，$a=25$，$a=50\sim65$。

5. 氨氮分析

4 个区域氨氮的小波分析结果如图 5.21 所示。区域 1 存在两种时间尺度的变化规律，2011—2014 年，存在着时间尺度在 $a=8$ 左右的明显的变化周期，在较大的时间尺度 $a=40$ 上，存在着逐渐衰弱的变化周期，可以看出在

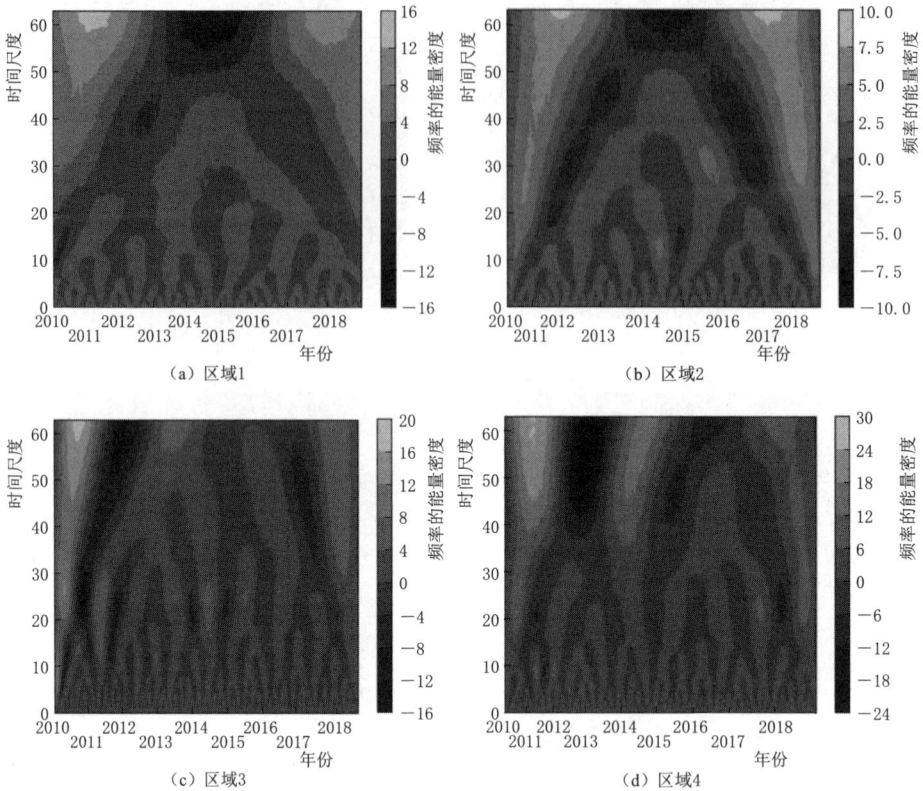

图 5.19　高锰酸盐指数小波分析等高线图

未来的大时间尺度上，氨氮指标会呈现小幅度提升的趋势。对于区域 2，在时间尺度 $a=30$ 和 $a=60$ 上，都存在稳定的变化周期，可以看出未来在这 2 种时间尺度上氨氮指标会呈现下降的趋势。对于区域 3，2010—2016 年存在 2 个不同时间尺度的演变周期，在 $a=60$ 的时间尺度上，呈现先增加后减少再增加的趋势，在 $a=20$ 的时间尺度上，呈现增减交替的变化规律。对于区域 4，在 2010—2016 年间，$a=60$ 的时间尺度上变化规律和区域 3 大致接近。

6. 总磷分析

区域 1 和区域 2 的总磷小波分析结果如图 5.22 所示。两地区的整体演变规律比较接近，都存在两个不同时间尺度的演变周期：2011—2014 年，在时间尺度为 $a=8$ 左右存在一个增减交替的变化周期；在整个分析时段中，在时间尺度为 $a=60$ 左右存在一个增减交替的变化周期，并且未来在较大的时间尺度上将会处于增长的末期。

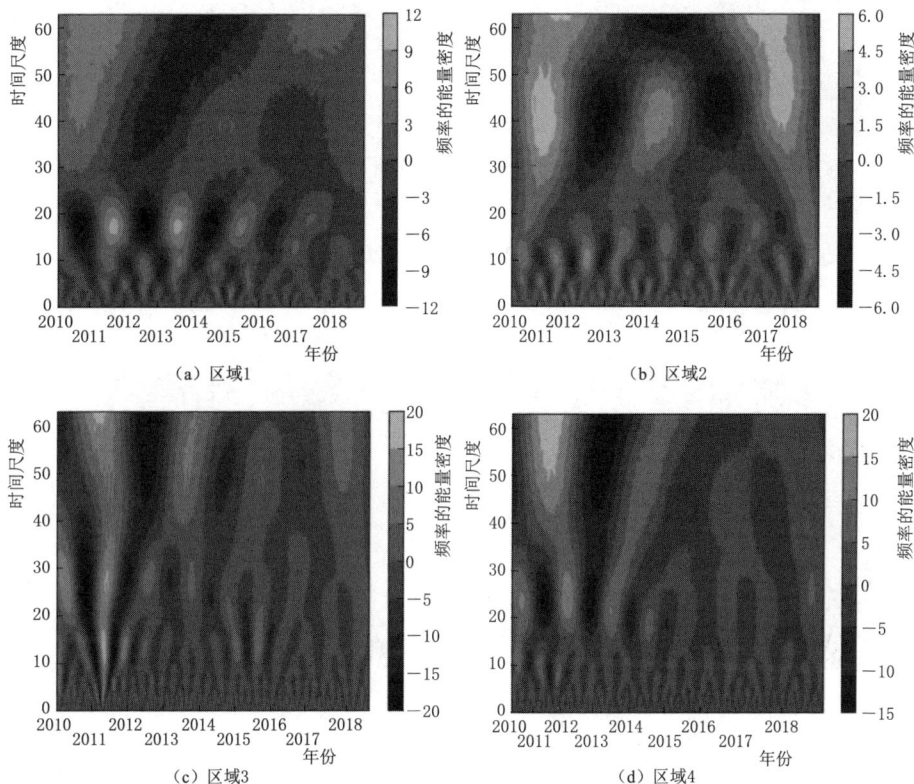

（a）区域1　　　　　　　　　　（b）区域2

（c）区域3　　　　　　　　　　（d）区域4

图 5.20　五日生化需氧量小波分析等高线图

　　地表水质变化的时间周期规律与区域水文循环过程密切相关，滨海平原的水质在人工干预和自然力两者的共同作用下不断演变，迄今尚未形成平衡点，导致近十多年来水质问题和水危机问题频发。土地资源利用发生变化是影响区域水质变化的基本因素，滨海平原土地利用由大规模农业经济发展及工业化起步阶段逐步进入工业化和城市化阶段。

　　大量生活、工业、农业污染物被排入河道，由于河流流速缓慢、水循环周期长、自净能力弱等原因，引起区域水质恶化，造成滨海平原典型的"水多、水少、水脏"困境。随着土地利用强度的提升，滨海平原水资源越来越紧缺，关于水质提升的补救和治理工作越来越受到重视，经济发展、土地利用和水质保护进入博弈阶段。

（a）区域1　　　　　　　　　　　（b）区域2

（c）区域3　　　　　　　　　　　（d）区域4

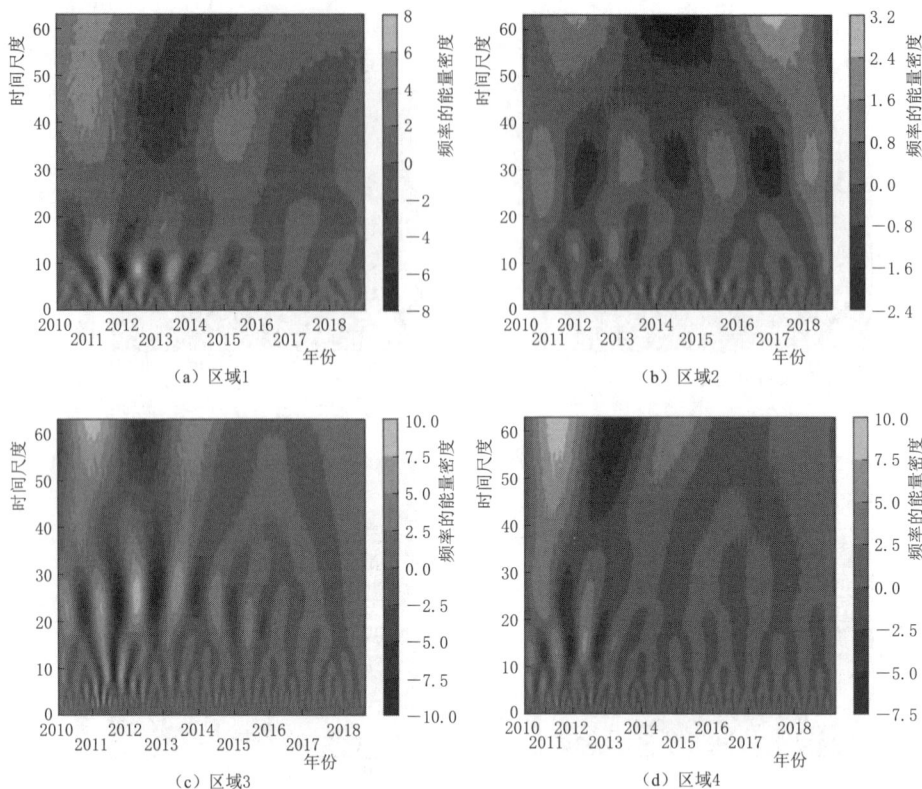

图 5.21　氨氮小波分析等高线图

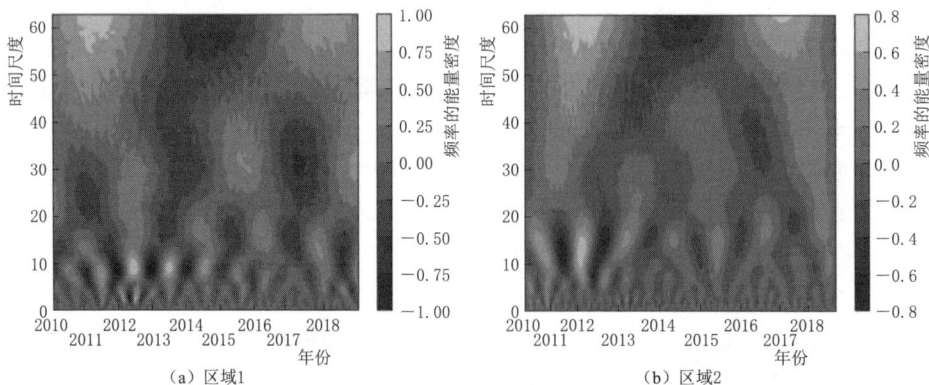

（a）区域1　　　　　　　　　　　（b）区域2

图 5.22　总磷小波分析等高线图

第6章

结 论 与 展 望

6.1 主要研究结论

本书通过系统研究 2009—2020 年研究区土地利用/覆被变化与河网水质的耦合关系，得出以下重要结论。

（1）土地利用/覆被变化特征。城镇化建设和农业产业升级是驱动 LUCC 的主要因素，导致城镇建设用地面积显著增长 50.2%，耕地、林地和水体面积相应减少。研究期内土地利用类型未发生变化的区域仅占 52.7%，表明研究区土地利用变化十分剧烈。

通过构建三级水体污染风险评估框架（包含 3 个一级指标和 23 个二级指标），识别出降水量、第一产业用水量、工业用水量、废水排放量、人口密度等关键影响因素，这些指标对水污染风险具有显著影响。

（2）河网水质时空演变特征。水质分析表明，总磷、氨氮、五日生化需氧量、溶解氧、高锰酸盐指数、化学需氧量、石油类和粪大肠杆菌是主要污染指标。其中西河区南部水质状况最差，各污染物在不同河区表现出明显的时空分异特征。

季节性变化规律显著：pH 值、五日生化需氧量和总磷在干季下降，氨氮在干季上升，而溶解氧、高锰酸盐指数和化学需氧量未表现出明显的年内变化规律。

（3）土地利用-水质响应关系。

1）构建的河网水质模型经过严格验证：水位模拟平均误差控制在 0.05m 以内，水量平衡计算误差小于 4%，氨氮浓度模拟值与实测值吻合良好，能够准确反映研究区水系氨氮状况。

2）空间尺度效应分析表明：农业用地在所有尺度上都是影响高锰酸盐指

数和总磷的主要因素，化学需氧量和氨氮在较大尺度上主要受农业用地影响，在缓冲区尺度则主要受建筑用地影响。

3）时间尺度分析发现：溶解氧呈波动增长趋势，高锰酸盐指数和总磷呈稳定下降趋势，化学需氧量、五日生化需氧量和氨氮呈波动下降趋势。

（4）关键发现与治理建议。景观功能分析：耕地作为"源"景观，是影响高锰酸盐指数、化学需氧量、氨氮和总磷的主要因素。建筑用地和林地作为"汇"景观，对污染物具有吸收降解作用。在河区尺度，林地对氨氮和总磷的降解效果更显著。

综合治理对策建议如下。

1）推进产业集中布局，提高工业废水集中处理率。

2）加快城市污水管网改造，扩大纳污范围。

3）建设农村污水生态处理设施。

4）控制农业面源污染，实施化肥农药减量化。

5）增加河岸缓冲带建设，提升林地覆盖率。

本书通过多尺度分析方法，系统揭示了土地利用变化与河网水质的耦合关系，为滨海平原地区水环境治理提供了科学依据。模型验证结果表明，构建的"土地利用/覆被-水质水量"耦合模型能够较好地模拟研究区水环境状况，可为管理部门决策提供技术支持。

6.2 研究创新

本书以滨海平原土地利用/覆被变化（LUCC）与水质变化的耦合效应为研究主线，重点开展以下三方面研究：①滨海平原 LUCC 演变模式识别与地表水质特征建模；②LUCC-水质耦合关系解析与模型构建；③ 不同经济发展情景下 LUCC 对水体污染影响的量化模拟。研究方法体系包含：① 基于多源遥感的土地/水体信息提取技术；② 融合时间序列分析的 LUCC 动态监测方法；③"水-土"耦合效应评估模型；④ 污染负荷响应的空间显式模拟算法。

本书具有以下创新点：

（1）揭示了滨海平原"土地利用/覆被-地表水质"演变模式。分析不同土地利用类型的变化过程及变化趋势，对土地利用/覆被组分信息及时空变异特征值进行统计。基于时间序列方法，研究多源输入环境下的滨海平原地表水体典型污染物的时空分布特性。明确了滨海平原土地利用/覆被类型演变特征和地表水质特征及关键驱动因子。

（2）提出了滨海平原土地利用/覆被变化与水质耦合的相关关系。滨海平原地表水质与其土地利用/覆被类型互为因果，互相影响。通过建立土地利用/

覆被多组分信息空间研究框架，综合表达并量化与水质相关联的土地利用多信息指标，筛选与水体营养物产生、迁移和转化密切相关的土地利用信息并进行定量刻画。通过多输入多输出关系模型研究土地利用动态变化与区域水质之间的相关性。同时，通过引入人工引水工程和水环境治理政策等因素的敏感性分析，进一步提高上述耦合模型的准确性。在揭示土地利用与水质因子耦合响应方面，具有较高的准确性，也增加了土地利用对水体营养物输出的解释能力。

（3）明确了不同时空尺度上滨海平原土地利用/覆被类型和水质之间的响应特征。本书根据典型河流水质监测点周围缓冲区的不同距离尺度大小，研究流域水体污染物浓度变化的关键驱动因子，对流域土地利用/覆被在不同尺度上对河道水体污染物的影响情况进行比较。基于研究区土地利用/覆被的空间分布特征，在不同尺度上研究土地利用和水体营养物之间的关系及阈值，识别两者之间在不同等级结构上的关键影响因素。

6.3　有待进一步研究的问题及展望

（1）本书以氨氮为例对滨海平原河网"土地利用/覆被-水质水量"模拟模型进行了验证，但是由于其他类型的污染源调查工作尚未开展，污染物总量计算和验证工作存在困难，有待今后对其他单一污染物逐个进行污染指数计算和验证。

（2）由于水循环过程和污染物产生、降解过程均受到政策因素和人类生产活动的影响，各类变量之间的相互关联可能会导致错误判断土地利用变量与水质参数之间的相关性。通过土地利用/覆被与水质参数之间的相关性分析，只能初步判断污染物主要受何种土地利用类型的影响，对其影响程度和空间分异作用，尚不能作出定量解析。

（3）对土地利用/覆被与水体水质的空间尺度分析，本书选用了流域尺度、河区尺度、1km缓冲区尺度。其中，缓冲区尺度是依据县级河流平均陆域宽度来确定的。关于更细粒度的缓冲区计算，如乡级河流平均陆域宽度，应选择200m，今后应以更高分辨率土地利用/覆被分类图结合实地试验来进行。

（4）与流量数据相比，水质监测数据往往更为稀疏、不连续，且在时间、空间和频率上的覆盖也更为有限。其次，流量变化期间水质数据的变化情况往往难以准确掌握。数据稀缺导致水质预测的复杂性及建模难度，传统基于统计和物理过程的模型在预测水质时常常力不从心。然而，深度学习技术的出现为解决这一难题提供了可能性。有望基于深度学习，利用稀疏的监测数据建立污染物迁移机制，并分析污染物来源与特定地点观测浓度之间的响应关系，进行污染物迁移的复杂时空关系预测模拟。

参 考 文 献

［1］ 徐彩瑶，濮励杰，朱明. 沿海滩涂围垦对生态环境的影响研究进展 ［J］. 生态学报，
　　　2018，38（3）：1－15.

［2］ 刘纪远，邵全琴，黄麟. 大尺度土地利用变化对全球气候的影响 ［J］. 中国基础科
　　　学，2015，17（3）：32－39，65.

［3］ 李树彬，李纯乾，计保权，等. 滨海平原湿地功能梯级变化遥感评估 ［J］. 水土保
　　　持应用技术，2021，（6）：1－6.

［4］ Murray N J，Phinn S R，Dewitt M，et al. The global distribution and trajectory of
　　　tidal flats ［J］. Nature，2019，565（7738）：222－225.

［5］ 黄博强. 陆海统筹视角下福建省海岸带土地利用变化过程与环境效应研究 ［D］. 厦
　　　门：厦门大学，2019.

［6］ Eshetu Shifaw，Jinming Sha，Xiaomei Li，et al. An insight into land－cover changes
　　　and their impacts on ecosystem services before and after the implementation of a com-
　　　prehensive experimental zone plan in Pingtan island，China ［J］. Land Use Policy，
　　　2019，82：631－642.

［7］ 孙晓兵. 生态退耕背景下延安市土地利用变化及景观可持续研究 ［D］. 哈尔滨：东
　　　北农业大学，2017.

［8］ 中华人民共和国国务院. 关于深化改革严格土地管理的决定（国发〔2004〕28 号）
　　　［Z］. 2004－10－21.

［9］ 中华人民共和国国务院. 关于加强土地调控有关问题的通知（国发〔2006〕31 号）
　　　［Z］. 2006－08－31.

［10］ 中华人民共和国国务院. 全国国土规划纲要（2016—2030 年）［Z］. 北京：人民出版
　　　社，2017.

［11］ 左玲丽，彭文甫，陶帅，等. 岷江上游土地利用与生态系统服务价值的动态变化
　　　［J］. 生态学报，2021，41（16）：6384－6397.

［12］ Jpra B，Fca B，Cpa B. Riparian land use and stream habitat regulate water quality－
　　　ScienceDirect ［J］. Limnologica，2020，82：125762.

［13］ 胡琳，李思悦. 不同空间尺度土地利用结构与景观格局对龙川江流域水质的影响
　　　［J］. 生态环境学报，2021，30（7）：1470－1481.

［14］ 乔悦，国巧真，吴欢欢，等. 地表水水质时空变化及其与土地利用响应研究 ［J］.
　　　环境监测管理与技术，2020，32（6）：23－27.

［15］ 郝璐，孙阁. 城市化对流域生态水文过程的影响研究综述 ［J］. 生态学报，2021，
　　　41（1）：1－15.

［16］ Li C，Sun G，Cohen E，et al. Modeling the impacts of urbanization on watershed－
　　　scale gross primary productivity and tradeoffs with water yield across the conterminous
　　　United States ［J］. Journal of Hydrology，2020，583：1－13.

［17］ Zhang J，Li S Y，Jiang C S. Effects of land use on water quality in a River Basin (Da-ning) of the Three Gorges Reservoir Area，China：Watershed versus riparian zone ［J］. Ecological Indicators，2020，113：106226.

［18］ Buddhi Wijesiri，Kaveh Deilami，Ashantha Goonetilleke. Evaluating the Relationship Between Temporal Changes in Land Use and Resulting Water Quality ［J］. Environ-mental Pollution，2018，234：480 - 486.

［19］ 黄贤金，宋娅娅. 基于共轭角力机制的区域资源环境综合承载力评价模型 ［J］. 自然资源学报，2019，34 (10)：2103 - 2112.

［20］ 徐启渝，王鹏，舒旺，等. 土地利用结构与空间格局对袁河水质的影响 ［J］. 环境科学学报，2020，40 (7)：2611 - 2620.

［21］ 郑雄伟，曾甄，王开放. 浙江省滩涂资源开发利用新模式展望 ［J］. 浙江水利科技：2016，4：5 - 8.

［22］ 贾忠华，尹玺，罗纨，等. 平原河网区排水沟塘水质动态与景观特征的关系 ［J］. 农业资源与环境学报，2021，38 (4)：665 - 676.

［23］ 刘成建，夏军，宋进喜，等. 汉江中下游水质时空特征与土地利用类型响应识别研究 ［J］. 环境科学研究，2021，34 (4)：910 - 919.

［24］ 吴昊，陈前虎. 杭州城市河道氮磷的时空演变及影响因子研究 ［J］. 环境科学与技术，2020，43 (3)：59 - 65.

［25］ 陈前虎，吴昊. 国土空间开发"源汇"格局对河道水质的影响——以杭州市 11 个排水分区为例 ［J］. 城市规划，2020，44 (7)：28 - 36.

［26］ 许尔琪. 土地利用对水体营养物影响的研究进展 ［J］. 中国生态农业学报，2019，27 (12)：1880 - 1891.

［27］ 李丹. 流域水文水质对土地利用/覆盖变化和气候变化的响应 ［D］. 杭州：浙江大学，2018.

［28］ 侯婉. 基于多源数据融合的全球海岸带土地利用/覆盖遥感制图及变化特征研究 ［D］. 烟台：中国科学院大学 (中国科学院烟台海岸带研究所)，2020.

［29］ 曹琼，黄佳芳，罗敏，等. 滨海沼泽湿地转化为养殖塘对其碳储量的影响 ［J］. 中国环境科学，2022，42 (3)：1335 - 1345.

［30］ 张华玉，秦年秀，汪军能，等. 广西海岸带土地利用时空格局及其驱动因子 ［J］. 水土保持研究，2022，29 (3)：367 - 374.

［31］ Hou W，Hou X Y. Spatial - temporal changes in vegetation coverage in the global coastal zone based on GIMMS NDVI 3G data ［J］. International Journal of Remote Sensing，2020，41 (3)：1118 - 1138.

［32］ 陈心怡，谢跟踪，张金萍. 海口市海岸带近 30 年土地利用变化的景观生态风险评价 ［J］. 生态学报，2021，41 (3)：975 - 986.

［33］ 田立鑫，韩美，王敏，等. 莱州湾南岸海岸带土地利用时空演变及稳定性研究 ［J］. 水土保持研究，2021，28 (4)：259 - 265.

［34］ 宋歌，许景伟，杨志军，等. 基于 LandUSEM 模型的山东半岛海岸带土地利用适宜性分析 ［J］. 山东理工大学学报 (自然科学版)，2022，36 (3)：53 - 59.

［35］ 王曼曼，张宏艳，张有广，等. 近 39 年长三角海岸带土地开发利用格局演变分析 ［J］. 海洋学报，2020，42 (11)：142 - 154.

[36] 陈天宇, 刘常清, 史小丽, 等. 近十年洪泽湖富营养化状态变化趋势及原因分析 [J]. 环境科学, 2022, 43 (7): 3523 – 3531.

[37] 冯源嵩. 贵阳市核心区景观格局演变的水环境效应研究 [D]. 重庆: 西南大学, 2016.

[38] Delkash M, Al – Faraj F A M, Scholz M. Impacts of anthropogenic land use changes on nutrient concentrations in surface waterbodies: A review [J]. CLEAN – Soil, Air, Water, 2018, 46 (5): 1800051.

[39] 余子贤, 钱瑶, 李家兵, 等. 基于 "源-汇" 景观的典型半城市化小流域非点源污染风险评价 [J/OL]. 生态学报, 2022 (20): 1 – 12.

[40] SMOL J P. Pollution of Lakes and Rivers: A Paleo Environ – mental Perspective [M]. Oxford: Blackwell Publishing, 2008.

[41] GRIFFIN R C, BROMLEY D W. Agricultural runoff as a nonpoint externality: A theoretical development [M] //The Economics of Water Quality. London: Routledge, 2018: 43 – 48.

[42] USEPA. National Water Quality Inventory: Report to Congress 2004 Reporting Cycle [M]. Washington: United States Environmental Protection Agency Office of Water, 2009.

[43] 吴兆丹, 杨耀辉, 顾张磊, 等. 江苏省经济发展与水土资源的耦合协调度研究 [J]. 水电能源科学, 2022, 40 (5): 42 – 45.

[44] Yotova G, Varbanov M, Tcherkezova E, et al. Water quality assessment of a river catchment by the composite water quality index and self – organizing maps [J]. Ecological Indicators, 2021, 120: 106872.

[45] Kong F H, Ban Y L, Yin H W, et al. Modeling stormwater management at the city district level in response to changes in land use and low impact development [J]. Environmental Modelling and Software, 2017, 95: 132 – 142.

[46] Paule – Mercado M A, Lee B Y, Memon S A, et al. Influence of land development on stormwater runoff from a mixed land use and land cover catchment [J]. Science of the Total Environment, 2017, 599: 2142 – 2155.

[47] Alberti M, Weeks R, Coe S. Urban Land – Cover Change Analysis in Central Puget Sound [J]. pHotogrammetric Engineering & Remote Sensing, 2004, 70 (9): 1043 – 1052.

[48] Wang L, Li C C, Ying Q, et al. China's urban expansion from 1990 to 2010 determined with satellite remote sensing [J]. Chinese Science Bulletin, 2012, 57: 2802 – 2812.

[49] 冯永玖, 韩震. 基于遥感的黄浦江沿岸土地利用时空演化特征分析 [J]. 国土资源遥感, 2010, 22 (2): 91 – 96.

[50] 桑潇, 国巧真, 潘应阳, 等. 基于 TM 和 OLI 数据山西省潞城市土地利用动态变化分析与预测 [J]. 国土资源遥感, 2018, 30 (2): 125 – 131.

[51] Lee W T. The face of the earth as seen from the air: A study in the application of airplane photography to geography [C]. New York: American GeograpHical Society, Special Publication 4, 1922.

[52] Adam E，Mutanga O，Odindi J，et al. Land – use/cover classification in a heteroge-neous coastal landscape using Rapid Eye imagery：evaluating the performance of ran-dom forest and support vector machines classifiers ［J］. International Journal of Re-mote Sensing，2014，35（10）：3440－3458.

[53] Yuan F，Sawaya K E，Loeffelholz B C，et al. Land cover classification and change analysis of the Twin Cities（Minnesota）Metropolitan Area by multitemporal Landsat remote sensing ［J］. Remote Sensing of Environment，2005，98（2－3）：317－328.

[54] Schlautman M A，Smink J A. Evaluating the collective performance of best manage-ment practices in catchments undergoing active land development ［J］. Journal of Soil & Water Conservation，2008，63（2），54A－55A.

[55] Zhang L，Nan Z，Xu Y，et al. Hydrological impacts of land use change and climate variability in the headwater region of the Heihe River Basin，Northwest China ［J］. PloS one，2016，11（6）：e0158394.

[56] Zurqani H A，Post C J，Mikhailova E A，et al. Geospatial analysis of land use change in the Savannah River Basin using Google Earth Engine ［J］. International Journal of Applied Earth Observation & Geoinformation，2018，69：175－185.

[57] 王恳. 城镇化背景下济南市土地利用变化及驱动力分析 ［D］. 泰安：山东农业大学，2018.

[58] Zhao G，Kondolf G M，Mu X，et al. Sediment yield reduction associated with land use changes and check dams in a catchment of the Loess Plateau，China ［J］. Catena，2017，148：126－137.

[59] 王曼曼，吴秀芹，吴斌，等. 近25a盐池北部风沙区土地系统变化及空间集聚格局分析 ［J］. 农业工程学报，2014，30（21）：256－267.

[60] 王玉明，王瑞康. 城市化时期郊区土地利用结构信息熵上升的原因 ［J］. 地理学报，2018，73（9）：1647－1657.

[61] 李冬梅，濮励杰，韩书成，等. 吴江土地利用结构信息熵变化诱因 ［J］. 福建农林大学学报（自然科学版），2008（4）：415－419.

[62] 张晓祥，唐彦君，严长清，等. 近30年来江苏海岸带土地利用/覆被变化研究 ［J］. 海洋科学，2014，38（9）：90－95.

[63] 吴莉，侯西勇，徐新良，等. 山东沿海地区土地利用和景观格局变化 ［J］. 农业工程学报，2013，29（5）：207－216.

[64] Yao H. Characterizing land use changes in 1990－2010 in the coastal zone of Nantong，Jiangsu province，China ［J］. Ocean & Management，2013，71：108－115.

[65] Zhao H，Cui B S，Zhang H G，et al. A landscape approach for wetland change detec-tion（1979－2009）in the Pearl River Estuary ［J］. Procedia Environmental Science，2010，2（2）：1265－1278.

[66] 刘力维，张银龙，汪辉，等. 1983—2013年江苏盐城滨海湿地景观格局变化特征 ［J］. 海洋环境科学，2015，34（1）：93－100.

[67] 李建国，濮励杰，徐彩瑶，等. 1977—2014年江苏中部滨海湿地演化与围垦空间演变趋势 ［J］. 地理学报，2015，70（1）：17－28.

[68] 张绪良，张朝晖，徐宗军，等. 莱州湾南岸滨海湿地的景观格局变化及累积环境效

169

应 [J]. 生态学杂志, 2009, 28 (12): 2437 - 2443.

[69] 孙永光, 李秀珍, 何彦龙, 等. 基于 PCA 方法的长江口滩涂围垦区土地利用动态综合评价及驱动力 [J]. 长江流域资源与环境, 2011, 20 (6): 697 - 704.

[70] 方仁建, 沈永明, 时海东. 基于围垦特征的海滨地区景观格局变化研究——以盐城海岸为例 [J]. 生态学报, 2015, 35 (3): 641 - 651.

[71] 张华兵, 刘红玉, 郝敬锋, 等. 自然和人工管理驱动下盐城海滨湿地景观格局演变特征与空间差异 [J]. 生态学报, 2012, 32 (1): 101 - 110.

[72] 孟伟庆, 李洪远, 郝翠, 等. 近 30 年天津滨海新区湿地景观格局遥感监测分析 [J]. 地球信息科学学报, 2010, 12 (3): 436 - 443.

[73] 林立. 闽东滨海湿地景观格局变化特征与生态脆弱性评价 [D]. 福州: 福建农林大学, 2012.

[74] 欧维新, 杨桂山, 李恒鹏, 等. 苏北盐城海岸带景观格局时空变化及驱动力分析 [J]. 地理科学, 2004, 24 (5): 610 - 615.

[75] 王树功. 珠江河口区典型湿地景观演变及调控研究 [D]. 广州: 中山大学, 2005.

[76] 孙永光, 李秀珍, 郭文永, 等. 基于 CLUE - S 模型验证的海岸围垦区景观驱动因子贡献率 [J]. 应用生态学报, 2011, 22 (9): 2391 - 2398.

[77] 史培军, 陈普, 潘耀忠. 深圳市土地利用变化机制分析 [J]. 地理学报, 2000, 55 (2): 151 - 160.

[78] 许艳, 濮励杰. 江苏海岸带滩涂围垦区土地利用类型变化研究——以江苏省如东县为例 [J]. 自然资源学报, 2014, 29 (4): 643 - 652.

[79] Lei H J, Cho C H, Lee S, et al. Changes in marine environment by a large coastal development of the Saemangeum Reclamation Project in Korea [J]. Ocean and Polar Research, 2008, 30 (4): 475 - 484.

[80] Strokal M, Yang H, Zhang Y C, et al. Increasing eutropHication in the coastal seas of China from 1970 to 2050 [J]. Marine Pollution Bulletin, 2014, 85 (1): 123 - 140.

[81] Feng L, Zhu X D, Sun X. Assessing coastal reclamation suitability based on a fuzzy - AHP comprehensive evaluation framework: A case study of Lianyungang, China [J]. Marine Pollution Bulletin, 2014, 85 (1/2): 102 - 111.

[82] Lotze H K, Lenihan H S, Bourque B J, et al. Depletion , Degradation, and Recovery Potential of Estuaries and Coastal Seas [J]. Science, 2006, 312 (5781): 1806 - 1809.

[83] 劳燕玲. 滨海湿地生态安全评价研究 [D]. 武汉: 中国地质大学, 2013.

[84] 陈天宇, 刘常清, 史小丽, 等. 近十年洪泽湖富营养化状态变化趋势及原因分析 [J]. 环境科学, 2022, 43 (7): 3523 - 3531.

[85] Hu M P, Liu Y M, Zhang Y F, et al. Coupling stable isotopes and water chemistry to assess the role of hydrological and biogeochemical processes on riverine nitrogen sources [J]. Water research, 2019, 150: 418 - 430.

[86] Dupas R, Minaudo C, Gruau G, et al. Multidecadal trajectory of riverine nitrogen and phosphorus dynamics in rural catchments [J]. Water Resources Research, 2018, 54 (8): 5327 - 5340.

［87］ Zhu Y X，Chen L W，Guo Y，et al. Uncertainty assessment in baseflow nonpoint source pollution prediction：The impacts of hydrograpHic separation methods，data sources and baseflow period assumptions ［J］. Journal of Hydrology，2019（574）：915 - 925.

［88］ Whitehead P G，Jin L，Bussi G，et al. Water quality modelling of the Mekong River basin：Climate change and socioeconomics drive flow and nutrient flux changes to the Mekong Delta ［J］. Science of the Total Environment，2019，673：218 - 229.

［89］ Sun X，Hu Z，Li M，et al. Optimization of pollutant reduction system for controlling agricultural non - point - source pollution based on grey relational analysis combined with analytic hierarchy process ［J］. Journal of Environmental Management，2019，243：370 - 380.

［90］ Xu E Q，Zhang H Q. A model for integrated spatial land use characteristics linking to surface nutrient concentration ［J］. International Journal of Digital Earth，2018，11（10）：1064 - 1084.

［91］ 周云轩，田波，黄颖，等. 我国海岸带湿地生态系统退化成因及其对策 ［J］. 中国科学院院刊，2016，31（10）：1157 - 1166.

［92］ Sutton Grier A E，Sandifer P A. Conservation of wetlands and other coastal ecosystems：a commentary on their value to protect biodiversity，reduce disaster impacts，and promote human health and well - being ［J］. Wetlands：The Journal of the Society of Wetland Scientists，2019，39（6）：1295 - 1302.

［93］ 魏强，席增雷，苏寒云，等. 曹妃甸滨海湿地生态系统支持服务价值空间分异研究 ［J］. 地理科学，2021，41（5）：890 - 899.

［94］ 李树彬，李纯乾，计保权，等. 滨海平原湿地功能梯级变化遥感评估 ［J］. 水土保持应用技术，2021（6）：1 - 6.

［95］ 刘书锦，曹海，李丹，等. 滨海湿地生态保护及修复研究进展 ［J］. 海洋开发与管理，2022，39（7）：29 - 34.

［96］ Mello Kaline de，RA Valente，Randhir，Timothy O，et al. Effects of land use and land cover on water quality of low - order streams in Southeastern Brazil：Watershed versus riparian zone ［J］. Catena：An Interdisciplinary Journal of Soil Science Hydrology - GeomorpHology Focusing on Geoecology and Landscape Evolution，2018，167：130 - 138.

［97］ Almada H，DV Silvério，Macedo M N，et al. Effects of geomorpHology and land use on stream water quality in southeastern Amazonia ［J］. Hydrological Sciences Journal，2019，64（2）：1 - 13.

［98］ Wolf K，Cyrys J，Tatiana Harciníková，et al. Land use regression modeling of ultrafine particles，ozone，nitrogen oxides and markers of particulate matter pollution in Augsburg，Germany ［J］. Science of the Total Environment，2017，579：1531 - 1540.

［99］ Bu H M，Meng W，Zhang Y，et al. Relationships between land use patterns and water quality in the Taizi River basin，China ［J］. Ecological indicators：Integrating，monitoring，assessment and management，2014，41（6）：187 - 197.

［100］ Zhang C F，Li S，Qi J Y，et al. Assessing impacts of riparian buffer zones on sediment and nutrient loadings into streams at watershed scale using an integrated REMM‐SWAT model［J］. Hydrological Processes，2017，31（4）：916‐924.

［101］ 陈炼钢，施勇，钱新，等. 闸控河网水文‐水动力‐水质耦合数学模型——Ⅰ. 理论［J］. 水科学进展，2014（4）：534‐541.

［102］ 赖正清. 平原河网区分布式水文建模与水文模拟研究［D］. 南京：南京师范大学，2017.

［103］ 谭培影. 基于水体溶解氧变化的平原河网水力调控方案实时优化研究［D］. 杭州：浙江大学，2020.

［104］ 尚钊仪. 平原河网水系连通多尺度评价及调控对策研究［D］. 上海：华东师范大学，2015.

［105］ 陈庆江，丁瑞，赵海. 平原河网区活水畅流对水动力和水质的改善效果［J］. 水利水电科技进展，2020，40（3）：8‐13.

［106］ 潘泓哲，李一平，唐春燕. 等. 多目标优化下平原河网引调水改善水环境效果评估［J］. 湖泊科学，2021，33（4）：1138‐1152.

［107］ 许益新，王文才，曾伟峰. 等. 调水引流改善平原河网水环境质量模拟［J］. 水资源保护，2018，34（1）70‐75，82.

［108］ 林希晨，倪红珍，王琳，等. 东南沿海平原河网区域水质水量模型研究［J］. 水利水电技术，2019，50（6）：150‐157.

［109］ 马小雪，王腊春. 引江调水对平原河网区水环境质量的影响［J］. 浙江农业学报，2015，27（6）：1048‐1055.

［110］ Chen L D，Sun R H，Yihe L Y H. A conceptual model for a process‐oriented landscape pattern analysis［J］. Science China（Earth Sciences），2019，62：2050‐2057.

［111］ Xu G Y，Ren X D，Yang Z H，et al. Influence of Landscape Structures on Water Quality at Multiple Temporal and Spatial Scales：A Case Study of Wujiang River Watershed in Guizhou［J］. Water，2019，11（1）：159.

［112］ DelpHine B，Adrien M，Sander J，et al. Linking Forest Cover to Water Quality：A Multivariate Analysis of Large Monitoring Datasets［J］. Water，2017，19（3）：176.

［113］ Peng Shi，Yan Zhang，Zhanbin Li，et al. Influence of land use and land cover patterns on seasonal water quality at multi‐spatial scales［J］. Catena，2017，38（4）：1023‐1042.

［114］ Suliman，Alaeldin，Din E，et al. Mapping concentrations of surface water quality parameters using a novel remote sensing and artificial intelligence framework［J］. International Journal of Remote Sensing，2017，38（4）：1023‐1042.

［115］ Bello，Haniffah，Hanapi. Responses of stream water quality concentrations to vegetative cover variation in Muar River watershed［J］. Geology，Ecology，and Landscapes，2019，3（3）：210‐222.

［116］ 范雅双. 流域景观格局对河流水质的影响分析［D］. 杭州：浙江农林大学，2020.

［117］ 李念，姜涛，陈其兵. 城市湿地公园土地利用方式对水环境质量的影响［J］. 四川

农业大学学报，2022，40（4）：601-609.

[118] 王怡，朱颖，冯育青，等. 土地利用结构对湿地公园水环境质量的影响 [J]. 中国城市林业，2022，20（3）：48-53.

[119] 周娟. 扬州市主城区土地利用格局对河流水质的影响研究 [D]. 扬州：扬州大学，2022.

[120] 朱梦峰. 昆明典型城市湖泊、水库的水质与富营养化现状研究 [D]. 昆明：云南师范大学，2022.

[121] 杨帆，李祝，罗文丽. 河网型城市土地利用对水安全的影响及其优化管控——以岳阳市为例 [J]. 经济地理，2021，41（8）：177-186.

[122] 王怡. 土地利用景观格局与水环境质量关系的多尺度研究 [D]. 杭州：苏州科技大学，2021.

[123] Fovet O, Humbert G, Dupas R, et al. Seasonal variability of stream water quality response to storm events captured using high-frequency and multi-parameter data [J]. Journal of Hydrology, 2018, 559: 282-293.

[124] Sun L, Yang L, Chen L D, et al. Hydraulic redistribution and its contribution to water retention during short-term drought in the summer rainy season in a humid area [J]. Journal of Hydrology, 2018, 566: 377-385.

[125] Fu C S, Wang G L, Bible K, et al. Hydraulic redistribution affects modeled carbon cycling via soil microbial activity and suppressed fire [J]. Global Change Biology, 2018, 24 (8): 3472-3485.

[126] Robert Costanza, Rudolf de Groot, Leon Braat, et al. Twenty years of ecosystem services: How far have we come and how far do we still need to go [J]. Ecosystem Services, 2017, 28: 1-16.

[127] Zhu Y G, Reid B J, Meharg A A, et al. Optimizing Peri-URban Ecosystems (PURE) to re-couple urban-rural symbiosis [J]. Science of the Total Environment, 2017, 586: 1085-1090.

[128] Venkatappa Manjunatha, Sasaki NopHea, Han pHoumin, et al. Impacts of droughts and floods on croplands and crop production in Southeast Asia-An application of Google Earth Engine [J]. Science of the Total Environment, 2021, 795: 148829.

[129] Xia Huijuan, Kong Weijing, Zhou Gang, et al. Impacts of landscape patterns on water-related ecosystem services under natural restoration in Liaohe River Reserve, China [J]. Science of the Total Environment, 2021, 792: 148290.

[130] Wang Nian, Li Jiahui, Zhou Zhengxu. Landscape pattern optimization approach to protect rice terrace Agroecosystem: Case of GIAHS site Jiache Valley, Guizhou, southwest China [J]. Ecological Indicators, 2021, 129: 107958.

[131] Wang Jiyan, Sun Huaizhang, Xiong Junnan, et al. Dynamics and Drivers of Vegetation pIIenology in Three-River Headwaters Region Based on the Google Earth Engine [J]. Remote Sensing, 2021, 13 (13): 2528.

[132] Li Heying, Wang Jiayao, Zhang Jianchen, et al. Analysis of Characteristics and Driving Factors of Wetland Landscape Pattern Change in Henan Province from 1980

to 2015 [J]. Land，2021，10 (6)：564.

[133] Rudel Thomas K. Indigenous – Driven Sustainability Initiatives in Mountainous Regions：The Shuar in the Tropical Andes of Ecuador [J]. Mountain Research and Development，2021，41 (1)：R22.

[134] Feng L Z，Yuan J P，Yang L Y. An observation framework for retracted publications in multiple dimensions [J]. Scientometrics，2020，125 (2)：1445 – 1457.

[135] Gong B H，Liu Z F. Assessing impacts of land use policies on environmental sustainability of oasis landscapes with scenario analysis：the case of northern China [J]. Landscape Ecology，2020，36：1913 – 1932.

[136] Solangi Ghulam Shabir，Siyal Altaf Ali，Babar Muhammad Munir，Siyal Pirah. Application of water quality index，synthetic pollution index，and geospatial tools for the assessment of drinking water quality in the Indus Delta，Pakistan [J]. Environmental Monitoring and Assessment，2019，191 (12)：731.

[137] 崔嘉慧. 城水耦合视角下城市新区水环境评价与优化研究 [D]. 天津：天津大学，2020.

[138] 孜比布拉·司马义，杨胜天，杨晓东，等. 环塔里木盆地绿洲城市发展与水环境质量协调度 [J]. 中国沙漠，2020，40 (1)：88 – 96.

[139] 汪艳. 水网格局影响下的大运河-长江三角洲地区历史城镇发展与变迁 [D]. 南京：东南大学，2019.

[140] Liu D. A rational performance criterion for hydrological model [J]. Journal of Hydrology，2020，590 (3)：125488.

[141] 吴小宏，刘招，李强，等. 泾河长系列水沙变化规律与归因研究 [J]. 水资源与水工程学报，2019，30 (6)：144 – 149.

[142] 刘宇，管子隆，田济扬，等. 近70a泾河流域径流变化及其驱动因素研究 [J]. 干旱区地理，2022，45 (1)：17 – 26.

[143] 张洪波，支童，卫星辰，等. 基于 SWAT – MODFLOW 的黄河中游区径流过程模拟及对黄土高原变绿的响应 [J]. 华北水利水电大学学报（自然科学版），2020，41 (6)：1 – 10.

[144] Sliva L，Williams D D. Buffer zone versus whole catchment approaches to studying land use impact on river water quality [J]. Water Res，2001，35 (14)：3462 – 3472.

[145] Shi P，Zhang Y，Li Z，et al. Influence of land use and land cover patterns on seasonal water quality at multi – spatial scales. Catena，2017，151：182 – 190.

[146] Jia Z，Bian J，Wang Y. Impacts of urban land use on the spatial distribution of groundwater pollution，Harbin City，Northeast China [J]. Contam. Hydrol，2018，215：29 – 38.

[147] Kändler M，Blechinger K，Seidler C，et al. Impact of land use on water quality in the upper Nisa catchment in the Czech Republic and in Germany [J]. Science of the Total Environment Environ，2017，586：1316 – 1325.

[148] Abd El – Kawy O R，Rd J K，Ismail H A，et al. Land use and land cover change detection in the western Nile delta of Egypt using remote sensing data [J]. Applied

Geography，2011，31（2）：483 - 494.

［149］ Leifeld J. Prologue paper：Soil carbon losses from land - use change and the global agricultural greenhouse gas budget ［J］. Science of The Total Environment，2013，465：3 - 6.

［150］ Lambin E F，Meyfroidt P. Global land use change，economic globalization，and the looming land scarcity ［J］. Proceedings of the National Academy of Sciences of the U-nited States of America，2011，108（9）：3465 - 3472.

［151］ Rawat J，Kumar M. Monitoring land use/cover change using remote sensing and GIS techniques：A case study of Hawalbagh block，district Almora，Uttarakhand，India ［J］. The Egyptian Journal of Remote Sensing and Space Science，2015，18（1）：77 - 84.

［152］ Verburg P H，Crossman N，Ellis E C，et al. Land system science and sustainable development of the earth system：A global land project perspective ［J］. Anthropo-cene，2015，12：29 - 41.

［153］ Gorelick N，Hancher M，Dixon M，et al. Google Earth Engine：Planetary - scale geospatial analysis for everyone ［J］. Remote Sensing of Environment，2017，202：18 - 27.

［154］ 裴杰，牛铮，王力，等. 基于 Google Earth Engine 云平台的植被覆盖度变化长时间序列遥感监测 ［J］. 中国岩溶，2018，37（4）：608 - 616.

［155］ 郝斌飞，韩旭军，马明国，等. Google Earth Engine 在地球科学与环境科学中的应用研究进展 ［J］. 遥感技术与应用，2018，33（4）：600 - 611.

［156］ M C Hansen，P V Potapov，R Moore，et al. High - Resolution Global Map of 21st - Century Forest Cover Change ［J］. Science，2013，342（6160）：850 - 853.

［157］ Liu X P，Hu C H，Chen Y M，et al. High - resolution multi - temporal mapping of global urban land using Landsat images based on the Google Earth Engine Platform ［J］. Remote Sensing of Environment，2018，209：227 - 239.

［158］ 李睿. 基于 Google Earth Engine 的桂林市土地利用时空变化分析 ［D］. 南昌：东华理工大学，2019.

［159］ Teluguntla P，Thenkabail P S，Oliphant A，et al. A 30 - m landsat - derived crop-land extent product of Australia and China using random forest machine learning algo-rithm on Google Earth Engine cloud computing platform ［J］. ISPRS Journal of pho-togrammetry and Remote Sensing，2018，144：325 - 340.

［160］ Wingate V R，Phinn S R，Kuhn N，et al. Mapping decadal land cover changes in the woodlands of north eastern Namibia from 1975 to 2014 using the Landsat satellite archived data ［J］. Remote Sensing，2016，8（8）：681.

［161］ Colkesen I，Ozturk M Y. A comparative evaluation of state - of - the - art ensemble learning algorithms for land cover classification using WorldView - 2，Sentinel - 2 and ROSIS imagery ［J］. Arabian Journal of Geosciences，2022，15（10）：942.

［162］ Pelletier C，Valero S，Inglada J，et al. Assessing the robustness of Random Forests to map land cover with high resolution satellite image time series over large areas ［J］. Remote Sensing of Environment，2016，187：156 - 168.

[163] Michael S, Matthew P, Rakhesh D，et al. A Framework for Large‐Area Mapping of Past and Present Cropping Activity Using Seasonal Landsat Images and Time Series Metrics［J］. Remote Sensing，2016，8（4）：312.

[164] Lee J S H, Wich S, Widayati A，et al. Detecting industrial oil palm plantations on Landsat images with Google Earth Engine［J］. Remote Sensing Applications Society & Environment，2016，4：219‐224.

[165] 胡金龙. 漓江流域土地利用变化及生态效应研究［D］. 武汉：华中农业大学，2016.

[166] 连心桥，朱广伟，杨文斌，等. 强降雨对平原河网区入湖河道氮、磷影响［J］. 环境科学，2020，41（11）：4970‐4980

[167] 吴浩云. 大型平原河网地区水量水质耦合模拟及联合调度研究［D］. 南京：河海大学，2006.

[168] 付朝晖，赵雄，陈诗浩，等. 珠海市城中村合流制排水系统的溢流污染控制策略［J］. 中国给水排水，2022，38（3）：105‐111.

[169] 王健，刘国华，齐鲁，等. 城市排水管道沉积物与污水间物质转移转化研究进展［J］. 中国给水排水，2021，37（24）：34‐44.

[170] 干里里. 城市雨水径流污染控制与排水管道缺损状况量化评价研究［D］. 北京：清华大学，2012.

[171] Lemaire Gregory G, Jessen Rasmussen Jes, Höss Sebastian，et al. Land use contribution to spatiotemporal stream water and ecological quality：Implications for water resources management in peri‐urban catchments［J］. Ecological Indicators，2022，143.

[172] 吴俊. 排水管道中雨污水颗粒物沉降速率特征分析［J］. 环境工程，2023，41（4）：1‐9.

[173] Hu Lian, Zhao Hongtao. Influence of particle size on diffuse particulate pollutants in combined sewer systems［J］. The Science of the total environment，2022，846：157476.

[174] Chen Shizhe, Sun Bin, Fang Hongyuan，et al. Analysis of the Roughness Coefficient of Overflow in a Drainage Pipeline with Sedimentation［J］. Journal of Pipeline Systems Engineering and Practice，2022，13（4）：04022030.

[175] 李昂，刘加强，刘超，等. 城市降雨径流水质特征及其对河道水质的影响［J］. 市政技术，2022，40（6）：115‐119.

[176] 裴青宝，黄监初，桂发亮，等. 萍乡市城市地表径流污染物浓度变化特征分析及数值模拟［J］. 水资源与水工程学报，2021，32（2）：10‐15.

[177] 颜子俊，刘焕强，孙海罗，等. 温州市不同功能区地表径流污染特征研究［J］. 环境科学与技术，2012，35（S1）：203‐208.

[178] 程晓波. 上海市中心城区初期雨水污染治理策略与案例分析［J］. 城市道桥与防洪，2012（6）：168‐171.

[179] Zhou Ke. Urban water dissipation calculation based on the improved water balance models［J］. Journal of Water and Climate Change，2022，13（1）：372‐382.

[180] 荣楠，周道坤，郭灿斌，等. 不同释放模式下网湖沉积物氮磷释放通量估算［J］.

环境科学学报，2022，42（5）：345 - 354.

[181] 刘思峰，蔡华，杨英杰，等. 灰色关联分析模型研究进展 [J]. 系统工程理论与实践，2013，33（8）：2041 - 2046.